Papke / Kron

Helmut Reiser – Über die Themenzentrierte Interaktion zur Theorie Integrativer Prozesse

Birgit Papke
Maria Kron
(Hrsg.)

Helmut Reiser – Über die Themenzentrierte Interaktion zur Theorie Integrativer Prozesse

Beiträge aus 40 Jahren konstruktiver Entwicklung und Begleitung der Integration und Inklusion in Theorie und Praxis

Verlag Julius Klinkhardt
Bad Heilbrunn • 2024

k

Dieser Titel wurde in das Programm des Verlages mittels eines Peer-Review-Verfahrens aufgenommen. Für weitere Informationen siehe www.klinkhardt.de.

Bibliografische Information der Deutschen Nationalbibliothek:
Die Deutsche Nationalbibliothek verzeichnet diese Publikation in der Deutschen Nationalbibliografie; detaillierte bibliografische Daten sind im Internet abrufbar über http://dnb.d-nb.de.

Satz: Kay Fretwurst, Spreeau.
Coverabbildung: © Annett Seidler, Adobe Stock.

Druck und Bindung: AZ Druck und Datentechnik, Kempten.
Printed in Germany 2024.
Gedruckt auf chlorfrei gebleichtem alterungsbeständigem Papier.

ISBN 978-3-7815-6047-5 digital

ISBN 978-3-7815-2604-4 print

Inhalt

Vorwort

Dieses Buch umfasst eine Auswahl von Texten Helmut Reisers, einem der profundesten frühen Vertreter der Integrativen/Inklusiven Pädagogik und der Themenzentrierten Interaktion. Anlass dieser Veröffentlichung war die Idee, einige seiner noch nicht publizierten Texte zugänglich zu machen. Sie werden ergänzt durch Ausschnitte ausgewählter Monografien und einige in Fachzeitschriften erschienenen Artikel, die heute weitgehend vergriffen sind. Begleitet werden sie von zwei Beiträgen der beiden Herausgeberinnen, in denen die Theorie Integrativer Prozesse mit Blick auf ihre Anschlussfähigkeit an neuere Diskurse inklusionsorientierter Bildungsvorstellungen ausgelotet (Papke) und der Zusammenhang von Themenzentrierter Interaktion und der Theorie Integrativer Prozesse expliziert werden (Kron).

Die Beiträge zu psychoanalytischen Konzepten und zur Themenzentrierten Interaktion stellen wir an den Anfang, um konzeptionelle und ethische Grundlagen des Autors deutlich zu machen. Den zweiten Teil bilden seine Beiträge zum Thema der Gemeinsamen Bildung und Erziehung von Kindern und Jugendlichen mit und ohne Beeinträchtigungen, d. h. zu Themen zur Integration und Inklusion.

Nach ersten Ansätzen in den 1970er Jahren begann in den 1980er Jahren ein Reformprozess in Teilen der Sonderpädagogik – oft erst angestoßen durch Beispiele gemeinsamer Bildung und Erziehung von Kindern mit und Kindern ohne Behinderung in der Praxis. Konzepte und Theorien der gemeinsamen Erziehung – als Integration bezeichnet – fassten (auch) in den deutschsprachigen Ländern Fuß, wurden selbst wiederum reformiert in Richtung Inklusionstheorien, wurden präzisiert und ausgeweitet auf verschiedene (nicht nur) pädagogische Felder. Die ausgewählten Beiträge Helmut Reisers, die Sie in diesem Buch finden, spiegeln einen wichtigen Ausschnitt dieser Entwicklung. In einer Notiz zu einer geplanten Buchveröffentlichung bezieht er sich auf die drei Schlagwörter: Inklusion, Interaktion und Themenzentrierung. Er bemerkt dazu, dass diese Schlagwörter – ausgehend von kritischen Strömungen in der Sonderpädagogik in den 1970er Jahren – einen Bereich der Pädagogik benennen, der „sich auf vielfältige und verwirrende Art und Weise von dem damals herrschenden pädagogischen Verständnis abgegrenzt

hat“ (Reiser, undatierte Notiz). Die daraus folgenden Entwicklungen spiegeln sich im retrospektiven Vergleich in ähnlichen, verschiedenen und sich weiterentwickelnden Argumentationen. Die nun hier vorliegenden Texte wurden in enger Abstimmung mit dem Autor im Hinblick darauf zusammengestellt, dass sie für langfristige Entwicklungen in der (Sonder)Pädagogik und Erziehungswissenschaft besonders interessant erscheinen – interessant, weil sie einiges Neues anstießen, weil sie zum anderen vielleicht einer Zeitströmung unreflektiert folgten oder voreilige Prognosen wagten, weil sie aber in der Mehrzahl Ergebnisse und Überlegungen vorstellen, die bis heute Gültigkeit haben.
Um diese Entwicklungen nachzuzeichnen, werden die Beiträge ohne jede inhaltliche Veränderung in ihrer Originalfassung abgedruckt, auch wenn es sich laut Helmut Reisers aktuellem Kommentar um etwas handelt, „was wir heute so viel besser denken oder tun können als damals“.
Vorweg ist noch eines festzuhalten: In der Zeit der Entwicklung der gemeinsamen Erziehung von Kindern mit und Kindern ohne Behinderung in der Praxis wie auf theoretischer Ebene sprach man von *Integration*. Gleichzeitig gingen die Wissenschaftler*innen davon aus – und hielten es in ihren Theorieentwürfen auch so fest – dass es um die gemeinsame Erziehung *aller* Kinder und um die dazu nötigen Veränderungen der Bildungs- und Erziehungseinrichtungen geht. Von daher entspricht das frühe Verständnis von Integration einer Konstellation, die wir heute als *Inklusion* bezeichnen. Die Konzentration auf Jungen und Mädchen mit Behinderung unter dem Stichwort Integration und die Vernachlässigung anderer Diversitätskategorien verdankte sich im Wesentlichen einer historischen (und leider immer noch aktuellen) Situation: Bei dem angestrebten Einbezug von Kindern mit Behinderung in das allgemeine Bildungs- und Erziehungssystem ging es um die Beendigung einer besonderen, nämlich *systemisch-institutionellen* Ausgrenzung von Kindern. Gegen diese richteten sich die Bemühungen von Eltern und sonderpädagogischen Fach- bzw. Lehrkräften.
Es finden sich in den Originalfassungen der in diesem Buch versammelten Beiträge auch andere Begriffe und Formulierungen, von denen uns einige aus heutiger Perspektive befremdlich oder unreflektiert erscheinen mögen. Im Vergleich mit dem aktuellen Wissenstand, der auch die fachliche Nomenklatur wie den alltäglichen Sprachgebrauch umfasst, werden darin wissenschaftliche Weiterentwicklungen, gesellschaftspolitische Veränderungen und daraus folgende sprachliche Adaptionen bzw. Korrekturen erkennbar, die wir als Herausgeberinnen nicht durch sprachliche Aktualisierungen verwischen wollen. Wir belassen daher auch die Begriffe und Formulierungen in ihrer originären Fassung.
Auch andere formale Standards wurden über die Jahre immer wieder verändert. Wir behalten die Zitierweisen und Quellenangaben der Originaltexte bei. Die Quellenangaben zu den hier publizierten Texten von Helmut Reiser selbst finden sich als eigenes Verzeichnis nach den Schlussbemerkungen. Kurze Texte seitens

der Herausgeberinnen oder Schlüsselzitate von Helmut Reiser (kursiv gedruckt) führen jeweils zu den originalen Beiträgen Helmut Reisers hin.
Helmut Reiser war es immer äußerst wichtig, sich mit seinen Mitarbeiter*innen und Kolleg*innen wissenschaftlich auszutauschen und zu kooperieren. Dies spiegelt sich auch in seinen zahlreichen Publikationen wider, die er zusammen mit ihnen verfasste. Wenn wir im Folgenden vor allem seine alleinigen Beiträge aufnehmen, dann nicht nur deshalb, weil alles andere den Rahmen sprengen würde, sondern auch, weil wir vieles aus seinen persönlichen, unveröffentlichten Unterlagen einsehen und auswählen durften.

Wir hoffen, dass die Lektüre der hier versammelten Beiträge den interessierten Leser*innen viele Anregungen zur Reflexion und Weiterentwicklung ihrer eigenen Theorie und Praxis geben kann.

Birgit Papke und Maria Kron

Helmut Reiser – Biografisches

Helmut Reiser studierte an der Pädagogischen Hochschule München Pasing und schloss sein Lehramtsstudium in Frankfurt am Main an der Johann-Wolfgang-Goethe Universität mit Staatsexamen für Grundschulen, Hauptschulen, Realschulen und Sonderschulen ab. Schon während seines Studiums arbeitete er in der Offenen Jugendarbeit und in der Heimerziehung. Mit abgeschlossenem Staatsexamen war er von 1966 bis 1970 als Lehrer an einer Heimsonderschule für Verhaltensgestörte tätig (heute: Schule mit dem Förderschwerpunkt emotionale und soziale Entwicklung). Leiter der Jugendhilfe- und Therapieabteilung des psychoanalytisch konzeptionierten Kinderheims war Aloys Leber, ein ausgewiesener prominenter Vertreter der psychoanalytischen Pädagogik.

Als 1970 an der Johann-Wolfgang-Goethe-Universität Frankfurt/Main am Fachbereich Erziehungswissenschaft das Institut für Sonder- und Heilpädagogik errichtet wurde, berief der hessische Kultusminister dazu eine multidisziplinäre Arbeitsgruppe. Mit deren Leitung wurde Berthold Simonsohn beauftragt, ein Überlebender des Holocaust, der 1969 zum Professor für Sozialpädagogik und Jugendrecht an die Frankfurter Universität berufen wurde. Simonsohn lehrte und forschte auf psychoanalytischer Grundlage und engagierte sich für Reformen in Sozialer Arbeit und Schule. Helmut Reiser wurde als Vertreter der Lehrer*innen in die Arbeitsgruppe gesandt und arbeitete als Assistent Simonsohns am Aufbau des Instituts für Sonder- und Heilpädagogik. 1972 promovierte er in Frankfurt. Nach Jahren praktischer Arbeit und eigenem psychoanalytischen Lernens war er in dem Institut an einem Ort, an dem er auch seine psychoanalytische Didaktik, in der es darum geht, bewusste und unbewusste Themen kreativ zu bearbeiten, systematisieren konnte. 1973 wurde er an der Goethe Universität auf die Professur für Erziehungswissenschaft mit dem Schwerpunkt Heilpädagogik und Didaktik bei Lern- und Verhaltensstörungen berufen, die er bis 1996 innehatte. Anschließend übernahm er die Professur für Pädagogik bei Verhaltensstörungen am Insti-

tut für Sonderpädagogik der Leibniz Universität Hannover, wo er bis 2007 lehrte und forschte.
Helmut Reisers theoretischer Ausgangspunkt war eine psychoanalytisch orientierte Pädagogik, auf der nachfolgend die Themenzentrierte Interaktion aufbaute. Diesem Ansatz begegnete er durch einen Hinweis Aloys Lebers, Direktor des damals neu gegründeten Instituts für Sonder- und Heilpädagogik der Johann-Wolfgang-Goethe-Universität und Professor für heilpädagogische Psychologie. Er war es, der Helmut Reiser auf Ruth Cohn aufmerksam machte, indem er ihm eine rhetorische Frage stellte und die Antwort gleich dazu mitlieferte: „Wissen Sie, was Sie machen? Sie machen TZI“. Helmut Reiser setzte sich im Fortgang seiner gesamten Laufbahn mit diesem von Ruth Cohn konzipierten Ansatz der *Themenzentrierten Interaktion* auseinander und durchlief die dafür angebotene Ausbildung. Ab den 1980er Jahren entwickelte sich eine enge Zusammenarbeit mit Ruth Cohn.
In seiner gesamten wissenschaftlichen Tätigkeit behielt Helmut Reiser seine Anbindung an psychoanalytische Grundlagen bei. Er erweiterte jedoch seinen Referenzrahmen zum einen durch systemische und konstruktivistische Ansätze, zum anderen setzte er sich eigene Schwerpunkte in Theorie und Forschung.
Schon in den 1970er Jahren erprobte und untersuchte Helmut Reiser mit Lehrkräften, Erzieher*innen und wissenschaftlichen Mitarbeiter*innen Formen der Bildung und Erziehung in Frankfurter bzw. in hessischen Schulen und Kindertageseinrichtungen, die die gewohnten Pfade der Separierung von Kindern mit Beeinträchtigungen verließen. In diesem Zusammenhang übernahm er auch die Leitung der wissenschaftlichen Begleitung zweier Pilotprojekte, der ersten integrativen Kindertagesstätten und nachfolgend der ersten integrativen Schulen in Hessen. Im Laufe dieser Untersuchungen nahm die *Theorie Integrativer Prozesse* Gestalt an (s. S. 117 ff.). Ein zweiter Schwerpunkt in seiner Frankfurter Zeit war die Zusammenarbeit von Schule und Jugendhilfe. Er initiierte ein viel beachtetes innovatives Projekt, das *Zentrum für Erziehungshilfe der Stadt Frankfurt am Main*. Schulische Sonderpädagogik und Jugendhilfe kooperieren hier in integrierten und ambulanten Formen der Unterstützung von Kindern, Jugendlichen, deren Lehrkräften und Eltern bei (Erziehungs)Schwierigkeiten in der Schule. Seine Schwerpunkte konnte er in Hannover weiterführen, wobei das Gewicht vor allem auf den Bereichen integrativer schulischer Erziehungshilfe, insbesondere in der Beratung und Kooperation von Schule und Jugendhilfe sowie auf der Weiterentwicklung des Konzepts der TZI in seinen theoretischen Grundlagen und Anwendungsfeldern lag. Bis in seinen Ruhestand hinein befasste er sich mit diesen Themenfeldern.

Birgit Papke

Die Theorie Integrativer Prozesse – Aktualität und Anschlussfähigkeit an neuere Diskurse inklusiver Bildungsvorstellungen

Der Text beschäftigt sich mit (Dis-)Kontinuitäten in der Auseinandersetzung mit Integration/Inklusion. Die Theorie Integrativer Prozesse wird vorgestellt und ihre Anschlussfähigkeit an aktuelle Diskurse ausgelotet. Grundlage dafür sind ihre normative Positionierung, ihre Prozessorientierung und der allgemeinpädagogische Charakter der Theorie. Dadurch wird möglich, was Boban & Hinz (2023, S. 321) an der Theorie Integrativer Prozesse hervorheben, nämlich „...das konstruktive Umgehen mit Komplexität. Das ist der zentrale Zugang, um wirklich nicht nur Integration, weiterhin am Status quo orientiert, sondern transformatorische Momente und andere Denkformen zu bahnen".
Helmut Reiser konstatiert am Ende der zweiten von ihm geleiteten umfangreichen Begleitforschung im Jahr 1990 der Gemeinsamen Erziehung in seinem Vortrag *Integration – ein Weg zu einer pädagogischen Reform?*:

> „Wenn ich Integration empirisch betrachte, nicht als Gedankengebäude, so müssen wir in der Tat einen doppelten Befund feststellen. Einerseits kann man feststellen, dass die Gemeinsamkeit aller Kinder herstellbar ist, und dass aus pädagogischer Sicht Differenzierungen nach behindert oder nichtbehindert obsolet werden. Andererseits ist festzustellen, dass überall da, wo gemeinsame Erziehung geschieht, sie kontrafaktisch gegen die gesellschaftlichen Rahmenbedingungen der Institutionen geschieht" (Reiser 1990, S. 4).

Zum doppelten Befund. Das Ausloten von Anschlussfähigkeit kann an diesem doppelten Befund ansetzen. Etliche Kindertageseinrichtungen und Schulen blicken mittlerweile auf jahrzehntelange Erfahrung gelingender Gemeinsamer Erziehung und Bildung von Kindern mit Behinderungen und Kindern ohne diese Zuschreibung zurück. In aktuellen Diskursen wird die Maßgabe von Inklusion, verstanden als Teilhabe aller Kinder an gemeinsamen Bildungsangeboten, oft auf die Behindertenrechtskonvention (UN-BRK) zurückgeführt, die durch die Bundesrepublik Deutschland im Jahr 2009 ratifiziert wurde. Sie markiert seit den ersten Pilotprojekten gemeinsamer Erziehung und Bildung einen der wesentlichen Meilensteine in der Entwicklung gemeinsamer Lern- und Bildungsorte. Die international bedeutende politische Teilhabeforderung gründet in der Idee der Nichtdiskriminierung und der Umsetzung demokratischer Teilhaberechte für alle Menschen und verlangt in Artikel 24 von den Vertragsstaaten ein inklusives Bildungssystem und lebenslanges Lernen auf allen Ebenen (Vereinte Nationen 2016). Die menschenrechtliche Perspektive universeller Anerkennung von Diversität hat zu wesentlichen (sozial)rechtlichen Veränderungen geführt, und der nun in der Breite wahrgenommene Umsetzungsdruck lässt Inklusion zu einem Schlüsselthema in bildungsbezogenen Diskursen werden – wenn auch verbunden mit unterschiedlichen Begriffsverständnissen und Bewertungen. Empirisch zeigt die zahlenmäßige Entwicklung für die ersten zehn Jahre seit der Ratifizierung der UN-BRK allerdings, dass der gestiegene Anteil von Schüler*innen mit Förderbedarf an Regelschulen nicht auf einem nennenswerten Rückgang der Schüler*innenzahlen an Förderschulen, sondern auf eine Ausweitung diagnostizierter Förderbedarfe zurückzuführen ist (Klemm 2021, S. 45). Prognostisch wird mittlerweile sogar mit einer Stagnation des Ausbaus Gemeinsamer Erziehung und Bildung im Schulbereich gerechnet, da sich einige Bundesländer inzwischen dezidiert gegen die Maßgabe der UN-BRK wenden (Klemm 2021, S. 74 f.). Angesichts dieser Entwicklungen beklagen neuere Veröffentlichungen eine zunehmende „Inklusionsrhetorik" (Winkler 2022, S. 127) und hinterfragen mit Blick auf die politischen Teilhabeversprechen das tatsächliche Veränderungspotenzial des Begriffs (Dederich 2020; Vogt et al. 2021). Auch der Verweis auf Grenzen der Aussage- und Transformationskraft des Begriffs erinnert an den Begriffswechsel von Integration zu Inklusion vor gut zwanzig Jahren. Helmut Reiser schlug damals vor, tiefer in die Auseinandersetzung zu gehen und die professionstheoretischen Funktionen der Bearbeitung von Exklusion und Inklusion zu hinterfragen (Reiser 2003; s. S. 212). Es scheint von Zeit zu Zeit bedeutsam zu werden, sich wieder auf die Kernanliegen inklusiver Pädagogik zu beziehen.

Die Auseinandersetzung mit der Theorie Integrativer Prozesse ist auch deswegen lohnend, weil mit ihr eine erziehungswissenschaftlich und pädagogisch einzuordnende Begründung für Inklusion vorliegt. Mit ihr ist ein Ansatz vorhanden, der in der Maßgabe von Inklusion nicht eine von außen an Bildungseinrichtungen herangetragene Anforderung und Zumutung sieht, sondern darin pädagogische Grundthemen erkennt und bearbeitet: In der Theorie Integrativer Prozesse erweist sich die Auseinandersetzung mit Fragen individueller Entwicklung unter der Voraussetzung von Zugehörigkeit zu und Teilhabe an einer durch Vielfalt geprägten Gruppe als zentral. Sie bearbeitet das dialektische Spannungsverhältnis von Individualität und Zugehörigkeit bzw. von Autonomie und Interdependenz als Grundthema menschlicher Entwicklung in pädagogischen Zusammenhängen.

Damit setzt sie gerade nicht an Spezialfragen individueller Förderung und deren Organisation an – sie ignoriert diese auch nicht, macht sie aber nicht zum Ausgangspunkt. Basis pädagogischer Überlegungen sind übergeordnete Fragen, die ausnahmslos alle Kinder betreffen und gleichermaßen adressieren. Die Interviews mit Praktiker*innen der Pionierphase Gemeinsamer Erziehung im Modellprojekt *Integrative Prozesse in Kindergruppen* zeigen:

> „In vielen Diskussionsbeiträgen, die aus integrativen Erziehungsvorhaben selbst kommen, ist deutlich spürbar, dass durch die Aufhebung der Trennung von Regelerziehung und Sondererziehung Grundfragen der Erziehung aktualisiert werden, wie der Ausgleich zwischen Individuum und Gruppe, das Verhältnis von Gleichheit und Ungleichheit, der Widerspruch zwischen Selbstwertgefühl und gesellschaftlich definierter Tüchtigkeit" (Klein et al., 1987, S. 33 f.).

Auch wenn wir heute nicht mehr von Tüchtigkeit sprechen würden, sondern vielleicht eher von gesellschaftlichen Anforderungen, so ist die Frage doch eine grundständig pädagogische.

Das Verständnis von Integration in der Theorie Integrativer Prozesse

Der Begriff der Integration klingt heute eher unangebracht. Für den größeren Diskurskontext wurde seine Verwendung hier bereits zu Beginn dieses Bandes eingeordnet (s. S. 7 f.). Darüber hinaus entwickelt die Theorie Integrativer Prozesse einen spezifischen Integrationsbegriff, der Integration als Einigungsprozesse versteht, die wechselwirksam auf mehreren Ebenen stattfinden. Zunächst wurde dies für die intrapsychische, die interpersonelle bzw. interaktive, die institutionelle und die kulturell-gesellschaftliche Ebene formuliert (Klein et al., 1987, S. 39 f.; s. S. 119 ff.), später um weitere Ebenen ausdifferenziert (Deppe-Wolfinger et al., 1990, S. 32 ff.; s. S. 125 ff.). Im günstigsten Fall finden integrative Prozesse in dynamischen Zusammenhängen auf allen Ebenen statt, um eine wirksame Veränderung zu entfalten. Die intrapsychische Ebene ist dabei immer involviert. Integrationsprozesse bezeichnen innerhalb der Theorie (individuelle) Entwicklungsprozesse, die eingebettet sind in Interaktions- und Kommunikationsprozesse. Entwickelt und ausformuliert wurde dies unter den spezifischen Bedingungen von Gruppen, die ein hohes Ausmaß an Diversität aufweisen. Grundsätzlich werden innerhalb des Theorieansatzes solche Prozesse als integrativ bezeichnet „bei denen Einigungen zwischen widersprüchlichen innerpsychischen Anteilen, gegensätzlichen Sichtweisen, interagierenden Personen und Personengruppen zustande kommen" (Klein et al., 1987, S. 37 f.). Einigung bedeutet dabei nicht etwa die Auflösung von Gegensätzen, die in der unterschiedlichen Wahrnehmung oder Interpretation von Sachverhalten bestehen. Prozesse der Abgrenzung können präzisiert werden als „sich seiner Position sicher werden" (Kron 2009, S. 186) und Prozesse der Annäherung als „die

Position des Anderen verstehen und berücksichtigen" (Kron 2009, S. 186). Reiser fasst den Kerngedanken der Theorie integrativer Prozesse zusammen „als Einigungsprozesse in der konflikthaften Dynamik von Annäherung und Abgrenzung in der Auseinandersetzung mit dem Anderen auf der innerpsychischen Ebene, der interaktionalen Ebene, der institutionellen und der kulturell-gesellschaftlichen Ebene" (Reiser 2007, S. 99). Integrative Prozesse entstehen aus der Dynamik dialektischer Spannung von Gleichheit und Verschiedenheit zwischen Individuen, die sich in der Interaktion durch die Spannung von Autonomie und wechselseitigem Bezug – von Abgrenzung und Annäherung – ausdrücken. Eine Einordnung der Theorie Integrativer Prozesse als dialektische Theorie und deren Beitrag zum Verständnis von Inklusion hat Wocken ausformuliert (Wocken 2021). Die enge Verknüpfung mit der Themenzentrierten Interaktion bearbeitet Kron in diesem Band (s. S. 23 ff.).

Warum die Theorie Integrativer Prozesse noch immer aktuell ist

Gleich mehrere Aspekte untermauern die bis heute anhaltende Relevanz der Theorie Integrativer Prozesse in inklusionsbezogenen Diskursen, von denen drei hier skizziert werden sollen. Die Anschlussfähigkeit der Theorie zu aktuellen Bildungsdiskursen wird abschließend etwas detaillierter betrachtet werden.

Die normative Positionierung. Die Frage nach dem Verhältnis von Normativität und Empirie in inklusionsbezogener Forschung wird auch aktuell diskutiert (Fritzsche et al., 2021). Helmut Reiser thematisiert diesen Aspekt immer wieder und benennt Herausforderungen, Brüche und Widersprüche – oft auch als inhärent pädagogische (Reiser 1990; s. S. 135 ff.). Mit Blick auf seine Publikationen und Vorträge fällt in dem Zusammenhang aber auch die transparente Darlegung der normativen Positionierung der Forschenden auf. Begründet im bürgerrechtlichen Anspruch auf Teilhabe und Nichtdiskriminierung und aktuell anschlussfähig an die menschenrechtliche Perspektive, zielt die Forschungsfrage der wissenschaftlichen Begleitung im Projekt *Integrative Prozesse in Kindergruppen* etwa nicht auf den Nachweis der „Legitimität der integrativen Erziehung, sondern auf ihre Gestaltung" (Klein et al., 1987, S. 36; s. S. 120 ff.). Auch in der Darstellung des Inklusionsverständnisses (s. o.) zeigt sich, dass gesellschaftliche Diskurse als Rahmung individueller Entwicklung, zwischenmenschlicher Kommunikation sowie der Ausgestaltung institutioneller Bedingungen nicht ignoriert werden können. Integration/Inklusion erweist sich als offenes Projekt, auf Teilhabe zielend – und doch immer in gesellschaftlichen Widersprüchlichkeiten verhaftet.

Die Prozessperspektive. Ausgehend von einem klar positionierten Startpunkt basiert die Theorie Integrativer Prozesse auf einer empirischen Forschungsperspektive, die nicht auf Ergebnisevaluationen nach vorgegebenen Kriterien zielt, sondern die konsequent auf Prozessverstehen gerichtet ist. In dem Modellprojekt *Integrative Prozesse in Kindergruppen* geht es darum, „über das ‚Wie' der Integration aus der unmittelbaren Praxis mehr zu erfahren“ (Klein et al., 1987, S. 16, Herv. i. O.). Helmut Reiser und sein Team nahmen Interaktionsprozesse von Kindern untereinander sowie von Kindern und Erwachsenen qualitativ sozialwissenschaftlich in den Blick. Ihre Beobachtungen führten zu einer grundlegenden Perspektivenänderung hinsichtlich der geltenden Zuschreibungen und Kategorisierungen. So stellten sie dem bereits erwähnten Abschlussbericht auch voran, dass die dort zu lesende Einteilung in behinderte und nichtbehinderte Kinder alleine den sozialrechtlichen Kriterien geschuldet sei:

> „Obwohl uns diese Begriffe in ihrer Bedeutung fragwürdig geworden sind, sind wir genötigt, sie durchgehend zu verwenden. Wir verstehen unter behinderten Kindern pragmatisch diejenigen, die von den Kindergärten als behindert aufgenommen wurden und für die somit höhere finanzielle Aufwendungen geleistet werden. Eine darüber hinaus gehende Definition oder Abgrenzung ist mit unserer Begriffsanwendung nicht intendiert“ (Klein et al., 1987, S. 18).

Eine allgemeine pädagogische Theorie. Die Theorie Integrativer Prozesse erweist sich als eine grundständig pädagogische Theorie. Als integrative/inklusive Theorie zeichnet sie sich dadurch aus, dass sie in ihrem Verständnis menschlicher Entwicklung nicht den Zuordnungen im Spektrum von Nicht-/Behinderung folgt und die bis dahin vorherrschende Annahme grundsätzlich verschiedener Entwicklungslogiken überwindet. Dabei ist zum Verständnis wichtig, dass erst in den 1970er Jahren Kinder mit sog. geistiger Behinderung überhaupt in den Fokus von Bildungsangeboten gerieten – klar abgegrenzt durch die umfassende Darlegung ihrer besonderen Bildbarkeit, formuliert als „Praktische Bildbarkeit“ (Bach 1969), gleichzeitig praxiswirksam konstruiert als Adressat*innengruppe einer damals neuen Sonderschulform (heute Schule mit dem Förderschwerpunkt geistige Entwicklung). Die Theorie Integrativer Prozesse entzieht der Aufteilung von Kindern in getrennte, ihnen scheinbar entsprechende Entwicklungsorte und Zuständigkeiten die Legitimation. In der Bezugnahme auf eine gemeinsame Entwicklungstheorie kann eine Grundbedingung der Überwindung von Kategorisierungen im pädagogischen Handeln und damit ein inklusives Kernelement ausgemacht werden (Papke 2016).

In der Theorie Integrativer Prozesse fußt die grundlegende Vorstellung menschlicher Entwicklungsprozesse auf einem eklektisch psychoanalytisch, systemisch und humanistisch ausgerichteten Verständnis. Zentral ist die konstruktivistische Entwicklungspsychologie Jean Piagets. Besonders deutlich wird die Verknüpfung mit Reisers pädagogischer Einordnung der Themenzentrierten Interaktion Ruth Cohns (Kron in diesem Band). Weitere Referenztheorien bilden die psychoanalytische Interaktionstheorie Alfred Lorenzers und die dialogische Philosophie Martin Bubers. In ihr sowie in der Themenzentrierten Interaktion wird die dialektische Verknüpfung des Bestrebens nach Eigenständigkeit und Verbundenheit, nach Autonomie und Interdependenz im Entwicklungsprozess hervorgehoben, die die Theorie Integrativer Prozesse prägt (Reiser 2006, S. 17). Durch den Bezug zur Themenzentrierten Interaktion wird der beziehungsorientierte, dialogische Aspekt noch ergänzt und in Beziehung gesetzt durch und zu der Relevanz der Gruppe sowie des Themas.

Bildungstheoretische Anschlussmöglichkeiten[1]

Sowohl mit ihrer Forschungsperspektive als auch in ihrer theoretischen Ausformulierung ist die Theorie Integrativer Prozesse hoch anschlussfähig an aktuelle inklusionspädagogische Diskurse. Die empirischen und theoretischen Arbeiten, die den Entwicklungsprozess der Theorie flankieren, formulieren bereits wesentliche Grundlagen der Veränderung bestehender Selbst- und Weltsichten von Kindern im Kontext von Gruppen mit einem hohen Grad an Diversität und den damit verbundenen irritierenden Erfahrungen. Diese Arbeiten erweisen sich dadurch als anschlussfähig an aktuelle Diskurse, in denen Bildungsprozesse als Transformationsprozesse von Selbst- und Weltverhältnissen aufgefasst werden (Koller 2018) und in denen Bezüge zu inklusionspädagogischer Theoriebildung noch weitgehend ausstehen (Herzog & Wieckert 2021).

Zum Bildungsbegriff. Vorab eine kurze Einordnung eines schwierigen Begriffs: Im erziehungswissenschaftlichen Diskurs gilt der Begriff der Bildung traditionell als problematisch. Gleichzeitig wird aber auch hervorgehoben, dass die Erziehungswissenschaft bisher „keine bessere Referenzformel für ihre Probleme" findet (Tenorth 2003, S. 422). Die Bildungsidee zeichnet sich durch ein dialektisches Spannungsverhältnis aus, dass zwischen der Vorstellung individueller (und gesellschaftlich nötiger) Entwicklung und der gleichzeitigen Begrenzung auf gesellschaftlich definierte Ziele hin besteht. Das Ausloten dieses Verhältnisses wie auch die Formulierung gesellschaftlicher Ziele bleiben fortwährende Aufgaben. Im Zuge der Aufarbeitung der nationalsozialistischen Verbrechen in den Nachkriegsjahren, kommt die Kritik an der Unterdrückung der emanzipatorisch-demokratischen Momente von Bildung besonders eindrücklich in Adornos Theorie der Halbbildung (Adorno 1962) zum Ausdruck: Eine um ihre inhärenten dialektischen Spannungsfelder reduzierte Bildungsidee (durch Unterdrückung emanzipativer Anteile) konterkariert die gesamte Idee auf dramatische Weise. Ein zentraler Bezugspunkt des Bildungsbegriffs kann also in den Wechselwirkungen und Spannungsverhältnissen von Subjekt und Gesellschaft ausgemacht werden. Bildungstheorien sind demnach zunächst einmal Denkmodelle, in denen Dimensionen miteinander verbunden werden, die für die Beschreibung und das Verständnis des Verhältnisses von Mensch und Welt relevant erscheinen.

Im bildungstheoretischen Diskurs der 1980er Jahre werden konstruktivistische Bildungsvorstellungen relevant: Zunehmend wird Bildung als aktiver Aushand-

1 Die Ausführungen sind in Teilen angelehnt an eine frühere Veröffentlichung: Papke, B. (2021). Zum Bildungstheoretischen Potenzial der Theorie Integrativer Prozesse. In: H. Wocken (Hrsg.), *Dialektik der Inklusion.* (S. 201-219). Feldhaus.

lungsprozess aufgefasst. Dabei geht die Prozessperspektive weit über den Blick auf Entwicklung in der Zeit hinaus, indem die Beschäftigung mit dem qualitativen Charakter von Bildungsprozessen als Schnittstelle zwischen Person und Welt ins Zentrum rückt. Bildungsprozesse selbst werden als Transformation innerpsychischer Strukturen (Kokemohr 2007), als biografische Ordnungsleistung (Marotzki 2006) sowie aktueller, aber explizit daran anknüpfend, als Transformation von Welt- und Selbstverhältnissen (Koller 2018) gefasst.

Im Unterschied zu anderen Lernprozessen zeichnen sich Bildungsprozesse demnach dadurch aus, dass sie bestehende Wissens- und Deutungsmuster in Frage stellen: sie irritieren die bestehenden Selbst- und Weltsichten, erzwingen entweder Neuordnung oder Abwehr – Bildungsprozesse können krisenhafte Momente sein. Kokemohr fasst den Bildungsprozess „als qualitativ spezifischen Prozess auf, der (…) die kategorialen Figuren betrifft, kraft derer sich das Verhältnis von Subjekt und Welt entwirft und modifiziert. Diese Auffassung schließt ein, dass ein Bildungsprozess Subjekt und Welt in ihrer je gegebenen symbolisch typisierenden Konfiguration aufbricht und anders refiguriert" (Kokemohr 2007, S. 16, Herv. i. O.). In dieser Lesart fokussiert der Bildungsbegriff zunehmend integrative Leistungen des Subjekts in Auseinandersetzung mit Umweltbedingungen und in Kommunikation mit diesen. Das Verhältnis zwischen Mensch und Welt selbst wird als wechselseitiger Aushandlungsprozess verstanden:

> „Welt und Selbst sind somit nicht ein Gegebenes, sondern werden aufgrund unserer perspektiven- und deutungsgebundenen Wahrnehmung zu etwas, was erst hergestellt und über soziale Interaktionen aufrechterhalten oder verändert wird" (Marotzki 2006, S. 61).

Koller, Marotzki und Sanders betonen, dass „eine Art von Krisenerfahrung, in der sich das bisherige Welt- und Selbstverständnis eines Menschen als nicht mehr ausreichend erweist" (Koller, Marotzki & Sanders 2007, S. 7) konstituierend für Bildungsprozesse sind.

Bildungsprozesse. Dies soll hier anhand einer empirischen Beobachtung von Interaktionsprozessen in einer Kindertagesstätte illustriert werden, die aus dem Entwicklungskontext der Theorie Integrativer Prozesse stammt. In ihrer Studie untersuchte Maria Kron, wie Kinder ohne Beeinträchtigung auf die Behinderung eines anderen Kindes in der Kindergartengruppe reagieren. Die Beobachtungen zeigen, wie Kinder mit Variationen und mit Irritationen bisher vertrauter Ereignisse und angenommener Abläufe und Wahrheiten umgehen:

> „Lena, 5 J. […]; Mirko 4 J. Die Erzieherin sitzt mit Lena auf dem Schoß am Frühstückstisch. Mirko schaut sie eine Weile an, dann sagt er zur Erzieherin: ‚Gell, die kann nicht laufen!' Die Erzieherin: ‚Nein, das kann Lena nicht.' Mirko: ‚Gell, weil die immer so faul ist!'" (Kron 1988, S. 81).

Es wird deutlich, wie Mirkos Erwartungen an das Können eines älteren oder als annähernd gleichaltrig wahrgenommenen Kindes durchkreuzt werden. Er gleicht seine Erfahrungen mit den Beobachtungen bei Lena ab und erkundigt sich zunächst bei der erwachsenen Person, ob er mit seiner Wahrnehmung richtig liegt. Dann zieht er seine Schlüsse über Nicht-/Laufen-Können auf der Basis seiner bisherigen Erfahrung und der in diesem Kontext entwickelten momentanen Selbst- und Weltsicht. Er interpretiert die irritierende Erfahrung und ordnet sie in ihm bekannte Muster und Beweggründe ein – da Kinder dieses Alters oder dieser Körpergröße nach seiner Erfahrung laufen können, will Lena es wohl nicht, bzw. strengt sie sich wohl nicht genug an: Sie scheint zu faul zu sein. Mit dem Zusatz ‚Gell' öffnet Mirko seine Interpretation aber bereits, sucht zumindest nach Bestätigung, scheint sich nicht ganz sicher zu sein. Hier deutet sich ein Infrage-Stellen bisher angenommener Wahrheiten und Gewissheiten an. Die hier geschilderte Irritation kann als Impuls für Auseinandersetzungen mit der eigenen Selbst- und Weltsicht gedeutet werden.

Kron beschreibt in ihrer Interpretation zahlreicher solcher Beobachtungsprotokolle die Einordnung dieser Erlebnisse bei den beobachteten Kindern als Variationen bisheriger Erfahrungen. Insgesamt kann sie an ihrem empirischen Material aufzeigen, dass Irritationen so weit gehen können, „dass die Kinder in dieser Auseinandersetzung ihr bisheriges Weltbild um ein bedeutendes Maß erweitern: In der Erfahrung, dass seine Assimilationen zu Widersprüchen und Konflikten führen, differenziert sich die Weltsicht des Kindes. Es lernt, behinderte Kinder (wie im übrigen auch andere Personen und Situationen) anders wahrzunehmen. Durch die Konfrontation mit den ihnen ungewohnten Realitäten erfahren sie, dass sich die Verschiedenheiten von Individuen über ein ungemein breites Spektrum erstrecken, dass dies oder jenes zu können keine Selbstverständlichkeit ist. Gerade die Irritation in der gewohnten Vorstellungswelt ermöglicht ihnen erst, über die Auseinandersetzung mit dem Neuen zu einer offeneren, realitätsgerechteren Sichtweise von Personen und Situationen zu gelangen" (Kron 1988, S. 87). Vor der Hintergrundfolie aktueller bildungstheoretischer Arbeiten können diese Beobachtungen auch als Momente von Bildungsprozessen gelesen werden.

Die Theorie Integrativer Prozesse repräsentiert beide Gedanken – den der Neuordnung von Selbst- und Weltverhältnissen durch irritierende (widersprüchliche) Anteile und Erfahrungen sowie den der empirischen Grundlegung – und dies bereits in den späten 1980er Jahren. Integrative Prozesse im Sinne der Theorie werden angestoßen durch eine Dynamik dialektischer Spannung von Gleichheit und Verschiedenheit zwischen Individuen, die sich in der Interaktion durch Spannung von Autonomie und wechselseitigem Bezug – von Abgrenzung und Annäherung – ausdrücken. Die Theorie Integrativer Prozesse kommt der Vorstellung von Bildung als fortwährender Transformation von Selbst- und Weltverhältnissen, die der Irritation bedarf, sehr nahe – ohne jedoch Integrationsprozesse explizit als Bildungsprozesse zu bezeichnen. Damit thematisiert sie wesentliche Aspekte einer Bildungstheorie. Allerdings geht die Theorie integrativer Prozesse in zweierlei

Hinsicht darüber hinaus. Zum einen werden Veränderungsprozesse im Bereich von Selbst- und Weltsicht auch, aber nicht ausschließlich durch die Erfahrung von Fremdheit erklärt. Vielmehr finden Integrationsprozesse in dem Spannungsfeld von Fremdheit und Vertrautheit, Differenz und Gleichheit, Nähe und Distanz statt. Nur unter der Voraussetzung der Alltagserfahrung von Vielfalt als Differenz und als Gleichheit können integrative Prozesse auf der innerpsychischen und der intrapersonellen Ebene wirksam werden und so ein demokratisches und gleichberechtigtes Miteinander auf anderen Ebenen bis hin zum gesellschaftlichen Zusammenleben ermöglichen. Diese Wechselwirkung zwischen Individualität und Gemeinschaftlichkeit gilt gleichsam als konstituierend für Bildungsprozesse.

Literatur

Adorno, T. W. (1962). Theorie der Halbbildung. In: T. W. Adorno & W. Dirks (Hrsg.), *Max Horkheimer, Theodor W. Adorno. Sociologica II. Reden und Vorträge.* (S. 168-192). Europäische Verlagsanstalt.

Bach, H. (1969). *Geistigbehindertenpädagogik.* Marhold

Boban, I. & Hinz, A. (2023). Interview mit Frank J. Müller. In: F. J. Müller (Hrsg.), *Blick zurück nach vorn – WegbereiterInnen der Inklusion* (Bd. 3). (S. 271-353). Psychosozial.

Dederich, M. (2020). Inklusion. In: G. Weiß & J. Zirfas (Hrsg.), *Handbuch Bildungs- und Erziehungsphilosophie.* (S. 527-536). Springer.

Deppe-Wolfinger, H., Prengel, A. & Reiser, H. (1990). *Integrative Pädagogik in der Grundschule. Bilanz und Perspektiven der Integration behinderter Kinder in der Bundesrepublik Deutschland 1976-1988.* Juventa; DJI Materialien.

Fritzsche, B., Köpfer, A., Wagner-Willi, M., Böhmer, A., Nitschmann, H., Lietzmann, C. & Weitkämper, F. (Hrsg.). (2021). *Inklusionsforschung zwischen Normativität und Empirie.* Barbara Budrich.

Herzog, S. & Wieckert, S. (Hrsg.). (2021). *Inklusion – eine Chance Bildung neu zu denken?* Beltz Juventa

Klein, G., Kreie, G., Kron, M. & Reiser, H. (1987). *Integrative Prozesse in Kindergartengruppen. Über die gemeinsame Erziehung von behinderten und nichtbehinderten Kindern.* Juventa; DJI Materialien.

Klemm, K. (2021). *Inklusion in Deutschlands Schulen. Entwicklungen – Erfahrungen – Erwartungen.* Beltz Juventa.

Kokemohr, R. (2007). Bildung als Welt- und Selbstentwurf im Anspruch des Fremden. Eine theoretisch-empirische Annäherung an eine Bildungsprozesstheorie. In: H. C. Koller, W. Marotzki & O. Sanders (Hrsg.), *Bildungsprozesse und Fremdheitserfahrung. Beiträge zu einer Theorie transformatorischer Bildungsprozesse.* (S. 13-68). Transcript Verlag.

Koller, H. C. (Hrsg.). (2018). *Bildung anders denken. Einführung in die Theorie transformatorischer Bildungsprozesse.* Kohlhammer.

Koller, H. C., Marotzki, W. & Sanders, O. (2007). Einleitung. In: Dies. (Hrsg.), *Bildungsprozesse und Fremdheitserfahrung. Beiträge zu einer Theorie transformatorischer Bildungsprozesse.* (S. 7-12). Transcript Verlag.

Kron, M. (1988). *Kindliche Entwicklung und die Erfahrung von Behinderung.* AFRA Verlag.

Kron, M. (2009). Gemeinsame Erziehung von Kindern mit und ohne Behinderung im Elementarbereich. Theorieansätze und Praxiserfahrungen. In: H. Eberwein & S. Knauer (Hrsg.), *Handbuch Integrationspädagogik* (S. 178-190). Beltz.

Marotzki, W. (2006). Bildungstheorie und Allgemeine Biographieforschung. In: H. H. Krüger & W. Marotzki (Hrsg.), *Handbuch erziehungswissenschaftliche Biographieforschung.* (S. 59-70). Springer VS.

Papke, B. (2016). *Das bildungstheoretische Potenzial inklusiver Pädagogik.* Klinkhardt.

Papke, B. (2021). Zum bildungstheoretischen Potenzial der Theorie Integrativer Prozesse. In: H. Wocken (Hrsg.), *Dialektik der Inklusion.* (S. 201-219). Feldhaus.

Reiser, H. (1990, 12. November). *Integration – ein Weg zu einer pädagogischen Reform?* Überarbeitete Vortragsfassung. Abschlusstagung des Projekts ‚Integration im Primarbereich', München. Deutsches Jugendinstitut. (Erstveröffentlichung in diesem Buch).

Reiser, H. (2003). Vom Begriff Integration zum Begriff Inklusion. Was kann mit dem Begriffswechsel angestoßen werden? *Sonderpädagogische Förderung, 48 (4),* 305-312.

Reiser, H. (2006). *Psychoanalytisch-systemische Pädagogik. Erziehung auf der Grundlage der Themenzentrierten Interaktion.* Kohlhammer.

Reiser, H. (2007). Inklusion – Vision oder Illusion? In: D. Katzenbach (Hrsg.), *Vielfalt braucht Struktur. Heterogenität als Herausforderung für die Unterrichts- und Schulentwicklung.* (S. 99-105). Johann-Wolfgang-Goethe-Universität Frankfurt am Main.

Thenort, H. E. (2003). Wie ist Bildung möglich? Einige Antworten – und die Perspektive der Erziehungswissenschaft. *Zeitschrift für Pädagogik* 49 (3), 422-427.

Vereinte Nationen. Ausschuss für die Rechte von Menschen mit Behinderungen (2016). Allgemeine Bemerkungen Nr. 4 zu Artikel 24: Recht auf inklusive Bildung. https://www.institut-fuer-menschenrechte.de/menschenrechtsschutz/datenbanken/datenbank-fuer-menschenrechteund-behinderung/detail/allgemeine-bemerkung-nr-4-2016-artikel-24-rechtauf-inklusive-bildung (abgerufen am 10.07.23).

Vogt, M., Boger, M. A. & Bühler, P. (Hrsg.). (2021). *Inklusion als Chiffre? Bildungshistorische Analysen und Reflexionen.* Klinkhardt.

Winkler, M. (2022). Ein Versuch, über Inklusion in einem weiten Horizont nachzudenken. In: R. Knauer & B. Sturzenhecker (Hrsg.), *Demokratische Partizipation und Inklusion in Kindertageseinrichtungen* (S. 122-145). Beltz Juventa.

Wocken, H. (2021). Die Dialektik der Inklusion. In: H. Wocken (Hrsg.), *Dialektik der Inklusion. Inklusion als Balance.* (S. 25-176). Feldhaus.

Maria Kron

Die Themenzentrierte Interaktion als Inspiration und Basis der Theorie Integrativer Prozesse

Die gemeinsame Bildung und Erziehung von Kindern mit und Kindern ohne Behinderung, die Ende der 1970er/Anfang der 1980er Jahre von Eltern und (Sonder)Pädagogen angestoßen wurde, löste auch eine neue Dynamik auf theoretischer Ebene aus. Konzepte, die hier entwickelt wurden, fanden ihre Bezugspunkte und Grundlagen in unterschiedlichen sozialwissenschaftlichen und psychologischen Wissensbereichen. Entsprechend wurden in wissenschaftlichen Arbeitszusammenhängen verschiedene Theorien und Konzepte der Integration und der Inklusion ausgearbeitet, die jedoch bei aller Unterschiedlichkeit auch gemeinsame Kernelemente und Überschneidungen aufweisen. Helmut Reisers Arbeiten zu Integration und Inklusion fußen im Wesentlichen auf psychoanalytischen Theorien sowie auf dem Konzept der Themenzentrierten Interaktion (TZI), wobei er in seinen späteren Arbeiten auch systemische Aspekte einbezieht.

> „Nach meiner Ansicht ist es berechtigt, die TZI als ein psychoanalytisch-systemisches Verfahren zu charakterisieren. Sie nimmt beide Zugänge in einem eigenständigen Entwurf in sich auf, der dadurch gekennzeichnet ist, dass er einer demokratischen Vision der individuellen Bildung und der Gemeinschaftsbildung folgt" (Reiser 2004, S. 62).

Der Stellenwert der Themenzentrierten Interaktion in seiner wissenschaftlichen Arbeit wird auch in seinen Publikationen ersichtlich. 1987–2020 veröffentlichte Helmut Reiser etwa 50 Beiträge zur Themenzentrierten Interaktion bzw. zur Entwicklung der TZI, darüber hinaus eine Monografie zu dem Thema Themenzentrierter Interaktion, weitere in Ko-Autorenschaft zusammen mit Walter Lotz und zusammen mit Andrea Dlugosch. Zudem war er Mitherausgeber eines englischsprachigen Lehrbuchs zur Themenzentrierten Interaktion. Die Parallelität wie der Zusammenhang von Themenzentrierter Interaktion und Integrativer bzw. Inklusiver Pädagogik war bis zum Erscheinen des Buches „Themenzentrierte Interaktion als Pädagogik" von Helmut Reiser und Walter Lotz (1995) nicht sehr bekannt. Diese Veröffentlichung erreichte nun eine Leserschaft aus beiden Bereichen – der Themenzentrierten

Interaktion und der Sonderpädagogik bzw. der inzwischen wachsenden Integrationspädagogik. Im wissenschaftlichen Integrations-/Inklusionsdiskurs wurde jedoch die Themenzentrierte Interaktion oft in sehr verkürzter Form rezipiert, im Extremfall reduziert auf die Struktur der vier Faktoren des Modells – die Person (Ich), die Gruppeninteraktion (Wir), die Aufgabe (Es) und die Umwelt („Globe"). Angesichts des Stellenwerts, den die Themenzentrierte Interaktion in Reisers Theorie der Integrativen Prozesse einnimmt, sollen deshalb im Folgenden Aspekte der Themenzentrierten Interaktion näher erläutert werden. Es geht hier weder um eine Darstellung des Konzepts in allen seinen Facetten und Erweiterungen, noch und erst recht nicht um den Fachdiskurs im Rahmen der Themenzentrierten Interaktion oder um den Bezug zur systemisch-konstruktiven Sichtweise. Helmut Reiser hat sich mit diesen Themen intensiv, kritisch und konstruktiv auseinandergesetzt, nachzulesen vor allem in seinen Beiträgen in der Fachzeitschrift *TZI –Themenzentrierte Interaktion*. Die im Folgenden selektiv ausgewählten Aspekten der TZI sowie die Überlegungen Helmut Reisers sollen vielmehr an relevanten Punkten verdeutlichen, weshalb und inwiefern die Theorie Integrativer Prozesse und seine weitergehenden Überlegungen zur Integration und Inklusion eng verschränkt sind mit dem Konzept der Themenzentrierten Interaktion.
Helmut Reisers Gedanken sollen dabei möglichst originär an Hand von aussagekräftigen kurzen Ausschnitten seiner Publikationen präsentiert werden. Einige wichtige Präzisierungen, Erläuterungen und Fortentwicklungen gehen aus seinen eigenen Beiträgen zum Thema TZI hervor, die nachfolgend zu finden sind (s. S. 61-116).
Vorweg: Reisers Bezug auf die Begriffe *Integration* und *Inklusion* folgt nicht einer chronologischen Vorstellung (... erst war Integration, dann entwickelte sich die Inklusion), wie es noch in manchen Debatten der Fall ist. Ausgehend von den Erkenntnissen der frühen wissenschaftlichen Begleituntersuchungen in Kindergärten und Schulen besteht er auf den inhaltlichen Charakteristika von Integration und Inklusion (s. S. 212 f.) und hält fest: „Wir haben im Elementarbereich das betrieben, was heute Inklusion genannt wird" (Reiser 2018, S. 81). Seine in diesen Zusammenhängen entwickelte Theorie Integrativer Prozesse (s. S. 119-127) hat fraglos inklusiven Charakter. Von daher hat es seine Berechtigung, wenn in den folgenden Ausführungen – und nur in diesem Kontext – die Begriffe Integration und Inklusion oft synonym gebraucht werden.

In aller Kürze: Grundzüge der Themenzentrierten Interaktion

Die Themenzentrierte Interaktion wurde seit Mitte des letzten Jahrhunderts von der Psychologin und Psychoanalyrikerin Ruth C. Cohn und anderen aus Theorien der Psychoanalyse, der Humanistischen Psychologie und der Gruppentherapie heraus entwickelt und in Europa wesentlich durch Ruth Cohn verbreitet. Es handelt sich um ein spezifisches System der Gruppenarbeit (s. u.).

Die Themenzentrierte Interaktion versteht sich nicht als wissenschaftliche Theorie, begründet ihre Axiome nicht aus theoretischen oder empirisch fundierten wissenschaftlichen Zusammenhängen heraus, sondern formuliert ihre Axiome als intrakonzeptionelle Basis. Davon ausgehend können wissenschaftliche Bezüge hergestellt werden zur Psychoanalyse, zur Humanistischen Psychologie, zu erziehungswissenschaftlichen Theorien und – wie Helmut Reiser überzeugend nachweist – zur Systemtheorie (Reiser 2006, S. 48). Er versteht die Themenzentrierte Interaktion als Konzept, das psychoanalytische und systemische Perspektiven verbindet.
Die ursprüngliche Struktur des Konzepts wird gebildet durch drei Axiome (hier und im Folgenden aus Cohn & Farau 1999):

1. Der Mensch ist autonom und interdependent zugleich. Die Autonomie des einzelnen ist umso größer, je mehr er sich seiner Interdependenz mit allen und allem bewusst wird. (anthropologisches Axiom)
2. Ehrfurcht gebührt allem Lebendigen und seinem Wachstum. Das Humane ist wertvoll, Inhumanes ist wertbedrohend. (ethisches Axiom)
3. Freie Entscheidung geschieht innerhalb innerer und äußerer Grenzen. Erweiterung dieser Grenzen ist möglich. (pragmatisch-politisches Axiom) (Cohn & Farau 1999).

und zwei Postulate:

Sei dein eigener Chairman; sei die Chairperson deiner selbst. (Sei dir deiner inneren Gegebenheiten und deiner Umwelt bewusst. Nimm jede Situation als Angebot für deine Entscheidungen. Nimm und gib, wie du es verantwortlich für dich selbst und andere willst.)
Störungen und Betroffenheiten haben Vorrang. (Störungen den existentiellen Vorrang abzusprechen, den sie de facto einnehmen, behindert Persönlichkeitsentwicklung.)

Das Vier-Faktorenmodell – jede Gruppe ist durch vier Faktoren bestimmt:

1. die Person („Ich")
2. die Gruppeninteraktion („Wir")
3. das Thema oder die Aufgabe („Es")
4. das Umfeld im engsten und weitesten Sinn („Globe")

Die Themenzentrierte Interaktion beruht auf der Arbeitshypothese, dass jede Person (Ich), die Interaktion der Gruppe (Wir) und die Arbeit an einer Aufgabe (Es) als gleichgewichtig angesehen werden sollen und der gegenseitige Einfluss von Gruppe und Umfeld beachtet werden muss. Symbolisch kann diese Konstellation als gleichseitiges Dreieck in einer vielschichtig-transparenten Kugel ausgedrückt werden: „Ich", „Wir" und „Es" sind gleich wichtig, ebenso wie unsere nahe und ferne Umgebung, der „Globe". Die Wichtigkeit aller Faktoren ist in dynamischer Balance zu halten (Cohn & Farau 1999).

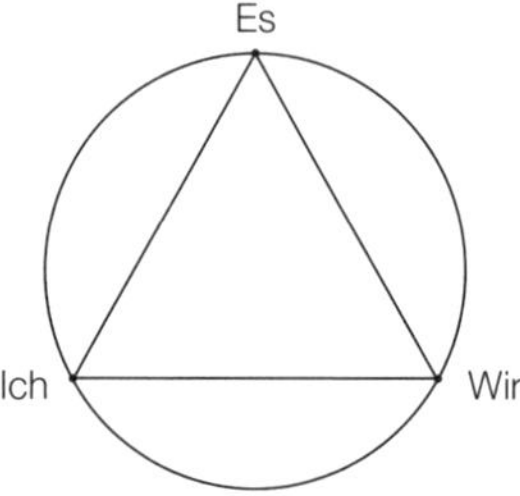

„Die Eckpunkte des Dreiecks sind das „Ich“ für den einzelnen, „Wir“ für die Gruppe und „Es“ für den Arbeitsgegenstand [das Thema, MK]. Das Gesamt der die Gruppe umgebenden Bedingungen wird „Globe“ genannt … Das Thema, das im Mittelpunkt der Arbeit nach TZI steht, soll diese einzelnen Aspekte in sich verbinden, das heißt: die relevanten Globe-Bezüge aufgreifen, den sachlichen Arbeitsauftrag formulieren, Anschlussstellen für die Interessen und Bedürfnisse des Einzelnen bieten und den Gruppenprozess zur Bildung eines „Wir“ fördern. Die zentrale Denkfigur ist die der dynamischen Balance“ (Reiser 2006, S. 57).

Eine darüber hinausgehende Interpretation findet Helmut Reiser bei Walter Lotz (Lotz 1997; Lotz 2003), der die drei Eckpunkte aus anderer Perspektive betrachtet und darin weiterführt. Mit Lotz hält Reiser fest, dass in dem grafischen Modell der TZI die Verbindungslinien zwischen dem „Ich“ und dem „Wir“ das Ziel der Begegnung, zwischen dem „Wir“ und dem „Es“ (dem Thema) das Ziel der Kooperation und zwischen dem „Ich“ und dem „Es“ das der Bildung wiedergeben (Reiser 2006, S. 124-125).
Ergänzt wird das Dargestellte durch Hilfsregeln als Orientierung bei der Realisierung der Postulate.

Allgemein: Das Konzept der Themenzentrierten Interaktion als Helmut Reisers grundlegendes Erziehungsmodell und pädagogisches Konzept

Keine Theorie der Erziehung, kein pädagogisches Konzept kann auf Aussagen über den Zusammenhang von Erziehung und Entwicklung verzichten. Allgemein wird Erziehung verstanden als richtungsgebende, richtungsunterstüzende oder richtungsverändernde Einwirkung auf die Entwicklung eines Kindes/einer Person. Dieser Zusammenhang wird in der Vielfalt pädagogischer und entwicklungspsychologischer Theorien gemäß den jeweiligen Perspektiven sehr unterschiedlich expliziert. Der Entwicklungsgedanke in der Themenzentrierten Interaktion, systemimmanent in verschiedenen Dimensionen und auf verschiedene Konstellationen hin reflektiert, bildet für Helmut Reiser einen wesentlichen Baustein seiner Überlegungen, die zu einem pädagogischen Konzept hinführen. Er hält drei Wesensmerkmale der Themenzentrierten Interaktion fest: Sie verkörpert

1. eine Theorie der individuellen und kollektiven menschlichen Entwicklung – nach Ruth Cohn die Annahme eines gleichzeitigen Wachstums von Autonomie und Interdependenz als Grundlage von Entwicklung,
2. ein Modell entwicklungsförderlicher Interaktionen,
3. die Vision eines verantwortlichen Lebens (Reiser 2021, S. 13-14).

Indem es der Themenzentrierten Interaktion immer um die Förderung einer Entwicklung geht, schließt sie nach Reiser *pädagogische* Momente ein, da sie darauf abzielt, „… die Entwicklung von Personen (oder die Entwicklung von Kollektiven im Zusammenhang mit der Entwicklung von Personen) werte- und zielorientiert zu beeinflussen“ (Reiser 2014, S. 69).
Bezogen auf die Grundlagen der Entwicklung, d. h. auf Autonomie und Interdependenz (s. o.), fasst die Themenzentrierte Interaktion den Erziehungsprozess als Prozess der Persönlichkeitsentwicklung. Darin sind Autonomie und Interdependenz nicht polar zu denken, sondern als Gegensatzeinheit zu verstehen (Reiser 2006, S. 127). Erziehung auf Grundlage der TZI erweist sich in diesem Sinn „als die intentionale Einwirkung auf die korrelierende Entwicklung von Autonomie und Interdependenz durch Arrangements der Beziehungsgestaltung und des Weltzugangs“ (Reiser 2006, S. 9).
Zwei Aspekte sind in dieser Aussage hervorzuheben: Helmut Reiser betont, dass sich Autonomie und Interdependenz wechselseitig beeinflussen, dass sie sich jedoch nicht zwangsläufig gleichgewichtig entfalten. Er sieht die *Chance*, dass das eine steigt, wenn das andere auch steigt (Meyerhuber & Reiser 2019, S. 126). Zum anderen verweist er ausdrücklich darauf, dass es in der Erziehung nicht nur um personale Beziehungen geht, sondern auch um die Weltzugewandtheit (Reiser 2006, S. 124).
Konkretisiert wird die Entwicklungsförderung im pädagogischen Feld durch den Einsatz von Techniken, d. h. durch die Gestaltung von Arbeitsstrukturen; darin enthalten sind die Gestaltung von Interaktionen und die Formulierung solcher Themen, die die Gruppe arbeitsfähig machen. Ziel ist bei den Akteur*innen Entwicklungen zu ermöglichen, um Autonomie, d. h. die „Ich“-Anteile wie auch die Interdependenz, d. h. die „Wir“-Anteile eigenverantwortlich und gemeinsam zu leben (Reiser 2004; Reiser 2021, S. 16).

> „Die entscheidende Stärke der TZI liegt in ihrer Konzeptionierung von individueller Entwicklung als gemeinsames Wachstum von Autonomie und Interdependenz und in ihren Regeln der Handwerkskunst, wie die Entwicklung angeregt werden kann“ (Reiser 2006, S. 126).

Mit *Handwerkskunst* wird hier schon angesagt, dass Helmut Reiser die Themenzentrierte Interaktion als professionelles pädagogisches Konzept betrachtet. Er versteht darunter einen intermediären Raum zwischen spezifischen Bezugswissenschaften und beruflicher Praxis, „in dem ein eigener Typus von Reflexion herrscht und in dem Denkfiguren entwickelt, fortgeschrieben, modifiziert werden, die noch nicht Handlungen sind und nicht mehr Wissenschaft“ (Reiser 2006, S. 45).

Die Professionalität des Konzepts begründet sich aus der Bearbeitung von vier relevanten Dimensionen eines pädagogischen Konzepts:

1. „Die Haltung, die sich aus dem Zusammenspiel, manchmal Zusammenprall von persönlicher Identität und Berufsrolle ergibt.
2. Die Methode, die das professionelle Konzept vorschlägt.
3. Die professionelle Kommunikation, die die Verwirklichung von Haltung und Methode in den verschiedenen Kontexten durch Aus- und Weiterbildung, Supervision, Kollegiale Beratung, Tagungen, Arbeitsgruppen, Fachzeitschriften etc. sicher stellt.
4. Das Aussagesystem des Konzepts, seine Anknüpfung an wissenschaftliche Theorien, wobei die TZI aufgrund ihrer eigenen Systematik eine große Freiheit hat“ (Reiser 2021, S. 6).

Spezifisch: Das Konzept der Themenzentrierten Interaktion als eine Basis der Theorie Integrativer Prozesse und integrativer/inklusiver Erziehung

Die Entwicklung der Theorie Integrativer Prozesse muss vor dem Hintergrund der politischen und pädagogischen Dynamiken der 1970er und 1980er Jahre gesehen werden. In den Institutionen der öffentlichen Bildung und Erziehung, in den Kindergärten und Schulen entwickelten sich als Gegenmodelle zur Separation von Kindern, die als behindert deklariert wurden, erste Modelle gemeinsamer Bildung und Erziehung. Bei einigen dieser Pilotprojekte übernahm Helmut Reiser mit einem Team die wissenschaftliche Begleitung, in deren Zusammenhang o. g. Theorie erarbeitet wurde. Hans Wocken (2021, S. 73) hebt hervor:

> „Gerade diese Verknüpfung von Theorie und Praxis, einer etablierten Theorie [der TZI. MK] mit einer lebendigen Realität dürfte einerseits der TIP [der Theorie Integrativer Prozesse; MK] ein Alleinstellungsmerkmal im Ensemble der inklusionspädagogischen Entwürfe eingetragen haben und die besondere Wertschätzung in den inklusionspädagogischen Diskursen verständlich machen.“

Helmut Reiser entnimmt der Themenzentrierte Interaktion keine Thesen, Ziele oder Techniken, die spezifisch für die Theorie Integrativer Prozesse und für integrative oder inklusive Praxis gelten würden; es sind vielmehr Momente, die generell für eine verantwortungsvolle professionelle Pädagogik stehen. In dem umfassenden Konzept der TZI – wertebasiert, subjekt- und interaktionsorientiert, das Umfeld als wesentliche Einflussgröße berücksichtigend, das aber auch Veränderungen zugänglich und anschlussfähig an wissenschaftliche Theorien ist – findet er eine konzeptionelle Vorgabe, die auch einer *gemeinsamen* Erziehung, d. h. inklusive der bislang ausgegrenzten Gruppen vulnerabler und randständiger Personen (Kinder) ohne Diskriminierung gerecht wird. Aus dieser Perspektive werden im Folgenden die wesentlichen Aspekte der Themenzentrierten Interaktion für eben diesen Kontext skizziert.

Gesellschaftskritisch. Ursprünglich aus dem sonderpädagogischen Praxis- und Wissenschaftsbereich für Kinder und Jugendliche mit sozial-emotionalen Ent-

wicklungserschwernissen kommend, sieht Helmut Reiser die Pädagogik einem gesellschaftskritischen Ansatz verpflichtet, „der sich angesichts der mannigfachen Risikoaufhäufungen der kindlichen Entwicklung infolge gesellschaftlicher Strukturen aufdrängt“ (Reiser 2006, S. 126).
Den gesellschaftskritischen Ansatz sieht er in der Themenzentrierten Interaktion enthalten, pointiert in Ruth Cohns Votum zur Humanisierung gesellschaftlicher Verhältnisse, ausgehend von scharfer Kritik des alles durchdringenden Konkurrenzgedankens. Der „Globe“ als vierter Faktor in dem TZI-Modell verweist auf eben diese gesellschaftlichen Voraussetzungen als erschwerende und begrenzende Momente von Bildungsprozessen (Reiser 2006, S. 126).
Subjektorientiertes und sozial orientiertes Entwicklungskonzept. In der Entwicklungsvorstellung der Themenzentrierten Interaktion sieht Helmut Reiser die Grundlage einer Erziehung, die sich bemüht, zum einen dem Subjekt, seinen Bedürfnissen und Interessen gerecht zu werden. „Entwicklung geht stets vom Subjekt und vom Konkreten aus. Die persönlichen ‚leibhaftigen‘ Empfindungen, Gefühle und Gedanken sind die Basis der Entwicklung“ (Reiser 2006, S. 57).
Zum anderen und ebenso gewichtig geht es in der Themenzentrierten Interaktion um das „Wir“, um eine anzustrebende soziale Einbindung.
Der Zusammenhang der Entwicklung des „Ich“ und des „Wir“, wie es die Themenzentrierte Interaktion beschreibt, wird auf verhängnisvolle Weise dort deutlich, wo äußere Bedingungen die Konnektivität stören oder nicht zulassen. Helmut Reiser verdeutlicht dies bei Kindern und Jugendlichen, die in ihrer sozial-emotionalen Entwicklung auf gravierende Hindernisse stoßen und auf Grund dessen ein in der traditionellen Sonderpädagogik als *abweichend* deklariertes Verhalten ausbilden:

> „Wenn ich von meinem Klientel in der Sonderpädagogik ausgehe, da sieht man deutlich, dass Autonomie eigentlich das ist, was diese Menschen mit abweichendem Verhalten erreichen wollen und auch dringend bräuchten und auf einem verqueren Weg für sich zu realisieren versuchen. Doch sie kommen nicht dazu, weil sie keine wirkliche Interdependenz entwickeln, sondern sich immer wieder auf dem Gebiet der Interdependenz so verhalten, dass die Umwelt ihre Autonomie zurücknimmt, sie wieder kaputt macht“ (Meyerhuber & Reiser. 2019, S. 120).

Die Themenzentrierte Interaktion erlaubt es – das wird in Reisers Darstellung sichtbar – Störungen angebunden an der Entwicklung des Subjekts und der Kommunikation mit seinem Umfeld zu erfassen, konzeptimmanent zu interpretieren und daraus Ansatzpunkte der Entwicklungsförderung, zumindest Hilfen zur Minderung der Entwicklungserschwernisse zu generieren.
Verbindung von personaler Beziehung und sachlichem Bezug im Erziehungsprozess. Ausgehend von dem Konzept der Themenzentrierten Interaktion formuliert Reiser als erzieherischen Auftrag, die Entwicklung des einzelnen wie der Gruppe durch Arrangements der Beziehungsgestaltung und des Weltzugangs zu ermöglichen (s. o.). Weltzugang bedeutet nicht nur die *Wahrnehmung* des „Globe“,

sondern Welt-*Verstehen*, zumindest annähernd und in Ausschnitten. Der Weltzugang, d. h. die subjektive und kooperative Auseinandersetzung mit einer Situation wie z. B. die Bearbeitung eines Themas bzw. Arbeitsauftrags wird als Bereicherung des Subjekts und der Gruppe verstanden, was selbst ein Moment ihrer Entwicklung ist und Entwicklungsmöglichkeiten erweitert. Dies ist zwar als generelle pädagogische Aufgabe zu verstehen; doch mit dem Blick auf Kinder, die bislang als sonderschulbedürftig und auf diese Weise als nur bedingt bildungsfähig etikettiert wurden (und werden), erhält dieser Aspekt ein besonderes Gewicht. Helmut Reiser erläutert es am Beispiel einer speziellen Gruppe,

> „Die Verbindung von personaler Beziehung und sachlichem Bezug im Erziehungsprozess ist ein Grund neben anderen, warum der Erziehungsauftrag bei Kindern mit Förderbedarf in der emotionalen und sozialen Entwicklung auch ein schulischer ist: Das Medium des kooperativen Lernens soll genutzt werden, um Entwicklungsprozesse anzuregen" (Reiser 2006, S. 124).

Er beschränkt seine Überlegungen aber nicht nur auf diese Kinder. Von Beginn an hat seine wissenschaftliche Arbeit im Rahmen der Gemeinsamen Bildung und Erziehung von Kindern mit und Kindern ohne Behinderung (bzw. von Kindern in erschwerenden Lebenslagen und solchen ohne diese Einschränkungen) als normative Grundlage, dass die möglichst weitgehende Gemeinsamkeit dieser Kinder eine demokratische und pädagogische Selbstverständlichkeit sein sollte (Klein et al., 1987, S. 34-35). Auch in diesen Zusammenhängen gelten die allgemeinen Aussagen der Themenzentrierten Interaktion zur Dynamik der Entwicklungen und zur Beeinflussung durch Erziehung. Die Heterogenität, das Ungewohnte und (zunächst) Fremde – Aspekte, die hier in den Gruppen und Klassen der gemeinsamen Erziehung und Bildung um vieles größer sind als in den traditionellen Konstellationen – lenkt jedoch den Blick verstärkt auf Momente, die als Schlüssel gelingender gemeinsamer Entwicklung verstanden werden können.

Umgang mit Widersprüchen – Erkennung von Differenzen, Anerkennung, Einigung und Respekt. Der oben ausgeführte Grundgedanke der Themenzentrierten Interaktion, dass der Mensch autonom und interdependent zugleich sei (Cohn & Farau 1999) sowie Lorenzers psychoanalytische Interaktionstheorie der Einigungsprozesse (Lorenzer 1976) bilden die Ausgangspunkte von Helmut Reisers Überlegungen zum Umgang mit Widersprüchen und Fremdheitserfahrungen, die zu seiner Theorie Integrativer Prozesse führen (Klein et al., 1987, S. 37-42). Das Zusammensein mit Kindern, die z. B. ganz andere Bedürfnisse haben als man selbst oder die für das andere Kind nicht nachvollziehbare Verhaltensweisen zeigen, kann auf der innerpsychischen wie auf der interaktionellen Ebene Ablehnung, aber zugleich auch Faszination, Widerspiegelung eigener Wünsche und das Verlangen nach Annäherung auslösen. Insgesamt lokalisiert Reiser die Widersprüche idealtypisch auf vier Ebenen in Annäherung an das Modell der Themenzentrierten Interaktion – auf der innerpsychischen, der interaktionellen (interpersonellen), der institutionellen und der gesellschaftlichen Ebene (s. o.). Fokussiert auf die intra- und interpersonelle Ebene und mit Blick auf das gemeinsame Thema – also auf das „Ich“, das „Wir“ und das „Es“ – sei der Kerngedanke der Theorie Integrativer Prozesse noch einmal in Erinnerung gerufen:

> „Als integrativ im allgemeinsten Sinn bezeichnen wir diejenigen Prozesse, bei denen „Einigungen“ zwischen widersprüchlichen innerpsychischen Anteilen, gegensätzlichen Sichtweisen, interagierenden Personen und Personengruppen zustande kommen. Einigungen erfordern nicht einheitliche Interpretationen, Ziele und Vorgehensweisen, sondern vielmehr die Bereitschaft, die Positionen der jeweils anderen gelten zu lassen, ohne diese oder die eigene Position als Abweichung zu verstehen“ (ebd. S. 37-38).

„Einigung“ wird als ein dialektischer Prozess von Annäherung und Abgrenzung verstanden, wobei das eine wie das andere für eine gelingende Einigung notwendig ist (ebd. S. 36-37). Hier tritt der Gedanke der Themenzentrierten Interaktion prominent hervor. Noch deutlicher wird er später und in anderem Zusammenhang, in dem sich Reiser gegen die Vorstellung wendet, Autonomie und Abhängigkeit als polare Gegensätze zu denken:

> „Dagegen betont das Konstrukt der Gegensatzeinheit von Autonomie und Interdependenz die gegenseitige Abhängigkeit und die Verschränkung von Autonomie und Bewusstheit der Gegenseitigkeit. Nähe und Distanz, Annäherung und Abgrenzung relationieren sich in innerpsychischen und interaktiven Prozessen in einer nicht vorhersehbaren Dynamik, die auf Anerkennung des Fremden beruht“ (Reiser 2006, S. 128).

Nach der Entwicklung der Theorie Integrativer Prozesse und in zunehmender Auseinandersetzung mit dem Konzept Themenzentrierter Interaktion, speziell mit der Frage von Autonomie und Interdependenz, formuliert Helmut Reiser den Gedanken der Gegensatzeinheit weiter aus. Zugleich wird im erziehungswissenschaftlichen Fachdiskurs – in Publikationen in verschiedenen Perspektiven thematisiert – die Relevanz des Umgangs mit Widersprüchen und Fremdheit für erziehungswissenschaftliche Theorien, für pädagogische Konzepte, für die pädagogische Praxis und generell für den sozialen Kontext immer deutlicher. Reiser sieht mit gutem Grund seine Auffassung über den Umgang mit Widersprüchen und Fremdem, die bereits in dem Konzept der „Einigung“ enthalten ist, durch Überlegungen Richard Sennets bestätigt:

> „Statt auf eine Gleichheit des Verstehens zu drängen, bedeutet Autonomie, dass man an anderen Menschen akzeptiert, was man nicht versteht. Wenn ich das tue, behandle ich andere Menschen als ebenso autonome Wesen wie mich selbst“ (Sennet 2002, S. 316).

Helmut Reiser betont mit Blick auf psychoanalytische Referenztheorien und auf die Themenzentrierte Interaktion:

> „Wenn die Vorstellung von Erziehung normativ an kommunikativem Handeln orientiert ist und den Handlungen des Gegenüber Sinn unterstellt wird, auch wenn dieser

dem Beobachter und dem Handelnden selbst verschlossen bleiben mag, dann ist sie an einen Wert gebunden, den ich mit dem Begriff Respekt zu fassen versuche. … Respekt betont nicht die Nähe in der Bindung, sondern die durch Distanz ermöglichte Freiheit in der Bindung. Respekt bestätigt die Autonomie des anderen" (Reiser 2006, S. 127).

Dabei ist es ihm wichtig, wie schon in dem Verständnis von „Einigungen" enthalten, dass es nicht um die Ausmerzung von Differenzen geht:

> „Respekt bedeutet, dass ich etwas, was mir fremd ist, anerkennen kann und dass es mir fremd bleiben kann. Es geht nicht um Harmonie, sondern um die Erkennung von Differenzen und die aktive Schaffung von Einigungen für den aktuellen Arbeitsprozess" (Reiser 2021, S. 15).

Respekt, die Anerkennung der anderen Person in ihrer Eigenheit, die Anerkennung, dass diese Person einen eigenen Sinn hat, erweist ihr die Achtung als autonome Person und ermöglicht Interaktion. Sie erlaubt es damit, sich auf Interdependenzen einzulassen mit der Chance, bei beiden Interaktionspartnern Weiterentwicklungen anzustoßen.
An diesem Punkt angekommen, zeigt sich m. E. am klarsten die produktive Potenz der Themenzentrierte Interaktion, die sich in der Theorie Integrativer Prozesse nach Helmut Reiser entfaltet.

Literatur

Cohn, R. C. (1984). Buch II. In: A. Farau, & R. C. Cohn (Hrsg.), *Gelebte Geschichte der Psychotherapie.* (S. 199-252). Klett-Cotta

Cohn, R. C. & Farau, A. (1999). *Gelebte Geschichte der Psychotherapie.* Klett-Cotta

Klein, G., Kreie, G., Kron, M. & Reiser, H. (1987). *Integrative Prozesse in Kindergartengruppen. Über die gemeinsame Erziehung von behinderten und nichtbehinderten Kindern.* Juventa; DJI Materialien.

Lorenzer, A. (1976). Zur Dialektik von Individuum und Gesellschaft. In: T. Leithäuser & W. Heinz (Hrsg.), *Formen des Alltagsbewusstseins.* (S. 218-276). Suhrkamp.

Lotz, W. (1997). Zur pädagogischen Konzeption der Themenzentrierten Interaktion. In: *Themenzentrierte Interaktion*, 11, 23-34.

Lotz, W. (2003): *Sozialpädagogisches Handeln. Eine Grundlegung sozialer Beziehungsarbeit mit Themenzentrierter Interaktion.* Grünewald.

Meyerhuber, S. & Reiser, H. (2019). Silke Meyerhuber im Gespräch mit Helmut Reiser. Autonomie ≠ Autonomie. In: *Themenzentrierte Interaktion 33*(2), 116-127.

Reiser, H. (2004). Gruppe und Gruppenleitung aus der Sicht der Themenzentrierten Interaktion und des systemisch-konstruktivistischen Ansatzes. In: *Themenzentrierte Interaktion 18*(1), 44-62.

Reiser, H. (2006). *Psychoanalytisch-systemische Pädagogik. Erziehung auf der Grundlage der Themenzentrierten Interaktion.* Kohlhammer

Reiser, H. (2014). Vorschlag für eine theoretische Grundlegung der Themenzentrierten Interaktion. In: *Themenzentrierte Interaktion 28*(2), 69-77.

Reiser, H. (2018). Interview mit Frank J. Müller. In: F. J. Müller (Hrsg.), *Blick zurück nach vorn – WegbereiterInnen der Inklusion* (Bd. 1). (S. 79-95). Psychosozial.

Reiser, H. (2021). *Ein Lehrgespräch über die Theorie der TZI.* unveröffentlichtes Arbeitspapier.

Sennett, R. (2002). *Respekt im Zeitalter der Ungleichheit.* Berlin-Verlag.

Wocken, H. (2021). Die Dialektik der Inklusion. In: H. Wocken (Hrsg.), *Dialektik der Inklusion. Inklusion als Balance.* (S. 25-176). Feldhaus.

Helmut Reiser

Inspiration und Rahmen der Theorie Integrativer Prozesse – Texte zu Psychoanalytischen Konzepten und zur Themenzentrierten Interaktion

H. Reiser
(1977)

Integration psychoanalytischer Konzepte in die Arbeit mit Sonderschülern

Behindertenpädagogik, 16(3-5), 23-35

*Es mag erstaunen, dass zunächst ein Text Helmut Reisers zur sonderschulischen Arbeit aus psychoanalytischer Perspektive präsentiert wird. Es wird hier seine frühe Ausgangsposition deutlich: Ausgehend von der psychoanalytischen Basiserkenntnis – „dass es gilt, sich in die subjektiv gewachsene Struktur der Welt des Kindes hinein zu fühlen" (Reiser 1977, S. 27) – verweist er auf die Gefahren, denen die Pädagog*innen darin ausgesetzt sind. Dieser Ansatz, in dem es um das Verstehen des Kindes in seiner Welt und um das Verstehen der Pädagoginnen und Pädagogen und ihrer Beziehung zu dem Kind geht, kann verdeutlichen, weshalb der Autor sich der Themenzentrierten Interaktion zuwendet, in der solche Aspekte im Mittelpunkt stehen. Schon sehr früh votiert er dafür, in der pädagogischen Ausbildung „solche psychoanalytischen Schulen und Techniken in der Sonderschullehrerausbildung zu bevorzugen, die Aktivierung und Spontaneität mitfördern, wie etwa die Methode von Ruth Cohn" (Reiser 1977, S. 29).*

Integration psychoanalytischer Konzepte in die Arbeit mit Sonderschülern (1977)[1]

Wenn heute in der Arbeit mit verhaltens- und lerngestörten Schülern von einer psychoanalytisch orientierten Heilpädagogik gesprochen wird, treten mancherlei Mißverständnisse auf.

Ein Fehlverständnis der psychoanalytischen Orientierung liegt z. B. dann vor, wenn der Sonderschullehrer versucht, die Attitüde des Psychotherapeuten zu imitieren, also sich nicht um die Präzisierung und Legitimierung seiner Erziehungsziele und die Reflexion seines eingreifenden erzieherischen Handelns bemüht, sondern versucht, nondirektiv zu bleiben, Anweisungen zu vermeiden und statt dessen Deutungen zu geben, also Verhaltensmuster zu kopieren, die im Rahmen der schulischen Erziehung oft nicht angebracht sind. Psychoanalytische Orientierung heißt nicht Übernahme von Verhaltensweisen, die aus der klassischen therapeutischen Situation entnommen sind.

1 Der Text folgt im Wesentlichen der Niederschrift des frei gehaltenen Vortrags, was sich im Stil der Abhandlung niederschlägt. Wichtige Anregungen verdanke ich den Diskussionen mit Prof. Dr. A. Leber und der Zusammenarbeit mit Lehrern und Studierenden, die sich in der Praxis um die Umsetzung der hier angedeuteten Konzepte bemühen.

Ein anderes Mißverständnis liegt darin, wenn unter dem (in seiner Einseitigkeit in der Psychoanalyse überwundenen) Bezug auf die Trieblehre Handlungsinhalte der klassischen psychoanalytischen Kindertherapie nachvollzogen werden: In derartigen Vorstellungen zeigt sich eine psychoanalytische Orientierung etwa an dem Vorhandensein eines Matschraums in der Schule. Obwohl das freie Spiel immer seine Bedeutung und seine therapeutische Wirkung im Rahmen einer psychoanalytisch-orientierten Erziehung behalten wird, sind die in der klassischen psychoanalytischen Einzelbehandlung entwickelten Formen des Spiels, die dort an die Stelle der freien Assoziation treten, nicht der entscheidende Zugang zu einem psychoanalytisch reflektierten Erziehungshandeln.
Globale Mißverständnisse treten auf, wenn auf ältere und traditionalistische Konzepte und Menschenbilder zurückgegriffen wird, die sich auch psychoanalytisch nennen, wie etwa auf die politisch-konservativen und metaphysisch verkleisterten Anschauungen einer Christa Meves. Um derartigen Mißverständnissen vorzubeugen, soll zunächst Bezug genommen werden auf diejenigen psychoanalytischen Konzepte, deren Integration in die heilpädagogische Arbeit uns erforderlich erscheint.
Die neuere Psychoanalyse betrachtet sich als Kommunikationswissenschaft, wie es etwa Lorenzer[2] ausformuliert hat. Sie entwickelt auf der Grundlage der subtilen klinischen Beobachtung in der therapeutischen Situation ein Modell der menschlichen Kommunikation in Zweierbeziehungen und Gruppenbeziehungen, das vor allem den Beziehungsaspekt der Kommunikation, der oft unterschlagen und in der pädagogischen Tradition nicht hinreichend erfaßt werden konnte, abbildet. Kennzeichnend für dieses Modell ist, daß es (ganz in der Tradition psychoanalytischen Denkens) Kommunikation auffaßt als etwas Geschichtliches und etwas Dynamisches. Die Entfaltung von Subjektivität in der Interaktion wird lebensgeschichtlich aufgerollt und entwickelt aus den frühen Kommunikationsstrukturen zwischen Kind und ersten Betreuungspersonen. Bei Lorenzer begreift sich diese Theorie der subjektiven Strukturen der Interaktion einbezogen in die objektiven Strukturen der Gesellschaft, die ebenfalls materialistisch und historisch erfaßt werden. Auf dem Boden der Psychoanalyse als einer Theorie der Interaktion kann es auch gelingen, Kommunikationsverläufe im Erziehungsprozeß in ihrem Beziehungsaspekt zu verstehen; Äußerungen und Reaktionen von Kindern und Kindergruppen aus ihrem interaktionellen Sinn heraus, der in Bezug steht zum lebensgeschichtlich Gewordenen, zu interpretieren; szenisches Verstehen bei Erziehern unter Einbeziehung der eigenen Subjektivität aufzubauen.
Der Zugang zum Verstehen erzieherischen Handelns wird erleichtert durch die Kenntnis der Eigendynamik von Gruppen. Der psychoanalytische Erkenntnisstand hat sich durch die Arbeit mit Gruppen erheblich ausgeweitet; Erfahrungen

2 Lorenzer, Alfred (1974/1976): Die Wahrheit der psychoanalytischen Erkenntnis. Frankfurt/M., Suhrkamp

mit Gruppen ergeben sich innerhalb der psychoanalytischen Therapie in Therapiegruppen für Kinder und für Erwachsene, bei Fallbesprechungen in Balintgruppen, bei der Gruppensupervision bis hin zur Aktionsgruppenberatung wie bei Richter[3], aber auch in der psychoanalytischen Gruppenpädägogik wie bei Redl im Konzept der Milieutherapie[4]. Hier konnten Phänomene beobachtet und genau beschrieben werden, die für jede Gruppenpädagogik von Bedeutung sind, wie etwa der sogenannte Ansteckungseffekt in der Gruppe, die Entstehung gemeinsamer Phantasien in einer Gruppe und das Phänomen der Regression in der Gruppe, die oft über dem Sachaspekt unbewußt ausgelebt wird.

Die Frankfurter Dissertation von Urte Finger[5] hat gezeigt, daß auch bei von Sachthemen dominierten Gruppen Regressionen bis hin auf die narzißtische Stufe auftreten. Hier wird in der Beobachtung von Gruppen ein Bereich angesprochen, der in der neueren Psychoanalyse zunehmend an Bedeutung gewinnt: Die Genese, Funktion und die Störungen des Regulationssystems subjektiver Identität. Aus der zunehmend beachteten Psychologie des Ich[6] heraus hat sich in der Psychoanalyse eine pädagogisch besonders fruchtbare Diskussion über die Entstehung von Strukturen des Selbst, der Selbstwahrnehmung, des Selbstwerts und der Selbstachtung entwickelt, die weit über die klassische Trieblehre hinausgeht.[7]

Auf diese drei Aspekte der neueren psychoanalytischen Theoriebildung muß Bezug genommen werden, wenn von einer Integration psychoanalytischer Konzepte in die heilpädagogische Arbeit gesprochen wird. Es handelt sich hier um 1. die Theorie der subjektiven Strukturen der Interaktion bezogen auf die gesellschaftliche Entwicklung, 2. um die Beobachtungen von Gruppenphänomenen und die Beschreibung der Eigendynamik von Gruppenprozessen und 3. um die Theorie der Struktur der subjektiven Identität, d. h. des narzißtischen Regulationssystems. In Frankfurt ist von Leber[8] und seinen Mitarbeitern viel geleistet worden, auf dem Boden dieser neueren psychoanalytischen Erkenntnisse die Heilpädagogik zu bereichern. Ansätze wie von Magdalene Schäfer, Musiktherapie in der Heilpä-

3 Richter, Horst E. (1972): Die Gruppe, Hamburg, Rowohlt

4 Redl, Fritz (1971): Erziehung schwieriger Kinder, München, Piper

5 Finger, Urte (1977): Vorarbeiten zu einer Narzißmustheorie der Gruppe, Frankfurter Dissertation, J.-W.-Goethe Universität

6 Zur Ich-Psychologie: Kutter/Roskamp (Hrsg.) (1974): Psychologie des Ich, Darmstadt, Wiss. Buchgesellschaft). White, Robert W. (1963): Ego and Reality in Psychoanalytic Theory, New York, International Universities Press

7 Zur Narzißmustheorie: Kohut, Heinz (1975): Zur Psychologie des Selbst, in: derselbe: Die Zukunft der Psychoanalyse, Frankfurt a. M., Suhrkamp. Kernberg, Otto, F. (1975): Zur Behandlung narzißtischer Persönlichkeitsstörungen, in: Psyche. 29. Jg., 10/1975, S. 890-905

8 Leber, A./Reiser, H. (Hrsg.) (1972): Sozialpädagogik, Psychoanalyse und Sozialkritik, Neuwied. Leber, Aloys (1977): Psychoanalytische Aspekte einer heilpädagogischen Theorie, in: Bürli (Hrsg.), Sonderpädagogische Theoriebildung, Vergleichende Sonderpädagogik, Luzern, Schweizerische Zentralstelle für Heilpädagogik

dagogik nutzbar zu machen[9], sind nur verständlich auf dem Hintergrund dieser neueren Psychoanalyse. Hier zeigt sich, daß erprobte heilpädagogische Verfahren wie Musiktherapie, Rhythmik, Kunsttherapie, Spielpädagogik erst voll begreiflich werden und ihre Wirkung erst voll entfalten können, wenn die mannigfachen Beziehungsprozesse, die Prozesse der Einigung in Gruppen, Regressionssymptome und Stabilisierung von Selbstwert durch psychoanalytische Refelexion und Schulung wahrgenommen und gezielt beeinflußt werden können.
Im folgenden fasse ich ohne Anspruch auf Vollständigkeit einige Erkenntnisse der neueren psychoanalytischen Diskussion zusammen, die nach meiner Ansicht als unverzichtbare Bestandteile jedes heilpädagogischen Denkens und Handelns zu betrachten sind.

1. Die aktive Tätigkeit des Subjekts, sich die Welt anzueignen und sie sich für seine Bedürfnisse nutzbar zu machen, beginnt mit der Ablösung der Einheit, die die Psychoanalytiker als Mutter-Kind-Dyade bezeichnen. Trotz der anfänglich totalen Abhängigkeit des Säuglings von der Umwelt nimmt das Kind sehr bald die einwirkenden Reize nicht passiv auf wie ein leerer Speicher, der sich nach und nach füllt, sondern strukturiert sie subjektiv, entwickelt Individualität. Das Kind wird, wie Lorenzer schreibt, zum eigenständigen System. Den Zusammenhang der Entwicklung dieses eigenständigen Systems mit der gesellschaftlichen Struktur muß ich hier aus Zeitgründen im weiteren ausklammern.
2. Dieses System der subjektiven Entwicklung verwendet eine erhebliche Energie darauf, ein Bild von sich selbst zu entwerfen. Es entwickelt sich eine fortlaufende innerpsychische Tätigkeit, die aus den gesellschaftlich determinierten (und unter gegenwärtigen Produktionsbedingungen deformierten) Identifikationsfiguren und -symbolen eine Repräsentanz seiner selbst zu synthetisieren sucht. Fortlaufende Veränderungen der Selbstrepräsentanzen des Ich werden erzwungen durch die Repression von Bedürfnissen, die zur Verdrängung führen, durch differenzierte Bezugssysteme und durch die Entwicklung des Kindes in der Zeit.
3. Lebensgeschichtlich erworbene, jedoch in einer neuen Entwicklungsstufe nicht mehr angemessene Selbstrepräsentanzen werden nicht einfach vergessen oder besser, nicht aufgehoben und weiterentwickelt, sondern sie existieren spannungsreich weiter. Sie können so stark werden, daß sie durch starke innerpsychische Mechanismen abgewehrt werden müssen. Sie können in bestimmten Situationen überraschend Verhalten dominieren.
4. In der Beziehung zwischen Heilpädagogen und Kind geschehen eine Fülle wechselseitiger Beziehungen im unbewußten Bereich, wobei sowohl der Heilpädagoge für das Kind wie auch das Kind für den Heilpädagogen Bedeutungen gewinnt, die aus der Vergangenheit der Interaktionspartner herrühren.

9 Schäfer, Magdalena (1976): Musiktherapie als Heilpädagogik bei verhaltensauffälligen Kindern, Frankfurt a. M., Fachbuchhandlung für Psychologie

5. So folgt das scheinbar sinnlose und unverständliche Verhalten eines gestörten Kindes oft einer unbewußten Sinnhaftigkeit, einer fixierten Strategie der Aufrechterhaltung eines Rests von Selbstachtung und Würde und der Abwehr neuer Erfahrungen. In diese unbewußte Strategie des Kindes wird der Erzieher unweigerlich mit hineingezogen und spielt mitunter einen Part, der ihm selbst verborgen bleibt.
6. Das scheinbar sinnhafte und vernunftgesteuerte Verhalten des Heilpädagogen folgt stets auch unbewußten Bedürfnissen verschiedenster Art, in die das Kind mit hineingezogen wird.
7. Die gegenseitigen Rollenzuschreibungen und Sinnbelegungen gestalten sich in der Interaktion zudem mit mehrfachem Bedeutungsgehalt auf verschiedenen Ebenen. Allein von der kognitiven Seite her erschließt sich nur die oberste Ebene des Bedeutungsgehalts einer Interaktion. Wesentliches Mittel der Erfassung der Interaktion ist die durch Reflexion kontrollierte Einfühlung.
8. In der Erziehungsgruppe gewinnt die verwirrende Vielfalt der spontan anspringenden Gefühle und Beziehungen eine eigenständige Struktur und Dynamik, in der Konflikte und gemeinsame Phantasien der Gruppe dominierend werden können, Konflikte abgespalten werden können und kollektive Regressionen, Verleugnungs- und Abwehrmechanismen sowie Fluchttendenzen entstehen.
9. Die Verleugnung dieser in der intentionalen Erziehung oft als störend empfundenen Erscheinungen steigert nur ihre Wirksamkeit. Sie sind nur durch einfühlende Reflexion zu erfassen und durch einfühlende Gestaltung (verbales und nonverbales Thematisieren) zu beeinflussen und werden so zum wirksamsten Bereich erzieherischen Handelns.

Das Problem der Einfühlung in die Welt des Kindes möchte ich an einem historischen Beispiel erläutern, das Ihnen allen bekannt ist als ein Paradigma heilpädagogischen Handelns, nämlich an der Erziehung des sogenannten Wilden von Aveyron durch Jean Itard, der Ihnen vielleicht auch aus dem Film ‚Der Wolfsjunge' bekannt ist. Es handelt sich um folgende Geschichte: Im Jahre 1800 wurde in Südfrankreich ein 11- bis 12jähriger Junge aufgegriffen, der jahrelang allein in den Wäldern gelebt haben muß. Zeitgenossen vermuteten, ab seinem 4. Lebensjahr. Sein Zustand war wild, d.h. unzivilisiert. Der berühmte Arzt Jean Itard, der in seiner Zeit als bedeutende Kapazität auf dem Gebiet der Taubstummen und der Schwachsinnigen gilt, nimmt sich des Falles an, mit Unterstützung der Regierung. Er will dabei die These demonstrieren, daß der Mensch das, was er ist, durch Erziehung geworden ist und nicht durch die Natur und versucht eine Nacherziehung. Über diesen Versuch gibt es ein faszinierendes Dokument, nämlich die Niederschriften von Itard, die Maria Montessori wiederentdeckt hat und die in einem Taschenbuch veröffentlicht sind[10]. Was wir an Itard bewundern, ist der Scharfsinn und Einfallsreichtum, mit dem er ver-

10 Lucien Malson u.a. (1972): Die wilden Kinder, Frankfurt/M., Suhrkamp

sucht, die Nacherziehung an diesem Jungen zu vollziehen. Er ist damit wahrlich der Begründer der heilpädagogischen Methodik. Er nimmt lerntheoretische Prinzipien vorweg und entwickelt Methoden der schrittweisen Anpassung z. B. an Tischsitten, an Umwelterfassung, an Ordnung und Konzentration. Er hat die Idee, die vorhandene Zivilisation dem Kind Stück für Stück anzueignen. Er kommt jedoch an einem Punkt nicht weiter, der auch von ihm als Angelpunkt empfunden wird, nämlich in der Vermittlung der Sprache. Der ‚Wilde von Aveyron' lernt nie sprechen. Dabei verfügt er über eine stumme Sprache in Gestik, Mimik und Gefühlen, die sehr beredt und sehr ausdrucksreich ist. Es entwickelt sich eine enge emotionale Kommunikation zwischen dem Arzt und dem Jungen, vor allem zwischen seiner Haushälterin und dem Jungen. Doch diese Elemente werden von Itard als Nebensache des Erziehungsprozesses betrachtet, als ‚Kindereien', nicht als Hauptsache; nicht als Basis der Verständigung, aus der gemeinsame Sprachsymbole erwachsen könnten. Es gibt hier einen Ansatzpunkt, den Itard als geschulter Beobachter registriert und mitteilt: nämlich die Freudenlaute, die dieser Junge ausstößt, wenn ein kleines Mädchen, das er sehr liebt, zu Besuch kommt, und die den Vornamen dieses Mädchens auszudrücken scheinen. Doch der Ansatzpunkt zur Sprachentwicklung, der hier liegt, wird von Itard nicht erkannt. Itard begibt sich nicht hinein in die Welt des Kindes, sondern er versucht, die richtige, vorhandene Welt dem Kind beizubringen. Das Beispiel soll verdeutlichen, daß die emotionale Kommunikation nicht Begleiterscheinung einer irgendwie gearteten Erziehung ist. Eine gute emotionale und tragfähige Beziehung ist nicht nur Voraussetzung, sondern Angelpunkt jeder Erziehung; sie ist die Ausgangsbasis, aus der auch inhaltlich jede Form von Selbständigkeit und von Sprache entsteht. Aus dieser (psychoanalytischen) Sicht des Verständigungsprozesses in der Erziehung stellt sich die Frage, wie die Nacherziehung des Wildes von Aveyron hätte verlaufen können, wenn Itard gelernt hätte, die Welt zu begreifen, in der der Junge lebte; wenn er begriffen hätte, daß dieser 12jährige Junge kein unbeschriebenes Blatt war, in das die Zivilisation ihre Muster einprägen kann, sondern eine fortentwickelte lebensfähige Struktur im optimalen Anpassungszustand an die Bedingungen, die er angetroffen hatte. Und wenn er versucht hätte, sich in die Welt des Kindes hineinzubegeben und von hier aus gemeinsame Kommunikation zu finden.

Der Nacherziehungsversuch von Itard kann als Paradigma einer bestimmten Art von Heilpädagogik betrachtet werden, die bis heute betrieben wird. Pointiert formuliert: Das Kind wird dann als eine Art Sauerkrautfaß betrachtet: ein leeres Faß, in das die Welt eingefüllt wird; das Füllmaterial wird gewaschen, gehobelt, in kleine Stückchen zerteilt, langsam Schicht für Schicht eingestampft und nachgetreten, bis das Faß voll ist, durchsäuert und nachreift und dem Abnehmer zugeführt werden kann.

Demgegenüber steht die Basiserkenntnis der Psychoanalyse: Daß es gilt, sich in die subjektiv gewachsene Struktur der Welt des Kindes hineinzufühlen. Dieses Einfühlen in die Welt des Kindes in einer kontrollierten, reflektierten Weise erfordert eine Methode, die Einfühlung und Distanz, Emotion und Ratio gleichzeitig

beinhaltet. Ohne gesicherte Methode, die sich nur auf die psychoanalytische Theorie stützen kann, ergeben sich bei diesem Versuch erhebliche Schwierigkeiten. Zu bedenken ist die Gefahr des Standortverlustes mit Selbstaufgabe des Erziehers u.a. bei schwerbehinderten und gestörten Kindern. Ich erinnere mich an den Bericht eines unserer ehemaligen Studenten, der in einer Mayo-Klinik in den Vereinigten Staaten die Gelegenheit hatte, eine intensive langandauernde Einzeltherapie mit einem autistischen Kind durchzuführen. Er begab sich konsequent in die Welt dieses Kindes hinein, legte sich zu ihm ins Bett, kroch zu ihm unters Bett, führte mit ihm die monotonen Schaukelbewegungen aus.
Er konnte das Kind anschließend aus dieser Welt herausholen, gemeinsam mit ihm ein Stück aus der Isolation herauskommen. Doch durch diese Erfahrungen wurde er an den Rand seiner Existenz gebracht. Wir sehen so etwas in Ansatzpunkten, wenn wir wirklich das Leid von behinderten Kindern, das Ausgestoßensein und die Angst, auf uns einwirken lassen. Damit in diesen Gefahrenmomenten unsere psychische Stabilität nicht zusammenbricht, eignen wir uns alle irgendwelche professionellen Attitüden an. Die uns nahegelegte und überlieferte professionale Attitüde ist die, uns zu distanzieren, indem wir das Krankengut klassifizieren, diagnostizieren, prognostizieren. Das ist eine sehr praktikable Methode, und dadurch, daß die Sonderschullehrer den weißen Kittel ausgezogen haben, haben sie diese Methode noch längst nicht zu den Akten gelegt.
Eine zweite Gefahr des Sichhineinfühlens in die Welt des Kindes besteht im Verlust des gesellschaftlichen Auftrags. Was bei Itard fasziniert, ist sein fester Glaube, daß jeder Mensch in die Kultur hineinwachsen kann, und daß er diesen Auftrag von der Zivilisation übernommen hat; d.h. der Erzieher fühlt eine Verpflichtung in einem menschheitsgeschichtlichen Rahmen. Aus Humanität hat er dafür Sorge zu tragen, daß jedes Glied der Gesellschaft auf den Entwicklungsstand kommt, in dem die Menschheit sich zur Zeit befindet. Diesen gesellschaftlichen Auftrag hat auch der Lehrer. Er kann ihn nicht dadurch abstreifen, daß er sich mit seinen Behinderten einfühlsam in ein Getto begibt und vergißt, daß diese Behinderten in einer hochentwickelten Welt leben, und daß er den Auftrag hat, ihnen zu ermöglichen, sich in dieser Welt selbständig zu bewegen. Er kann dann nur noch mit seiner ganzen Behindertengruppe in das künstlich geschaffene Idyll ausweichen.
Die dritte Gefahr des Sichhineinfühlens in die Welt des Kindes besteht im Überwuchern von Projektionen des Erziehers, von ungedeckten Interpretationen des Geschehens, die unbewußten Bedürfnisse des Erziehers dienen. Es ergeben sich erhebliche methodische Fragen, wie diese Reflexion und Kontrolle durchzuführen ist, die noch nicht gelöst sind. Die Gefühlskontrolle, die Kontrolle der Übertragungsbeziehungen im psychoanalytischen Prozeß, ist gebunden an die psychoanalytische Sitzung und an die Neutralität des Psychoanalytikers, der freifluktuierend wahrnehmen kann, was der Patient an Assoziationen produziert, und der sich einer direkten, spontanen Stellungnahme enthält. Das können wir als Lehrer nicht tun.

Hier erhebt sich das schwierige Problem der Erfolgskontrolle der psychoanalytischen Behandlung, die nur im Verlauf der Therapie besteht. Die psychoanalytische Hypothesenbildung kann sich nur als wahr oder nicht-wahr erweisen, wenn sie im Verlaufe der Therapie Erfolg hat oder revidiert werden muß. Sie wird da fraglich, wenn mit Hypothesen und Deutungen operiert wird, bei denen diese Kontrollmöglichkeit nicht mehr gesichert ist.

Ein weiteres Problem der Anwendung der Psychoanalyse in der Pädagogik ergibt sich aus der Tatsache, daß zwar die Verläufe der emotionalen Beziehungen und auch die geforderte Reflexion in der Therapie wie in der heilpädagogischen Behandlung dieselben sind, daß jedoch das psychoanalytische Verfahren nicht gleichzusetzen ist mit dem heilpädagogischen Verfahren. Folgende Kennzeichen heilpädagogischen Handelns scheinen mir mit der psychoanalytischen Technik nicht vereinbar:

1. Die Spontaneität im Umgang mit Kindern.
   Wir erleben oft, daß Studierende, die mit psychoanalytischer Reflexion vertraut gemacht worden sind, nicht mehr in der Lage sind, spontan mit Kindern zu handeln. Wir wissen aber, daß der Erzieher als Person seine größten Wirkungen entfaltet: die geisteswissenschaftlichen Pädagogen würden sagen durch die Vorbildwirkung, die Lernpsychologen würden sagen durch Lernen am Modell, die Psychoanalytiker würden sagen durch Identifikation, auf jeden Fall durch persönliches, spontanes Handeln. Es ist natürlich enorm verunsichernd, wenn man durch psychoanalytische Reflexion erfährt, daß man gegenüber Kindern doch nach Verhaltensmustern verfährt, die man schon längst überwunden wähnt und ablehnt. Daß man bei den ersten Erziehungsversuchen doch das wiederholt, was man selbst als Erziehung erfahren hat. Dadurch kann die Spontaneität von jungen Lehrern beeinträchtigt werden. Deswegen tendiere ich dazu, solche psychoanalytischen Schulen und Techniken in der Sonderschullehrerausbildung zu bevorzugen, die Aktivierung und Spontaneität mitfördern, wie etwa die Methode von Ruth Cohn.
2. Das Problem der Direktivität des erzieherischen Vorgehens, die der Erzieher immer auch beherrschen muß. Nondirektives Verhalten ist mitunter in den Rang einer moralischen erzieherischen Norm gerückt, die erzieherisches Reflektieren und Handeln blockierte. Direktive Anregungen, sowie Normensetzung und Grenzziehung sind in der Erziehung neben anderen Interventionen unverzichtbar.
3. Die Gegenwartsgestaltung des Kindes und Orientierungsangebote für seine Zukunft.
   Ich kann keine Gegenwart des Kindes gestalten, wenn ich mit ihm nicht auch seine Sozialisation und seine Vorbedingungen anspreche. Der Erzieher muß aber aktiv Leben mit dem Kind gestalten, und er muß in dieser Gegenwartsgestaltung eine Zukunftsperspektive vermitteln, eine Zukunftsperspektive, die nicht nur sich begrenzen kann im Rahmen der Intersubjektivität der Interaktion, sondern die stets auf gesamtgesellschaftliche Perspektiven bezogen sein

muß. Das sind wesentliche Komponenten der Rolle des Lehrers, die es verunmöglichen, daß der Sonderschullehrer sich als kleiner Therapeut versteht. Ich wiederhole die Gefahrenpunkte, die ich umrissen habe: die Gefahr des Standortverlusts, die Gefahr der Gefühlsüberbelastung, die Gefahr der Verunsicherung im erzieherischen Handeln. Ungeachtet dieser Probleme verläuft aber die Interaktion zwischen Heilpädagogen und Kind, so wie ich es eingangs geschildert habe, im Prozeß von Übertragung und Gegenübertragung. Es ist nicht die Frage, ob man das so will, sondern die Frage, wie man sich darauf einstellt. Jeder der von mir genannten Gefahrenpunkte ist auch eine Chance, das erzieherische Handeln besser an die emotionale Realität und an die Bedürfnisse des Kindes anzupassen. Wenn ich unbewußte Übertragungen negiere, weil ich Angst davor habe, dann bringt das dieses Phänomen nicht zum Verschwinden, sondern verstärkt seinen störenden irrationalen Einfluß. Es geht also nicht darum, **ob** es möglich ist, psychoanalytische Interpretationen und Reflexionen in den Erziehungsprozeß hineinzubringen, sondern es geht darum, daß in jedem Erziehungsprozeß unbewußte Elemente den starken, ja entscheidenden Ausschlag geben, und daß wir daran arbeiten müssen, diese Elemente methodisch in den Griff zu bekommen. Es geht darum, **wie** es möglich wird.

Dabei plädiere ich dafür, die Interpretation der gegenseitigen Deutungsbelegungen und Rollenzuschreibungen in der **aktuellen** Situation zu belassen und möglichst nicht zu versuchen, Deutungen vergangener Traumen und Lebensbruchstücke mit dem Kind durchzugehen.

Einen sehr wesentlichen Beitrag dazu lieferte Fritz Redl, der bereits eine enge Verquickung verhaltenstherapeutischer und psychoanalytischer Vorgehensweisen angedeutet hat. Redl meint dazu, daß wir den „falschen Datenbaum" anbellen, wenn wir ständig suchen nach dem Trauma, nach den lebensgeschichtlich bedeutsamen Angelpunkten, wodurch die falsche Strategie des Kindes sich aufgebaut hat. Für mich als Erzieher ist es wichtiger zu wissen, wie das Kind reagiert, wenn ich ihm die Hand auf die Schulter lege, ob es die Hand abstreift, abschüttelt, ob es die Hand gern liegenlassen möchte, und wenn das Kind die Hand abschüttelt, ob es sie abschüttelt, obwohl es sie lieber liegenlassen möchte![11]. Das heißt, wir müssen die Gesten, die Szene in der Interaktion verstehen.

Diesen etwas schwierigen Zugang der szenischen Interpretation in der heilpädagogischen Arbeit möchte ich jetzt an einem Beispiel klarmachen. Das (hier stark verkürzte) Beispiel ist aus einer Spielgruppe im Rahmen einer heilpädagogischen Arbeit in Grundschulen[12]. Ein Mädchen in einem 3. Schuljahr fällt auf durch

11 Reinhard Fatke in: Redl a. a. O., S. 21

12 Zum Rahmen siehe: Helmut Reiser (1976-1977): Heilpädagogische Arbeit in der Grundschule, in: Behindertenpädagogik 1/1976 und 2/1976 und 3/1977. Zur Spielgruppenarbeit siehe: Helmut Reiser, Heilpädagogische Spielgruppen, in: Die Grundschule 1/1976

eine starke Außenseiterposition. Es ist altmodisch gekleidet und hat einen langen Zopf, was in der Klasse Ansatzpunkt für Spott ist. Dieses Mädchen zeigt seltsame Verhaltensweisen. Von einem unbefangenen Beobachter wird z. B. mitgeteilt, daß es bei einer Freudenäußerung der Klasse nach der Ankündigung einer Filmvorführung scheinbar unbeteiligt sitzt, bis die Klasse sich ausgetobt hat. Als die ganze Klasse sich wieder beruhigt hat, steigt es auf den Stuhl, klatscht in die Hände und zeigt allergrößten Freudentaumel. Lehrer und Klasse reagieren mit Befremden. Weitere Szene: In der Spielgruppe wird eine Reihe interessanter Angebote gemacht. Alle Kinder spielen mit. Das Mädchen nimmt sich einen Tisch, stellt einen Stuhl auf den Tisch, nimmt ein Buch, setzt sich auf den Stuhl und liest, mit dem Rücken der Gruppe zugewandt.

Dritte Szene (und hier wird schon deutlich, daß man psychoanalytische Interpretationen nur dann entwickeln kann, wenn eine Serie auffälliger und vergleichbarer Szenen vorliegt): In der Spielgruppe wird ein Musikspiel gemacht. Alle Kinder haben ein Instrument vor sich. Das Mädchen holt sich sechs Puppen als sein Auditorium im Halbkreis um das Instrument, das es in die Mitte des Kinderhalbkreises stellt, und spielt – mit dem Rücken zur Gruppe – diesen sechs Puppen etwas vor. Wie ist dieses Verhalten zu verstehen? Ich gebe zunächst die Interpretation, die wir aufgrund dieser und einer Serie gleichgearteter Beobachtungen als Handlungshypothese gefunden haben. Die szenische Interpretation dieser sich ständig wiederholenden Verhaltensweise dieses Mädchens beinhaltet, daß dieses Mädchen nonverbal etwas mitteilt, was verbal lauten könnte: „Ich will angeschaut werden, schaut mich an." Es bringt sich in exponierte Positionen; es steigt auf den Stuhl, auf den Tisch. Gleichzeitig wendet es jedoch den anderen Kindern den Rücken zu, schließt sich ab. Ein widersprüchliches Verhalten. Der Satz: „Schaut mich an" müßte weitergeführt werden: „Aber ich weiß: wenn ihr mich anschaut, werde ich doch ausgestoßen". Es bringt sich symbolisch in eine Position, die das von ihm erwartete negative Ergebnis seines Wunsches bereits vorwegnimmt; d. h. es ist davon überzeugt, daß dieser Wunsch nicht befriedigt werden wird.

Wie können solche Hypothesen herausgefunden und kontrolliert werden? Nur im freien Gespräch der beteiligten Erziehungspersonen, bei dem durch spontane Mitteilung – auch der eigenen emotionalen Reaktionen – sich ein empathisches, ein mitfühlendes Verstehen dieser Szene in der Gruppe einstellt. So wird (ähnlich wie in der psychoanalytischen Sitzung) eine sprachliche Rekonstruktion des Ausdrucks der Szene hergestellt.

Dennoch können wir auf diese Weise nur eine vorläufige, jederzeit revidierbare Hypothese gewinnen, was das Verhalten des Kindes bedeuten soll. Wir versuchen jetzt nicht, das Verhalten dieses Kindes durch lernpsychologisch aufgebaute Schritte zu löschen, sondern wir versuchen, den damit zum Ausdruck kommenden Wunsch zu befriedigen und ernstzunehmen, ohne die Form, wie der Wunsch angekündigt wird, zu verstärken. Als heilpädagogische Antwort geben wir ein Verarbeitungsangebot, das das Kind in die Lage versetzt, seinen Wunsch szenisch zu symbolisieren, d.h. in der Symbolform zu belassen und so auszudrücken, daß die Gruppe damit umgehen kann. In diesem Fall haben wir Körperumrißzeichnungen angeboten, weil das gestörte Verhältnis dieses Kindes zu seinem eigenen körperlichen Erscheinungsbild in der Mitte der Symptomatik stand, und haben dann die Körperumrißzeichnungen aller Kinder zu einem Gruppenbild zusammenfügen lassen. Die Kontrolle der Richtigkeit der Hypothese sowie des Vorgehens bestand darin, daß das Kind, das bis jetzt jede Beteiligung am Unterricht und am Spielgruppengeschehen abgelehnt hatte, auf dieses Angebot sehr stark einging und dabei sein Problem in der Gruppe verbalisiert werden konnte. Es hat im weiteren sein Sozialverhalten in der Gruppe geändert und sich auch bei anderen Aktivitäten der Gruppe (wie beim gemeinsamen Essen usw.) am Gruppengeschehen beteiligt, nicht schlagartig, aber doch so kontinuierlich, daß es sich im langfristigen Verlauf auch gegen seine Eltern durchgesetzt hat und andere Kleider und eine altersgemäße Frisur erreichte. So hat dieses Kind allmählich eine Bestätigung durch die Gruppe erfahren, die es auch im häuslichen Bereich handlungsfähiger machte. Wir haben darauf verzichtet und müssen als Lehrer darauf verzichten, zu versuchen, an der Familie und der Lebensgeschichte dieses Kindes anzuknüpfen. Sondern wir müssen da bleiben, wo wir sind, nämlich in der Schule und in der Kindergruppe, und das aufgreifen, was hier gestaltet wird und verändert werden kann.

Das zweite Beispiel handelt von einer jungen fähigen Lehrerin, die in eine sehr aggressive, unruhige, ablehnende Klasse kommt. Sie versucht, mit diesen Kindern Kontakt zu bekommen durch Nettsein, Freundlichkeit, Entgegenkommen. Dieses Verhalten kommt nicht an, die Kinder benehmen sich immer schlimmer. Darauf wird ihr der Rat erteilt, sie solle doch konsequenter durchgreifen und solle ein konsequentes System von Belohnungen aufbauen und versuchen, mit dieser Klasse in einen ‚Kontrakt' zu kommen (groupcontingency). Ich muß zugeben, daß dieser Rat, der an der emotionalen Verfassung der Lehrerin vorbeiging, von mir kam. Der Vorschlag leuchtete ihr ein, und die Sache wurde ausgearbeitet und eingeleitet. Das Verfahren wäre bei der Klasse sicher auch angekommen, doch dann stellte sich heraus, daß diese Lehrerin psychisch unfähig war, das System durchzuführen. Sie konnte einfach nicht konsequent die Kinder belohnen und durch Entzug von Belohnungen bestrafen, sondern das Ergebnis war absolute Inkonsistenz, totale Verwirrung bei beiden Parteien; es funktionierte nicht. Die Lehrerin fand eine Erklärung, die man oft hört: Sie wäre einfach zu gut, zu aufgeklärt, zu progressiv, um die Kinder so zu manipulieren. Sie stünde auf Seiten der Kinder und könne das nicht machen. Hier liegt das vor, was man in der Psychoanalyse eine Rationalisierung nennt. Diese Rationalisierung konnte sie jedoch nicht durchhalten, weil sich die Klassensituation immer mehr verschlimmerte; es kam zu einem Zusammenbruch ihres innerpsychischen Abwehrsystems dergestalt, daß sie vor der Klasse zu weinen begann. Nun halte ich ja Weinen bei Männern wie bei Frauen für eine sehr angemessene Lebensäußerung. Es ist ein trauriges Zeichen unserer Gesellschaft, daß das nicht stattfinden darf. Es ist jedoch furchtbar für die Kinder, wenn der Lehrer vor der Klasse weint, es bricht die gesamte Welt zusammen. Es war für diese Lehrerin auch völlig unerklärlich, warum sie weinen mußte.

In der darauffolgenden Besprechung konnte sie sich die Möglichkeit eingestehen, daß sie doch nicht so gut ist, wie sie meinte, ja daß sie die Kinder hassen kann, weil die Kinder sie manipulieren und sie kaputtmachen.

Damit war noch nicht das Problem geklärt, warum sie vor der Klasse in Tränen ausgebrochen war. Nun begann ein Gruppengespräch, das eine große Vertrautheit der beteiligten Personen, eine große Offenheit im Austausch voraussetzt. Sie erinnerte sich selbst an Einzelszenen, in denen sie so agiert hatte, um Kinder für sich zu gewinnen, daß sie ihnen die Botschaft übermittelt hatte: „Tut mir nichts, ich tue euch auch nichts. Ich bin ja so lieb und ich bin so schwach, also seid auch ein bißchen nett zu mir." Das ist natürlich eine unwahre und unrealistische Botschaft eines Lehrers. Sie ist unwahr, weil der Lehrer Noten gibt, weil er Leistung fordert; diese Botschaft verstärkt natürlich die Unruhe und Aggression der Kinder und ist außerordentlich verwirrend. Sie war der Motor der ständigen Steigerung der Aggressionen der Klasse. Die Frage ist, warum die Lehrerin sich so geben mußte.

Nun kamen spontane Äußerungen von Gruppenmitgliedern mit der Aussage: „So habe ich Dich auch schon öfters erlebt, als ich etwas Unangenehmes von Dir wollte. Du vermittelst mir ständig Schuldgefühle, wenn ich etwas von Dir will, was Du nicht willst, weil Du mir symbolisch mitteilst: ‚Ich bin ja so schwach, das kannst Du mit mir nicht machen'".

Dieser Gruppenbeitrag machte den Mechanismus des Umgangs mit Auseinandersetzungen und unangenehmen Forderungen bei dieser Lehrerin emotional spürbar und deutlich; er war hart für die Lehrerin, aber persönlich nicht kränkend und nicht ablehnend. Sie kam zu der nacherlebten Einsicht, daß das eine persönliche Problematik von ihr ist, die auch persönliche Beziehungen bereits zum Platzen gebracht hatte, und daß sie in ihrem Beziehungsangebot zu Männern in diesem weiblich geprägten Rollenklischee verhaftet ist. Und auch ohne Durcharbeitung der ursächlichen familialen Situation, ohne Deutung, daß dieses gescheiterte Beziehungserlebnis eine Wiederholung früherer Konflikte war, konnte diese Lehrerin ein besseres Selbstverständnis ihrer Reaktionen gewinnen. Es stimmt ja, daß wir alle irgendwie neurotisch sind. Aber ich hoffe doch, daß wir nicht alle so gestört sind, daß wir uns bis zu unseren Kindertagen zurückarbeiten müssen, um unsere Handlungen besser steuern zu können. Wir haben ja auch funktionierende Teile unserer Selbstrepräsentanzen, unseres Ichs; wenn Hilfe gegeben wird, kann das Ich sich neu strukturieren; Voraussetzung ist, daß das Selbstwertgefühl dabei gestärkt, aufgebaut und nicht weiter zerschmettert wird. So konnte diese Lehrerin das falsche Beziehungsverhalten bei sich verstehen, abbauen. Dieser Block war beseitigt, denn ich kann nur sagen, daß sie im Umgang mit Kindern eine außerordentlich differenzierte Lehrerin geworden

ist, die durchaus auch streng sein kann und Grenzen setzen kann, ohne Angst zu haben, dadurch die Liebe der Kinder zu verlieren.
Das Beispiel zeigt,

- daß eine erfolgreiche heilpädagogische Arbeit Gruppen von Erziehern schaffen muß, die sich üben, in offener Kommunikation auf emotionale Probleme einzugehen bei Respektierung des persönlichen Intimbereichs;
- die sich üben in der szenischen Interpretation, die im aktuellen Bezugsrahmen der Erziehungssituation oder der Gruppe bleibt, ohne die Psyche ihrer Mitglieder allzusehr zu belasten;
- die versuchen, Rivalitäts- und Konkurrenzprobleme unter den Mitgliedern zu bewältigen;
- die gemeinsam Leben mit den Kindern realisieren wollen, wobei die Erzieher bei vorhandener Reflexionsfähigkeit spontan und aktiv handeln können und bei denen die Selbstachtung und das Selbstwertgefühl jedes Beteiligten, der Kinder und der Erwachsenen, oberstes Ziel und ungefragter Mittelpunkt der heilpädagogischen Arbeit ist.

Die Universität und die Lehrerausbildung bieten heute dazu kaum Hilfen.
Die gegenwärtige Schulpolitik verhindert solche Ansätze eher, als daß sie sie fördert. Das heißt aber nur, daß wir die vorhandenen Möglichkeiten voll ausschöpfen müssen. Es gibt Möglichkeiten, daß Lehrer sich zusammenschließen und gemeinsam Supervision nehmen. Es gibt Möglichkeiten in einzelnen Schulen, solche Prozesse in Gang zu setzen, und wir sind hier in der Sonderschule in einer günstigeren Situation als in der Regelschule.
Wir müßten nicht in erster Linie kleinere Klassenstärken fordern, sondern mehr Freiheit in unserer Stundenplangestaltung und mehr Lehrerstunden pro Kind. Viel wichtiger wäre es, mehr Förder- und Verfügungsstunden zu haben, in denen wir kleinere Gruppen bilden können für spezielle Förderung und für heilpädagogische Spielgruppen; daß wir nicht darauf bestehen, daß die Klasse immer im Block unterrichtet wird, sondern daß wir flexible Gruppierungsmöglichkeiten anstreben und mehr Lehrerstunden, die wir selbst einteilen können.
Es gibt Möglichkeiten zur Entfaltung solcher Aktivitäten in der Schule. Aber die gegenwärtige Schulpolitik läuft darauf hinaus, alle Bedingungen, unter denen eine heilpädagogische Arbeit möglich ist, zu zerstören, vor allem durch ein unverantwortliches und ungeheueres Schüren des Rivalitäts- und Konkurrenzdruckes unter den Lehrern. Es dreht sich nicht einfach darum, daß hier ein bildungsökonomischer Angriff geführt wird auf unsere Standespositionen und Arbeitsbedingungen. Der wichtigste Punkt ist, daß mit dieser Politik ein konzentrierter Anschlag geführt wird auf die Reste einer humanen Erziehungspraxis, wie sie in unseren Schulen vielleicht noch möglich ist.

H. Reiser und H.-G. Trescher
(1992)

Beziehung und Technik in der psychoanalytisch orientierten themenzentrierten Gruppenarbeit

In: H. Reiser & H. G. Trescher (Hrsg.), Wer braucht Erziehung? Impulse der psychoanalytischen Pädagogik (S. 181-196). Grünewald

*Dieser Beitrag Helmut Reisers von 1992 rekurriert in Teilen auf einen Fachdiskurs der 1970er und 1980er Jahre um den Zusammenhang von Psychoanalytischer Therapie und psychoanalytischer Pädagogik. Wichtig in unserem Kontext ist der Unterschied wie der Zusammenhang von beiden sowie die Überschneidungen zur Themenzentrierten Interaktion, die der Autor herausarbeitet. Diese zeigen Überlegungen, die seine Schwerpunktverlagerung hin zur Themenzentrierten Interaktion einleiteten. Ein vermittelndes Glied ist dabei Bubers Konzept der dialogischen Beziehung, der die Beziehung zwischen der professionellen Pädagog*in und dem Kind als die Paradoxie von Abhängigkeit und Autonomie charakterisiert, eine Figur, die auch wesentlich die Zielvorstellung der TZI prägt. Die Verbindung der verschiedenen Ansätze findet Reiser in der psychoanalytisch orientierten themenzentrierten Gruppenarbeit, die sich in dem Beziehungsdreieck zwischen Ich, Wir und Sache orientiert und dabei die ökologischen, institutionellen und gesellschaftlichen Rahmenbedingungen mit einbezieht.*

Beziehung und Technik in der psychoanalytisch orientierten themenzentrierten Gruppenarbeit (1992)

1 Die pädagogisch-therapeutische Beziehung

In der Sonder- und Heilpädagogik wird auf der Grundlage verschiedenster Therapie- und Pädagogik-Vorstellungen von „pädagogisch-therapeutischen Verfahren" bzw. „Maßnahmen" (z.B. Hurrelmann/Jaumann, in: Bleidick 1985a, S. 312ff., Speck 1979, S. 117ff.) gesprochen. Dabei stellt sich stets die Frage des Verhältnisses von Pädagogik und Therapie. Wenn Therapie im Sinne psychoanalytischer Therapie verstanden wird, führt die Frage nach dem Verhältnis von Pädagogik und Therapie zu einer sehr kontroversen Auseinandersetzung. Ein pädagogisch-therapeutisches Arbeiten im psychoanalytischen Sinne würde ja voraussetzen, daß es eine Beziehungsstruktur zwischen dem Heilpädagogen und dem/den Klienten geben muß, die sowohl „pädagogische", wie auch im psychoanalytischen Sinne „therapeutische" Elemente vereinen müßte. Erst auf der Grundlage einer beschreibbaren „pädagogisch-therapeutischen Beziehung" könnte sich eine spezifische Technik der Gruppenarbeit entfalten, die pädagogische und therapeutische Anteile miteinander verbindet.

Diese Möglichkeit wird z. B. von Körner (1980) strikt abgelehnt. Nur aus der Distanz könnte sich die Psychoanalyse der Pädagogik zuwenden. „Gibt sie diese Distanz auf, droht ihr der Verlust wesentlicher Positionen ihres Selbstverständnisses als einer kritisch- hermeneutischen Sozialwissenschaft“ (Körner 1980, S. 788). Die Position Körners eignet sich gut, um die Struktur der „pädagogischen“ und der „therapeutischen“ Beziehung klarer herauszuarbeiten. Dabei komme ich zu dem Ergebnis, daß die von Körner vorgenommene strikte Trennung auf einem innerhalb der Psychoanalyse weit verbreiteten Mißverständnis von Pädagogik und einer überwundenen Fiktion der psychoanalytischen Behandlung beruht.

1.1 Mißverständnisse und Fiktionen

Ein in der Psychoanalyse weit verbreitetes Mißverständnis von Pädagogik reduziert „zielorientiertes pädagogisches Handeln“ auf die Absicht, „planmäßig und kontrolliert psychologisch beschreibbare Veränderungen an Objekten, z. B. an Schülern oder Zöglingen herbeizuführen“ (Körner 1980, S. 738). In dieser Sicht muß sich der professionalisierte Pädagoge deshalb an dem Maßstab einer Erfahrungswissenschaft orientieren, die in Widerspruch zu dem kritisch-hermeneutischen Anspruch der Psychoanalyse steht (Körner, ebenda). Das Mißverständnis Körners wurde bereits von Trescher (1985a, S. 173) eingehend analysiert. In unserem Zusammenhang genügt es, hervorzuheben, daß hier Pädagogik verstanden wird als ein Anpassungsinstrument, für das als konkrete Ausprägung die Schule das Muster abgibt. Sicherlich hat dieses Verständnis von Erziehung weitgehend die relative Erfolglosigkeit der frühen „psychoanalytischen Pädagogen“ verursacht, nicht, weil sie sich zuwenig mit Psychoanalyse beschäftigt hätten, sondern, weil sie den Begriff der Erziehung zu unkritisch übernommen haben. Bei S. Freud ist eine andere Vorstellung von Erziehung nicht angelegt, im Gegenteil treibt ihn der angenommene Natur-Kultur-Antagonismus zu einer Vorstellung von Erziehung als Anpassungsinstrument zum Triebverzicht (Bansemer 1978 und mündliche Mitteilungen). Jenseits der Triebtheorie findet sich eine derartige Reduktion des Erziehungsbegriffs in den populären Schriften an A. Miller (besonders 1980). Spätestens seit Erikson sollte eine derartige Einengung des Verständnisses von „Erziehung“ überholt sein. In dieser Variante eines undialektischen Erziehungsbegriffs wird die unpersönliche, kulturell erzwungene Versagung nach dem Muster „Schule“ zum Prototyp genommen. In einer weiteren Variante wird die versorgende Mutter-Kind-Beziehung als Grundmuster von „Erziehung“ herangezogen, um herauszuarbeiten, daß die psychoanalytische Behandlung sich durch die Versagung der realen Triebwünsche auszeichne, während die Pädagogik diese befriedige. Die reale Versorgung des Kindes ist sicherlich ein Element der Erziehung, aber bereits in der non-professionellen Erziehung nur die eine Seite des dialektischen Vorgangs. Die Trennung von Pädagogik und Therapie nach dem Muster: Versorgung (=Pädagogik) und Aufarbeitung mit Hilfe der Versagung als „Motor der Therapie“ (Cremerius 1984, S. 793) zerreißt eine dialektische Einheit der pädagogischen wie therapeutischen Beziehung und setzt zudem die non-professionelle (Mutter) gegen die professionelle (Analytiker) Arbeit. Sie geht aus von der Fiktion der ausschließlichen Übertragungsbeziehung in der psychoanalytischen Behandlung, die Cremerius folgendermaßen charakterisiert: „Je reiner der Analytiker nur Spiegel sei, je abstinenter und anonymer, desto besser, so glaubte Freud, würde die Methode funktionieren: Die Frustration würde den Druck auf den ausschließlichen Gebrauch der Sprache und den Verzicht auf jede Befriedigung erhöhen. " (Cremerius 1984, S. 792)

1.2 Reale Beziehung in der psychoanalytischen Behandlung

Die Fiktion der ausschließlichen Übertragungsbeziehung in der psychoanalytischen Behandlung ist von Cremerius (1984) in seinem Plädoyer „für einen operationalen Gebrauch der Abstinenz im Gegensatz zum regelhaften Gebrauch" (S. 793) zurückgewiesen worden, wobei er in seiner Begründung bis auf Ferenczi und Balint zurückgehen konnte. (Siehe auch Lorenzer 1974, S. 290 f.) In der Tat leisteten viele Analytiker in der Leugnung des Realanteils in der therapeutischen Beziehung eine massive Abwehrarbeit, indem die Voraussetzungen und Umstände, unter denen das Setting im Standardverfahren hergestellt werden kann, aus den Reflexionen ausgespart wurden.

Es wird noch auszuführen sein, daß diese Verdrängung zusammenhängt mit der Indikationsstellung für eine psychoanalytische Behandlung, d. h. mit der Auswahl der Patienten. Die Indikationsstellung kann als Rationalisierung dafür dienen, daß die Fähigkeit, eine Realbeziehung im Arbeitsbündnis herzustellen, aus der Interaktion Patient-Therapeut weg- und dem Patienten als Voraussetzung zugeschoben wird. Aber auch der „analysefähige" Patient erhält eine massive Befriedigung auf der realen Beziehungsebene: Das psychische Bedürfnis des „ Gesehenwerdens/Sichdarstellens", das Fetscher 1985 (S. 687 ff.) als grundlegende Bedürfnisdisposition herausarbeitet, erfährt mehrmals wöchentlich eine unmittelbare Befriedigung. Erst auf dieser Basis kann die Versagung als Motor der Therapie zum Zuge kommen. Durch verschiedene Umstände wird deutlich, daß die Analyse der Realbeziehung als haltendem Grund bedarf, um voranschreiten zu können: So muß die unmittelbare Anteilnahme des Analytikers spürbar sein in außergewöhnlichen Lebenssituationen, in denen das grundlegende Sicherheitsgefühl des Patienten zu zerbrechen droht. Ruth Cohn zitiert hier den Satz: „Never analyze in an burning house" (Cohn 1984, S. 361). Auf der anderen Seite wird die Realität der Beziehung immer wieder an den Grenzen des Settings, z. B. der Honorarfrage verdeutlicht.

Cremerius stellt fest, daß der von ihm geforderte operationale Umgang mit technischen Regeln „nur da zu beobachten (ist), wo die psychoanalytische Methode eine breite Indikationsstellung übt und ihre Technik an die Besonderheiten des Patienten anpaßt" (1984, S. 793).

Durch die Therapieversuche mit Dissozialen, Psychotikern und anderen Formen sehr früher Störungen beschäftigt sich die psychoanalytische Therapie zunehmend

mit Menschen, die seit jeher das Klientel der psychoanalytischen Heilpädagogik waren. Sie verläßt dabei zunehmend die Vereinfachungen des Standardverfahrens und gelangt dabei zu ähnlichen Einschätzungen der Beziehung in der Behandlung, wie wir sie beispielsweise bei Bettelheim, Mannoni, Leber finden. Danach ist auch in der therapeutischen Behandlung eine Realbeziehung in der „Atmosphäre des Vertrauens“ (Cremerius 1984, S. 792) die Basis. Als heilender Faktor rückt damit neben der Übertragungsdeutung die „projektive Identifizierung“ in das Gesichtsfeld der psychoanalytischen Diskussion (siehe den Kongreßbericht von Zwiebel 1985 und den Beitrag von Finger-Trescher in diesem Band).
Damit nähert sich die psychoanalytische Diskussion dem Bereich der „Erziehung“, freilich ohne es zu bemerken. Der Kongreßbericht von Zwiebel (1985) zeigt für den Pädagogen eindrucksvoll die Verengung der psychoanalytischen Diskussion auf den klinischen Bereich und die Gegenübertragung des Analytikers. „Daß auch Psychoanalytiker ihre Patienten mit projektiver Identifizierung beladen … wurde gar nicht in Erwägung gezogen“ (ebenda, S. 465), wie auch nicht bedacht wurde, daß „die Übernahme der zugeschriebenen Rolle durch den Patienten ubiquitär und nicht von vornherein destruktiv ist“ (ebenda, S. 466).[1]

1.3 Die pädagogische Beziehung

Die klassische Vorstellung, daß durch die Analysearbeit die Ich-Funktionen sich quasi wie von selbst weiterentwickeln würden, wenn sie nur eine Atmosphäre des Vertrauens vorfänden, geht von einer Klientel aus, bei dem die Analyse eine vorhandene Substanz freilegt, die in sich bereits die Dynamik der selbst-tätigen Weiterentwicklung trägt. Bei diesem ausgelesenen Klientel braucht sich der Analytiker um das Weitere keine Sorgen zu machen: Die Selbstfindung[2] ereignet sich nach der Befreiung. Dies setzt voraus, daß bereits in irgendeiner Weise „Erziehung“ insoweit erfolgreich war, als an Sprachfähigkeit, Symbolisierungsfähigkeit und an übergeordnete Repräsentanzenkomplexe (Fetscher 1985, S. 692 ff.) angeknüpft werden kann. Dies ist beim Klientel der Heilpädagogik zumeist nicht der Fall, so daß hier psychoanalytische Therapie allein ohne „Erziehung“ die Selbstfin-

1 Das von Zwiebel (1985) knapp wiedergegebene Fallbeispiel Kernbergs zeigt den pädagogischen Punkt in der Beziehung zwischen dem Analytiker und einem Patienten mit „paranoider Persönlichkeit und borderline-Struktur“ (S. 464): Als Kernberg sich von dem vor Wut zitternden Mann bedroht fühlt, fordert er von ihm als Vorbedingung der Weiterarbeit in dieser Stunde das Versprechen, die Wut zu kontrollieren, und gesteht ihm seine eigene Angst vor dieser Wut – eine Situation, die das tägliche Brot des Heilpädagogen darstellt, die mit dem Konzept der projektiven Identifizierung verstanden und nur durch bewußtes und offenes Handeln gemeistert werden kann. Ähnliche pädagogische Punkte berichteten in Gastvorträgen an der Universität Frankfurt Rauchfleisch (1985) aus der Arbeit mit Dissozialen und Battegay (1986) aus der Arbeit mit Depressiven, ohne sie „pädagogisch“ zu nennen. Battegay verwendete zur Bezeichnung der unterschiedlichen Arbeitsweisen die Begriffe „analytisch“ im Gegensatz zu „empathisch-stützend“.

2 Nach Cremerius ist das „eigentliche Ziel“ der Analyse: „Entfaltung, Wachstum, Befreiung, Selbstfindung“ (1984, S. 795)

dung nicht gewährleistet. Die pädagogische Beziehung ermöglicht erst das Wachstum, indem sie nicht nur günstige Bedingungen herstellt, sondern darüber hinaus Identifizierung, Orientierung und reale Auseinandersetzung anbietet.
Pädagogik zielt „auf die Entfaltung von Mündigkeit und damit auf die Entfaltung von Selbständigkeit im Denken und Handeln" (Datler 1986).[3] Am Beispiel der Verhaltensstörungen stellt Datler deshalb die Frage, ob „Schule überhaupt eine pädagogische Institution" darstelle (ebenda). Er belegt seine Kritik an der Organisation Schule mit einer langen Liste zentraler Passagen einschlägiger Autoren, die sich beliebig verlängern ließe.
Erziehung geschieht jedoch allen pädagogischen Vorstellungen zum Trotz in Institutionen, die ihrem eigenen Systemzweck folgend die Mündigkeit der Zöglinge *nicht* zum Ziele haben. So zeigt sich im konkreten Erziehungshandeln stets der Widerspruch zwischen Anpassung an die gesellschaftlichen Rahmenbedingungen individueller Handlungsmöglichkeiten und Befreiung von ihren Zwängen. Daß Erziehung auch im Kontext Schule nur als dialektischer Prozeß von Unterwerfung und Subjektbildung verstehbar ist, zeigt Heydorn in historischer Sicht (Heydorn 1970). In der Psychoanalyse ist durch Lorenzer (1974) hinreichend verdeutlicht worden, daß auch die frühkindlichen Bildungsprozesse „als gesellschaftliche Produktion der individuellen Strukturen" zu verstehen sind und daß die Grundlinien der Beschädigung subjektiver Strukturen auf Deformationspunkte der objektiven Struktur zurückgehen (ebenda, S. 279).
Subjektivität entsteht infolge der „gesellschaftlichen Widerspruchsfolgen" (ebenda) notwendigerweise als eine deformierte, aber sie kann m. E. nur entstehen im Bildungsprozeß. „Gegenstand des psychoanalytischen Verfahrens sind die Fehlformen des frühkindlichen Bildungsprozesses" (ebenda, S. 279).
„Aufgabe der Psychoanalyse ist die Resymbolisierung der „desymbolisierte Interaktionsformen"" (ebenda, S. 283).
Der Gedanke läßt sich fortsetzen: Gegenstand der Erziehungsprozesse ist die Herstellung bestimmter Interaktionsformen. Aufgabe der Pädagogik ist der Aufbau von Symbolisierungsfähigkeit, d. h. die Entwicklung von Sprache (im Sinne Lorenzers). Was dies auf der Beziehungsebene konkret bedeutet, hat in klassischer Ausprägung Martin Buber bereits 1925 formuliert. „Die Welt zeugt im Individuum die Person … Was wir Erziehung nennen, die gewußte und gewollte, bedeutet *Auslese der wirkenden Welt* durch den Menschen; bedeutet eine Auslese der Welt, gesammelt und dargelegt im Erzieher, die entscheidende Wirkungsmacht verleiht: … als Absicht. So wird die Welt erst im Erzieher zum wahren Subjekt ihres Wirkens" (Buber 1960, S. 22 ff., Unterstreichungen von Buber). Jedoch: „Eine Norm und feste Maxime der Erziehung gibt es nicht und hat es nie gegeben" (ebenda, S. 46). Es kann nicht auf ein bestimmtes Ziel hin erzogen werden, da das „Wozu?" offen

3 Siehe die Übereinstimmung dieser Zielvorgaben mit denen von Cremerius.

bleiben muß. Die künftige Gestalt des Zöglings bleibt der Autonomie des Menschen vorbehalten: „Wenn Erziehung bedeutet, eine Auslese der Welt durch das Medium einer Person auf eine andere Person einwirken zu lassen, so ist die Person, durch die dies geschieht, vielmehr, die es durch sich geschehen macht, einer eigentümlichen Paradoxie verhaftet“ (ebenda, S. 41). Sie muß immer wieder ihr Tun „zugleich von der Gegenseite erfahren“, ohne ihre eigene Erfahrung zu schwächen (ebenda, S. 42). „Es genügt nicht, daß er (der Erzieher) sich die Individualität des Kindes vorstelle; es genügt aber auch nicht, daß er es unmittelbar als eine geistige Person erfahre und sodann anerkenne; erst wenn er von drüben aus sich selber auffängt und verspürt, „wie das tut“, wie das diesem anderen Menschen tut, erkennt er die reale Grenze, erneuert er seine paradoxe Rechtmäßigkeit“ (ebenda, S. 42/43). Die Erfahrung der Gegenseite begründet das erzieherische Verhältnis als ein rein dialogisches (ebenda, S. 39).

Diese Erfahrung ist konkret, aber einseitig, da das Kind seine Wirkung auf den Erzieher nicht ebenso konkret zu erfahren vermag. Der Erzieher muß zugleich an beiden Enden der Beziehung stehen.

Dies erfordert von ihm zwei Verwirklichungen seiner Verantwortung: Askese und Präsenz. Askese gegenüber dem Wunsch, vom Kind verstanden zu werden und gegenüber dem Willen nach Macht und Eros. Präsenz, damit das Kind seine Präsenz in seinen eigenen Bestand aufnehmen kann, „als einen der Träger seiner Weltverbundenheit“ (ebenda, S. 39). Der Erzieher muß nicht vollkommen sein, er soll sich auch nicht stets mit dem Kind beschäftigen, aber er darf sich nicht durch „ein Phantom vertreten lassen“ (ebenda). Die Präsenz des Erziehers stiftet „Wirklichkeit *zwischen* beiden, Gegenseitigkeit“ (ebenda, S. 40, Unterstreichung von M. Buber).

Buber beschreibt die Realbeziehung zwischen dem professionellen Pädagogen und dem Kind in der „Paradoxie“ von Abhängigkeit und Autonomie. Obwohl er den darunter liegenden gesellschaftlichen Widerspruch ausklammert und die unbewußten Beziehungsinhalte nicht zuläßt, erfaßt seine Beschreibung doch präzise das spezifisch „Pädagogische“ einer Beziehung. Obwohl Buber immer wieder gegen die „Libidinisten“ Seitenhiebe verteilt (z. B. ebenda, S. 16), ist es gewinnbringend, seine Gedanken aus psychoanalytischer Sicht weiterzuführen. Die „Erfahrung der Gegenseite“ ist nur denkbar als die Erfassung der konkreten Vorstellungsinhalte, die das Kind mit der Wirkung des Erziehers verbindet, auf bewußter Ebene als Empfindungen und Gedanken, auf unbewußter Ebene als Wiederbelebungen früher erfahrener Erziehungsfiguren, also als Übertragungen. So wie nach Buber der Erzieher dabei keine Schwächung der eigenen Seelenkräfte erleiden sollte, so wird ihn in psychoanalytischer Sicht das Übertragungsangebot nicht veranlassen, in die Inszenierung mit einzusteigen. Vielmehr wird er seine unbewußten Anteile durch die Analyse seiner Übertragungs- und Gegenübertragungsreaktionen zu klären versuchen, um bei seiner „Absicht“ zu bleiben: Die Erfahrung des Kindes von Realität mit Hilfe seiner Person bei Buber die Auslese der wirkenden Welt. Die in der psychoanaly-

tischen Behandlung neben der Übertragungsbeziehung bestehende Realbeziehung wird hier ganz stark durch die Präsenz der Person und die Gerichtetheit auf die Einwirkung der Realität gefordert. Reizvoll wird der Vergleich bei der Vermutung, daß „Abstinenz“ und „Askese“ einen ähnlichen Tatbestand ansprechen: die Aufzählung der Bedürfnisse, vor denen die Abstinenz den Analytiker schützen soll, die Cremerius (1984, $. 791) gibt, umfaßt all die Punkte wie Macht, Eros, die Buber nennt, und narzißtische Bedürfnisse, wie sie in der Pädagogik heute mit dem Begriff „Helfersyndrom“ (Schmidbauer 1977) diskutiert werden.
Es wird deutlich, daß die von Buber geforderte Erziehungshaltung nicht einfach hergestellt werden kann. Die Verlockungen der gegenseitigen Projektionen und Übertragungen erfordern die psychoanalytische Reflexion der pädagogischen Interaktionen.

1.4 Pädagogische und therapeutische Schwerpunkte in der Brain balance

Der Vergleich der Beziehung in der analytischen Behandlung und in der pädagogischen Situation erbrachte, daß dichotomische Gegenüberstellungen die Realität falsch abbilden. (Psychoanalytische) Pädagogik und (psychoanalytische) Therapie unterscheiden sich nicht in ihrer Zielsetzung. Beide Situationen sind gekennzeichnet sowohl von Realbeziehungen wie von Übertragungsbeziehungen, beide erfordern die Präsenz des Pädagogen/Therapeuten, wie auch seine Abstinenz/Askese. Dennoch ist die pädagogische und die therapeutische Beziehung nicht gleichartig, so daß umstandslos auf gleicher Grundlage eine dem pädagogischen Setting angepaßte psychoanalytisch-pädagogische Behandlungstechnik entwickelt werden könnte, wie ich es noch 1972 (Reiser 1972b, S. 59 f.) vermutete.
Selbst unter den Bedingungen einer heilpädagogisch-therapeutischen Einrichtung, vor deren Hintergrund meine damaligen Überlegungen standen[4], wird doch die Schwerpunktverschiebung in der Beziehungsbalance deutlich: Wenn in der psychoanalytischen Therapie soviel reale Beziehung zum Analytiker ermöglicht wird, wie es nötig ist, um die Analyse – d. h. die durch Abstinenz ermöglichte Deutungsarbeit voranzubringen, so verhält es sich in der pädagogischen Arbeit genau umgekehrt:
Es wird soviel an Übertragungsbeziehungen und Aufarbeitung von Übertragungen zugelassen, wie es nötig ist, um die reale Beziehung – und das heißt: durch sie den Bezug zur Realität – voranzubringen. Cremerius verknüpft Abstinenz und Realbeziehung für die Analyse in der Forderung des operationalen Gebrauchs der Abstinenzregel.
Für die pädagogisch-therapeutische Gruppenarbeit formulierte Ruth C. Cohn bereits in den sechziger Jahren die Leiterregel der „selektiven Authentizität“ (Cohn 1984, S. 371).

4 Meine damaligen Unterrichtsversuche konnte ich unter dem Schutz der einfühlsamen und hilfreichen Supervision von A. Leber durchführen.

Die Sprachform, in der jeweils beide Anteile verknüpft sind, macht die Schwerpunktverschiebung deutlich: In der Therapie ist das Hauptwort die Abstinenz, die die Übertragungsbeziehung und damit die Deutungsarbeit fördert; der operationale Gebrauch hat einschränkenden Charakter. In der pädagogisch-therapeutischen Gruppenarbeit wird mit dem Hauptwort „Authentizität" die Präsenz der realen Person angesprochen; der selektive Gebrauch bezeichnet die Einschränkung. In beiden Fällen schafft die Einschränkung Raum für die Antithese zu der im Hauptwort ausgedrückten These.
Diese Schwerpunktverschiebung wird der Differenz gerecht, die Trescher in seiner ausführlichen Gegenüberstellung von pädagogischem und therapeutischem Setting mit der Arbeit an der „inneren" gegen die Arbeit an der „äußeren" Realität bezeichnet (Trescher 1985a, S. 154 ff.).
Aber auch diese Differenz wird durch die jeweilige Antithese teilweise wieder eingeholt: Ich kann nicht ohne meine innere Realität die äußere Realität begreifen, d. h. lernen (siehe die Gegenüberstellung Ruth Cohns von totem und lebendigem Lernen); ich kann nicht an meiner inneren Realität arbeiten ohne bestimmte konkrete Erfahrungen in der äußeren Realität (siehe die Fußnote von Cremerius, daß ein „Meister der Gegenübertragung wie der Abstinenz" so weit von seinem Patienten entfernt wäre, „daß er nicht mehr therapeutisch mit ihm arbeiten könnte" (Cremerius 1984, S. 791).

2 Zur Technik der psychoanalytisch-interaktionellen Gruppenarbeit

Die Schwerpunktverschiebung von der Übertragungsbeziehung zur Realbeziehung erfordert – wie vielfach betont (Trescher 1985a, S. 161, Neidhardt 1977, S. 73) – einen spezifischen Umgang mit der Übertragung. Unverzichtbar ist allerdings der psychoanalytische Reflexionsprozeß, wodurch dem Pädagogen die eigenen unbewußten Anteile seines Handelns deutlich werden (siehe den Begriff des „ vermittelten Zusammenhangs" von Psychoanalyse und Pädagogik bei Lotz in diesem Band). Allerdings ist die Beziehungsebene Kind-Pädagoge nur eine unter mehreren, die der Pädagoge reflektiert. Das Gesamt der interdependenten Einflußgrößen wird im Modell der Themenzentrierten Interaktion abgebildet (Cohn 1984, S. 352 ff.).[5]

5 Das Modell der Themenzentrierten Interaktion als ein pädagogisches System kann hier nicht näher ausgeführt werden (siehe Reiser 1983). Hier scheint mir der Hinweis wichtig, daß Ruth Cohn in ihrer Suchbewegung „von der Psychoanalyse zur Themenzentrierten Interaktion" (so der Titel ihres Buches von 1975) schrittweise den Weg von einem psychoanalytischen Therapieverständnis zu einer Wiederentdeckung der Grundelemente von Pädagogik vollzogen hat: Ihre Suchbewegung beginnt bei der Reflexion und Mitteilung von Gegenübertragungsphänomenen in der psychoanalytischen Ausbildung, führt zu der Entdeckung der dynamischen Balance der Grundelemente des Lernens in Gruppen und endet bei der Formulierung einer Axiomatik menschlichen Handelns in und aus der Beziehung. Für mich stellt sich dieser Weg dar als eine Neuformulierung der Pädagogik aus den Erfahrungen der Psychoanalyse; obwohl die Themenzentrierte Interaktion sich immer stärker auf „humanistische" Therapievorstellungen stützt, die sich von der Psychoanalyse absetzen, ist sie für mich ohne psychoanalytische Fundierung nicht denkbar.

2.1 Das Bezugssystem der Gruppenpädagogik

Bereits Buber stellte neben das Grundwort ICH-DU das Grundwort ICH-ES, d. h. die Beziehung zu einer Sache. Cohn übernimmt den Begriff „Es" für die Bezeichnung des Sachauftrags, um den sich Interaktionen in Gruppen kristallisieren. Für den Aspekt der Gruppe verwendet sie den Begriff „Wir". Interaktionen in Gruppen geschehen in einer dynamischen Balance innerhalb des Beziehungsdreiecks ICH-WIR-ES. Die Realität pädagogischer Gruppenarbeit bleibt jedoch unvollständig abgebildet, solange nicht bedacht ist, daß die Gruppeninteraktionen im Rahmen globaler ökologischer und ökonomischer Bedingungen ablaufen; diese bezeichnet Cohn in ihrem Modell als „Globe" und verdeutlicht sie als Kugel, in die das Beziehungsdreieck eingeschlossen ist.

Ein Beispiel kann diesen Zusammenhang rasch verdeutlichen: Eine Gruppe jugendlicher Strafgefangener erhält Deutschunterricht (ES). Sie erarbeiten aus eigenen Vorschlägen ein Hörspiel, in dem es vordergründig um ein Schloßgespenst geht, das in einem Schloß eingeschlossen ist. Thematisiert werden in diesem Spiel einerseits die realen Lebensbedingungen im Gefängnis (GLOBE), allerdings in einer verfremdeten und dem Bewußtsein nicht zugänglichen Form. Andererseits verdichten die einzelnen Gestalten des Spiels in sinnlich-symbolischem Ausdruck traumatische Erfahrungen und Regressionswünsche der Spieler (ICH), z. B. in der Gestalt eines Grafen, der ungeheuerlich laut und viel frißt, in der Gestalt eines unterwürfigen Dieners und eines verängstigten, eingeschlossenen Gespenstes.

Zugleich ist in der Spielhandlung angelegt, daß der Schloßherr wechselt: ein neuer Schloßherr übernimmt das Schloß und gerät in Konflikt mit den Gewohnheitsrechten des Gespenstes; in der Realität verläßt der Lehrer die Klasse; die Gruppe der Strafgefangenen ist wütend und verängstigt vor dem unbekannten, neuen Lehrer (WIR). Im Thema der Gruppe verdichten sich diejenigen Einflüsse aus GLOBE, Gruppenprozeß, Sachauftrag und persönlichen Biographien, die in der aktuellen Situation dominant werden.

Ziel der themenzentrierten Gruppenarbeit ist es, die dominanten Einflüsse in einer dynamischen Balance zu halten, um den Prozeß der Gestaltung des Themas voranzutreiben.

2.2 Das Steuerungssystem der themenzentrierten Gruppenarbeit

Die Erfahrungen der themenzentrierten Gruppenarbeit verweisen auf einen Typ von Gruppenprozessen, der die dichotomische Gegenübersetzung von therapeutischen Gruppenprozessen versus manipulativer Gruppenprozesse aufhebt. In therapeutischen Gruppenprozessen wird durch die Abstinenz des Leiters eine kollektive Übertragung gefördert. Der regressive Prozeß ermöglicht die Deutungsarbeit und damit die Resymbolisierung des Verdrängten. Der therapeutische Gruppenprozeß wird in der Psychoanalyse oft als der einzige Weg zur Befreiung und Selbstfindung – analog dem Prozeß in der Einzeltherapie — gesehen. In Arbeitsgruppen setzt sich dagegen oft hinterrücks das Verdrängte durch. Durch charismatische

Verlockung, Gruppensog oder Zwang wird der einzelne genötigt, einen Teil seines Selbst an die Leitidee der Gruppe abzutreten und sich der manipulativen Führung hinzugeben (vgl. Bienıussa 1986).

Die Kritik an dieser in pädagogischen Institutionen fast durchgängigen Praxis (siehe in diesem Band Clos und Mattner) führt zu einem alternativen Modell von Gruppenarbeit, das die Reflexionsebenen des therapeutischen Modells einschließt, jedoch pädagogisch steuert.

Dies soll wiederum an einem Beispiel verdeutlicht werden.

Zwei Praktikanten in einer Sonderklasse für Verhaltensgestörte (eine Studentin und ein Student) werden von den dort zur Zeit unterrichteten drei Jungen so empfangen, als würden sie nicht existieren. Am ersten Tag bauen die einzelnen Kinder um sich herum aus Büchern Wälle auf, aus denen sie gelegentlich beobachtende Blicke senden. Ein Praktikant hat die Empfindung, er sei der Beobachter, der die Kinder beobachtet. Das Verhalten der Nichtbeachtung von Gästen ist für Kinder in Sonderklassen ungewöhnlich. Die Praktikanten fühlen sich unbehaglich und ausgeschlossen.

Der Lehrer teilt bei der Besprechung dieser Situation mit, daß die Besetzung der Klasse mit nur drei Schülern ein vorübergehender Zustand sei, in dem sie sich aber alle vier recht behaglich eingerichtet hätten. Auch er empfinde Trauer darüber, daß in Bälde die Klasse wieder auf 7-8 Kinder aufgefüllt werden müsse. Seine Trauer mache die Sache nicht leichter, denn so habe er die Praktikanten zuerst gar nicht nehmen wollen, sich aber dann doch dazu entschlossen, weil er sie zu einem Unterrichtsprojekt „Wir bauen eine Burg" einsetzen wolle. Entgegen seiner Gewohnheit habe er sie dann nicht mit ihren Familiennamen – wie Lehrer – vorgestellt, sondern mit ihren Vornamen.

Das Beispiel verdeutlicht, daß die abwehrende Reaktion der Schüler Ausdruck eines Gruppenprozesses ist, der einerseits auf einer spezifischen Gruppenkohäsion beruht, sich andererseits gegen die von den Rahmenbedingungen Schule diktierten Veränderungen wendet.

Der Lehrer verhält sich in diesem Zweispalt ambivalent, indem er einerseits die Trauer und die Abwehr teilt, also an der quasi-familiären Kleingruppenstruktur festhält, andererseits die Praktikanten hereinholt, sie aber dann als „Kinder" vorstellt. Als psychoanalytisch geschulter Lehrer erkennt er diese Situation und vermutet, daß er die Praktikanten zu einem Probelauf für die Vergrößerung der Klasse einsetzt. Unterrichtlich verdichtet sich diese Thematik in dem Unterrichtsthema „Burg", wobei die Praktikanten als Helfer benötigt werden; die Rolle, die ihnen dabei zugewiesen wird, ist die der von außen kommenden Helfer am Bau der Burg, die ihnen selbst noch verschlossen bleibt, bis sie von innen geöffnet wird.

Die Entschlüsselung solcher Situationen wird in Anlehnung an Lorenzer von Leber als Szenisches Verstehen bezeichnet. Ich schlug dafür den Begriff Thematisches Verstehen vor, da der Verstehensvorgang nicht auf die Rekonstruktion der beschädigenden Originalvorfälle in den einzelnen Biografien zielt, sondern bei der Erfassung des

die Gruppe verbindenden Themas Halt machen kann. Bedeutsam ist die Erfassung der thematischen Variationen auf den vorgenannten Ebenen und die Selbstreflexion des betroffenen Pädagogen. Hier glaubt der Student, er sei der Beobachter; die Studentin glaubt, sie werde nicht wahrgenommen, sie sei überflüssig. Der Student übernimmt die Gefühlsreaktionen eines bestimmten Kindes, das ihn beobachtete (projektive Identifikation), die Studentin reagiert so, wie es die Kinder gerne haben möchten, damit sie vielleicht wieder von selbst verschwindet; eine Frau stört zunächst in der männlichen Vierergruppe (Gegenübertragung).
Die Gegenübertragung des Lehrers als „Führer" der intimen (Ritter-) Gruppe ist ihm selbst deutlich.
Derartige Geflechte bewußter und unbewußter Gefühlsinhalte sind in einer themenzentrierten Stufensupervision mit probeweisen Identifikationen (Heigl-Evers 1975, Raguse 1980, Reiser 1985), die auch in diesem Fall angewendet wurde, sehr gut zu entschlüsseln; diese Reflexionstechnik folgt selbst der Technik der psychoanalytisch-interaktionellen Gruppenarbeit und scheint mir hier wegen des Modellcharakters der Besprechungssituationen die adäquate Methode.
Das Beispiel zeigt bereits ein über das thematische Verstehen hinausgehendes weiteres Element der Technik. Das nicht gestaltete oder unvollendet gestaltete Thema wird aufgegriffen und weitergeführt, bis – im Sinne der Gestalttheorie – die Gestalt sich schließt: Wenn die Kinder innerlich die Burg vollendet haben, werden sie die Zugbrücke herunterlassen können, um die draußen stehenden Praktikanten hereinzulassen. Die Geste der zu Wällen aufgetürmten Bücher wird in der sinnlich-symbolischen Gestaltung „Burg" vollendet.
Gegenüber dem Sachauftrag des Schulunterrichts erschien die Kommunikationsverweigerung der Schüler zunächst als Störung. Störungen haben nach einem Postulat der Themenzentrierten Interaktion den Vorrang; sie werden als Signale verstanden und aufgegriffen.
Ziel der Störungsbearbeitung ist es, die Konfliktthemen aus dem Diktat des Wiederholungszwanges zu befreien. Zugleich verringert sich die Chance eines Gruppenagierens („Ansteckungseffekt" bei Redl 1971, S. 134ff.), wenn es gelingt, die symbolischen Ausdrucksmöglichkeiten anzubieten, in die sich das Konfliktthema kleiden kann. Es handelt sich hier nicht um eine „Deutungsarbeit" im Sinne der psychoanalytischen Therapie, wie Neidhardt (1977, S. 77f.) und Hußlein (1983, S. 66) zu meinen Vorschlägen vermuteten.[6] Vielmehr wird durch das Angebot

6 Als ich 1972 – von Leber angeregt – vorschlug (Reiser 1972 a), Unterrichtsstoffe auf ihre psychodynamische Bedeutung hin zu analysieren und einzusetzen, äußerte sich Bittner (persönliche Mitteilung) skeptisch zu diesem Vorhaben, da doch die Beziehungsstruktur bei einem psychoanalytischen Vorgehen im Vordergrund stände. Neidhardt begründete dann seinen Märchenunterricht, der ja den psychodynamischen Gehalt dieser Stoffe ausschöpft, mit der Konstruktion des „Übergangsobjekts". Die Beziehungsdimension wird dadurch quasi über den Stoff am Lehrer vorbei wiederhergestellt. Die doppelbödige Verbindung von Lernstoff, persönlicher Biografie und Gruppenstruktur- in der Themenzentrierten Interaktion von Ich, Wir und Es – wird damit nicht voll erfaßt.

von Lernstoffen, die unbewußte Konfliktthemen ansprechen, erreicht, daß die sinnlich-symbolischen Gestaltungen den Übertragungsdruck verringern und die Schüler in größerer Selbständigkeit ihrer inneren Realität habhaft werden können. Dieser Effekt ist jedoch an weitere Bedingungen gebunden.

Für die Balance von progressiven und regressiven Gruppenströmungen ist es von entscheidender Bedeutung, daß der Gruppenleiter sich als Person deutlich machen kann. Die Präsenz des Pädagogen erfordert Aufmerksamkeit für die Kinder, deren Grundbedürfnis nach „Gesehenwerden und Sichdarstellen" befriedigt werden muß. Zugleich macht der Pädagoge sich selbst deutlich, durch Mitteilungen über seine persönlichen Gefühle/Lebensumstände/Interessen nach dem Prinzip der selektiven Authentizität. Er bemüht sich um Rollentransparenz, d.h. er erläutert die Rahmenbedingungen und Motive seines Handelns. Er tritt also- in Erscheinung als Vermittler von Realität und Moderator im Zusammenleben der Gruppe innerhalb der Institution.

Das Modell einer solchen Gruppenleitung ist die „partizipierende Leitung", die natürlich in heilpädagogischen Gruppen immer wieder von Übertragungsbeziehungen, die zum Ausagieren führen, durchbrochen wird. Derartige Störungen müssen jedoch nicht negativ gewertet werden. Sie werden vielmehr als Chancen verstanden, da die Kinder offene Gestalten anbieten, die es aufzugreifen und weiterzuentwickeln gilt. Der Weg führt immer wieder von der Abbildung der chaotischen inneren Realität zur strukturierenden Gestaltung.

Neben der Präsenz ist deshalb die Strukturierung ein Grundelement der Technik. Die Strukturierung beinhaltet auch die im Setting enthaltenen Grenzsetzungen, die im Sinne Redls als „entpersonalisierte Kontrollen" wirken (Redl 1971) und sorgfältig aufgebaut werden müssen. Als Ich-Stützen können Ritualisierungen einzelner Abläufe, z.B. des Tagesablaufs, der Begrüßungs- und Verabschiedungsphasen einer Spielstunde, bestimmter Spiele oder Arbeitsanweisungen (siehe Reiser 1976, S. 223ff.) dienen. Die didaktische Strukturierung umfaßt das Angebot an Themen, Arbeitsmaterialien, Medien, Arbeitsanleitungen, wie es seit jeher zum Arbeitszeug der Pädagogik gehört. Sie steht in diesem Kontext jedoch nicht unter dem Diktat des Stoff-Lernens, sondern unter dem Primat der psychodynamischen Reflexion.

Durch die Strukturierung wird das Konfliktniveau der Gruppe eingepegelt Strukturierung ist die Antithese zur Prozeßorientierung; als dritter Reflexionspunkt tritt die Entwicklung des Vertrauens hinzu. Die Struktur muß den Prozeß z.B. so steuern, daß die Gruppenmitglieder nicht von unbewußten Konflikten überrollt werden; affektive Überschwemmungen zerstören die Vertrauensbasis der Zusammenarbeit (vgl. Redl 1971, S. 28f.). Bei zu hohem Konfliktniveau muß die Struktur z.B. gegen den Gruppenprozeß steuern, ohne ihn zu unterdrücken. Der Weg, der sich hier anbietet, ist die Chiffrierung des zu affektiv besetzten Gruppenthemas in einem Sachstoff, der einer strukturierten Bearbeitung zugänglich ist.

Beispiel: Eine Lehrerin in einer Sonderklasse für Verhaltensgestörte beteiligt in einem mit sexuellen Phantasien überschwemmten Gruppenklima die pubertierenden Kinder an der Auswahl des Unterrichtsstoffs in Sachkunde. Die Kinder wünschen „Sexualkunde". Aus einem der von der Lehrerin zur Auswahl ausgegebenen Sachkundebücher findet das Kapitel über den elektrischen Strom das größte Interesse. Die Lehrerin weist das Thema „Sexualkunde" ab und wählt das Thema „Strom". Das sexuelle Thema wird damit unbewußt weiterverfolgt, jedoch auf einer strukturierten Ebene, wobei Sublimierungsleistungen möglich werden.
Wenn auf der anderen Seite der Prozeß durch ein verdrängtes Konfliktthema blockiert wird, kann ein sorgfältig strukturiertes Themenangebot, das auf diesen Konflikt abzielt, die Blockierung auflösen.
Die bewußte Steuerung in dem von der Themenzentrierten Interaktion benannten Balancedreieck Prozeß-Struktur-Vertrauen kann an den zuvor angerissenen Beispielen aufgezeigt werden.
Im Beispiel der jugendlichen Strafgefangenen mißlang die Steuerung: Der Hörspielversuch endete an seinem Höhepunkt mit einem Ausbruch von Gewalt unter den Jugendlichen. In diesem Fall war es dem Lehrer erst nachträglich möglich, seinen Anteil am Vorantreiben des Prozesses bis zur Klimax und dem Bruch des Settings zu erkennen. In der Realität oszillierte er zwischen der Gegenübertragung des „Schließers" und der Identifizierung mit den Eingeschlossenen und konnte so die Gestaltung nicht ausbalancieren. Im zweiten Beispiel variierte der Lehrer das Thema „Burg" gemäß der aktuellen Situation, als in die Klasse neben den zwei Praktikanten die erwarteten neuen Schüler aufgenommen wurden: Mit Hilfe des Lehrers und der Praktikanten baute jeder Schüler seinen eigenen Turm als Ecktürme einer Burg. Die Herstellung der verbindenden Mauern symbolisierte die neue Gestalt der Gruppe.

3 Zusammenfassung

Psychoanalytische Therapie und psychoanalytische Pädagogik haben dieselbe Zielsetzung: „Entfaltung, Wachstum, Befreiung, Selbstfindung". Gemeinsam ist ihnen die Reflexion des Übertragungs- und Gegenübertragungsgeflechts, der wechselseitigen projektiven Identifizierungen und der Gruppenprozesse. Während jedoch in der Therapie eine Realbeziehung nur insoweit aufgebaut wird, als in ihrem Schutz die analytische Arbeit voranschreiten kann, ist in der Pädagogik die Realbeziehung gefordert. Der Erzieher präsentiert in seiner Person eine bewußte und gewollte Auslese der wirkenden Welt, bietet Zugänge zur Realität an. Dabei ist er der Dialektik aller Bildungsprozesse zwischen Unterwerfung und Befreiung verhaftet. Auch die psychoanalytische Therapie nähert sich dem Erzieherischen in dem Maße, wie sie früh gestörte und/oder permanent deprivierte Menschen in Behandlung nimmt.
Die psychoanalytisch orientierte themenzentrierte Gruppenarbeit orientiert sich in dem Beziehungsdreieck zwischen Ich, Wir und Sache, das in die ökologischen,

institutionellen und gesellschaftlichen Rahmenbedingungen eingeschlossen ist. Sie stellt zwischen diesen Bezugspunkten eine dynamische Balance her. Thematisches Verstehen entschlüsselt die unbewußten Konfliktthemen und bringt sie in diese Balance ein. Elemente der pädagogischen Technik sind dabei: die Steuerung des Prozesses durch Strukturierung, Vertrauensbildung und Aufbau von Ich-Stützen; Deutlichkeit und Transparenz der Selbstdarstellung des Leiters; vorrangige Bearbeitung von Gruppenstörungen durch die Weiterführung offener Gestalten und die Einbindung unbewußter Konfliktthemen in Stoffangebote. Der Abbau des Übertragungsdrucks und die Verlagerung des Agierens in strukturierende sinnlich-symbolische Gestaltungen zielt auf die Handlungsfähigkeit der Klienten, die so ihrer inneren Realität habhaft werden und sich gleichzeitig der äußeren Realität zuwenden können.

H. Reiser unter Mitarbeit von A. Dlugosch
(1998)

Einführung in die Themenzentrierte Interaktion. Studienbrief der Fernuniversität Hagen

Es handelt sich um Studienmaterial der FernUniversität Hagen, das über den universitären Einsatz hinaus nicht publiziert wird. Wir danken der Fernuniversität für die Erlaubnis zum Abdruck der Ausschnitte.

*Aus der chronologischen Reihenfolge heraustretend stellen wir hier gezielt ausgewählte Ausschnitte eines Studienbriefes der FernUniversität Hagen vor, den Helmut Reiser zusammen mit Andrea Dlugosch verfasste – gezielt ausgewählt, da hier die wichtigsten Grundzüge der Themenzentrierten Interaktion dargelegt werden. Der in vielem offene Charakter der TZI führt(e) zu teilweise sehr unterschiedlichen Darstellungen des Konzepts durch verschiedene Autor*innen. Insofern zeigt der nachfolgende Beitrag auch die spezifische Rezeption seines Verfassers, d. h. s e i n Verständnis der TZI. Dieses wird auch in seinen weiteren nachfolgenden Texten zum Ausdruck kommen. (Der Zusammenhang des Konzepts der Themenzentrierten Interaktion mit der Theorie Integrativer Prozesse wird in dem Beitrag von Maria Kron erläutert,* s. S. 2-32).

1.1 Einführung in die Themenzentrierte Interaktion – Zur beruflichen Biographie von Ruth C. Cohn und zur Entwicklung der TZI (1998)

Die TZI ist mit der Persönlichkeit Ruth C. Cohns so eng verbunden, daß es mitunter schwer fällt, zwischen dem zu unterscheiden, was unabdingbar zum Konzept der TZI gehört, und dem, was die individuelle Lebenserfahrung Ruth Cohns ausmacht. Im Sinne der TZI ist diese Unterscheidung notwendig und Ruth Cohn selbst spricht immer wieder die Autonomie des Subjekts an: Was für mich gültige Erfahrung ist, kann für Dich ganz anders sein. Zum Konzept kann nur gehören, was auf dem Hintergrund subjektiv verschiedener Erfahrungen Allgemeingültigkeit beanspruchen kann. Wenn ich weiß, aus welchem Hintergrund ein Mensch zu mir spricht, kann ich seine Rede besser verstehen und kann besser entscheiden, was ich übernehmen will und was nicht. Deshalb will ich einige Anmerkungen zur beruflichen Biographie Ruth C. Cohns machen, die zur Entwicklung der TZI führte.
In den ersten Publikationen, die ins Deutsche übersetzt in dem Band „Von der Psychoanalyse zur themenzentrierten Interaktion“ vereinigt sind, zeigt sich Ruth Cohn als Psychoanalytikerin, die die Beachtung von Körperlichkeit in die Psychoanalyse einbringt: Entwicklungspsychologische und ethische Überlegungen zu Masturbation und Liebe (Ersterscheinung 1951); ein Ansatz zur psychosomatischen Analyse (Ersterscheinung 1955). In Ihrer Biographie schreibt sie, daß sie in den ersten Jah-

ren ihrer amerikanischen Praxis eine radikale Veränderung ihrer psychoanalytischen Praxis aufgrund eines Erlebnisses mit einer Patientin vollzog, die zunächst nur sprechen konnte, wenn sie die Hand der Therapeutin hielt (Cohn 1984, zit. nach 1993, 244 f.). Um den Mut dieses Tabubruchs einschätzen zu können, muß man wissen, daß Ruth Cohn nach ihrer Emigration in den USA auf eine Psychoanalyse gestoßen war, die nach heutiger Einschätzung selbst führender Psychoanalytiker eine noch rigidere Dogmatisierung und Medizinalisierung erlitten hatte als in Europa, so der heutige Präsident der International Psychoanalytic Association, Kernberg (1994). 1961 erscheint dann ihr Bericht: A workshop for countertransference (deutsch: Gegenübertragung – ein psychoanalytisch-interaktioneller Workshop mit Psychoanalytikern), der als Keimzelle der Entwicklung der themenzentrierten interaktionellen Methode gilt, im International Journal of Group Psychotherapy. Sie berichtet darin von einem Ausbildungsseminar, das kontinuierlich schon seit 1955 lief, in dem in der Gruppe Gegenübertragungen der Therapeuten und Therapeutinnen zu ihren Klienten aufgespürt und bearbeitet wurden. Auch dies war ein Tabubruch in der damaligen psychoanalytischen Szene, selbst in dem 1948 neu gegründeten psychoanalytischen Ausbildungsinstitut, in dem Ruth Cohn lehrte.

In ihrer Biographie berichtet sie von mannigfachen Erfahrungen, die sie vor diesem Workshop mit neuen Therapieansätzen gemacht hatte, vor allem mit der interpersonellen Beziehungstherapie und mit der psychoanalytischen Gruppenpsychotherapie.

Im Gegenübertragungsworkshop, der sich als Ausbildungselement für Psychoanalytiker rasch verbreitete, entwickelte sie Grundzüge der interaktionellen themenzentrierten Methode aus der Psychoanalyse heraus. Diese Grundzüge sind:

1. Ruth Cohn leitete zwar strukturell, sprach jedoch ihre Gefühle und Gedanken frei aus, sie beteiligte sich als Gruppenmitglied. Sie hatte sogar den ersten dieser Workshops mit einer Falldarstellung von sich eingeleitet.
2. Nicht nur der „Leiter teilt sich der Gruppe in seinen emphatischen und aufgeschlossenen Gefühlen und Gedanken mit" (Cohn 1975, 57), auch die Gruppenmitglieder kommunizierten spontan und persönlich.
3. Die Arbeit war auf ein Ziel gerichtet: das Aufspüren und Bearbeiten der Gegenübertragung der Person, die den Fall einbrachte. Im Gegensatz zur psychoanalytischen Gruppe war die Assoziation der Gruppenmitglieder nicht völlig frei, sondern themenzentriert. Innerhalb dieser Themenzentrierung wurden die Gefühle, Empfindungen und Einfälle zum Fall frei geäußert.
4. Im Verlauf der Workshops machte Ruth Cohn die Erfahrung, daß es neben den temporären fallbezogenen Übertragungen in der Gruppe „einen stetigen Fluß longitudinaler (langfristiger, H. R.) gruppenbezogener Übertragungen gibt, der anerkannt und bearbeitet werden muß. Während in einer regulären Gruppentherapie die Entwicklung von Übertragungsstrukturen zwischen Gruppenmitgliedern gefördert wird, hemmt der Workshop eine derartige Entwicklung,

indem auf echte, realistische Beziehungen und auf Themenzentriertheit während der Zusammenkünfte betont Wert gelegt wird" (Cohn 1975, 51).

5. In der Arbeit der Gruppe wurden folgende Aspekte beachtet: die therapeutische Aufgabe, von der berichtet wurde; der Gruppenprozeß in der Gruppe; die Beteiligungen und persönlichen Entwicklungen aller Gruppenmitglieder; die Ausbildungsaufgabe. Im Ansatz ist hier das Gruppenprozeßmodell der TZI vorgezeichnet.
6. Die Bearbeitung gestörter emotionaler Beziehungen in der Gruppe mit gruppenanalytischen Techniken hat zum Ziel, die akute emotionale Spannung zu lösen, um unverzüglich die Falldarstellungen wieder aufzunehmen.
   In der Kommunikationsform, der Themenzentrierung, dem Leiterverhalten und der Störungsbearbeitung liegt hier eine (noch) psychoanalytische erste Fassung der TZI vor, die sich vorzüglich zur psychoanalytisch orientierten Fallsupervision eignet.

In Ruth Cohns biographischem Bericht und in ihren Publikationen zeigt sich in den Folgejahren eine starke Beteiligung an den therapeutischen Entwicklungen in den USA, die sie auf Deutsch mit dem Begriff „Erlebnistherapien" zusammenfaßt. Sie definiert den Begriff in einer Fußnote in der deutschen Ausgabe:

> „Erlebnistherapie (englisch: experientalism) ist ein Sammelbegriff für eine Anzahl humanistischer und psychologischer Bestrebungen, die aus psychoanalytischen, existential-philosophischen und gestalt-psychologischen Anfängen erwachsen sind. Ihnen ist gemeinsam, daß der Therapeut oder Lehrer nicht als ‚neutraler' oder dirigierender, sondern als partizipierender, sich selbst als Person einbringender, Leiter teilnimmt" (Cohn 1975, 97; Hervorh. H. R.).

Ihre Veröffentlichungen zeigen eine souveräne Freiheit von allen Verengungen auf Schulrichtungen. Die dogmatische Ablehnung der Psychoanalyse ist ihr ebenso fremd wie die dogmatische Psychoanalyse. 1969 erscheint: Psychoanalytische und erlebnistherapeutische Gruppentherapie – eine falsche Dichotomie; 1970: Ein Kind mit Magenschmerzen – Eine kombinierte Anwendung von psychoanalytischen Konzepten und gestalttherapeutischen Techniken und 1970: Drei Modelle der Gruppentherapie: Psychoanalyse, Erlebnis- und Gestalttherapie. Die Titel zeigen: Ihre Anstrengungen sind auf die Verbindung der Methoden gerichtet. In ihrer Biographie berichtet sie von ihrer Beteiligung an den Lindauer Psychotherapiewochen 1970-1973. Sie „stellte … in einwöchigen Kursen sechs Modelle der Gruppenarbeit vor: das psychoanalytische, das erlebnistherapeutische, das gestalttherapeutische, die Gruppendynamik, die Encounterarbeit und die TZI" (Cohn 1984, zit. nach 1993, 380).
Sie beschreibt ihre Entwicklung im Rückblick so:

> „Durch die Entdeckung und Ausübung der Erlebnistherapie fand ich meine berufliche Heimat und den Anstoß zu einer tiefgreifenden Veränderung im Blick auf persönliche Wertfragen" (ebd. 283). Sie stößt innerhalb des therapeutischen ‚experientalism' eine Diskussion um die Werte an mit der Frage: Die Erlebnistherapien – Autismus oder Autonomie? (Ersterscheinung 1973).

Ihre Beschäftigung mit Fragen der Ethik und der politischen Verantwortung fällt zusammen mit der Entwicklung der TZI als Konzept und dem Aufbau des Workshops ‚Institute for Living-Learning', der ab 1964 zunächst in New York beginnt. 1969 erscheint ein grundlegender Artikel zur TZI, die damals noch thematische interaktionelle Methode heißt. Sie schließt sich der neuen Strömung der ‚Humanistischen Psychologie' an und wird eine ihrer prominentesten Vertreterinnen. „Durch meine Arbeit an begrifflicher Klärung entdeckte ich, daß meine humanistischen Überzeugungen die persönlich wichtigste Grundlage für die Entstehung und Entwicklung der TZI gewesen sind" (Cohn 1984, zit. nach 1993, 436f.). Sie stellte fest, daß das von ihr entwickelte Gruppenkonzept so mißverstanden werden konnte, daß die *Chairpersonship* als Aufforderung zum persönlichen Egoismus interpretiert wurde, wenn es nicht auf eine ethische Grundlage gestellt wurde.
Die Betonung der Wichtigkeit von Werten geht einher mit dem Ziel, die Humanisierung der Lebensverhältnisse zu fördern. *‚Gesellschaftstherapie'* ist ihr ein wichtiges Anliegen. Die ökonomischen und die ökologischen Fragen nehmen einen zentralen Platz ein. 1972, nach ihrer ersten Rückkehr nach Deutschland schreibt sie; „... die Transzendenz des inneren Jenseits ist seit einem halben Jahr mein persönliches Anliegen" (Cohn 1975, 225).
An anderer Stelle berichtet sie aus den Jahren ihrer Rückkehr nach Europa, daß sie langsam „auf transpersonale und transzendentale Fragen jenseits der Schulpsychologie aufmerksam" wird und sich mit Fragen der Parapsychologie und der Religion beschäftigt (Cohn 1984, zit. nach 1993, 517).
1978 geriet sie in eine religiöse Krise. „Die Frage verfolgte mich Tag und Nacht, ob ich ‚Du' sagen könne zu einem personhaften Gott" (ebd. 518f.). Aus der Krise findet sie gestärkt zurück zu ihrem pantheistischen Glauben, den sie auf die Gedankenwelt von Goethe und Spinoza (Cohn 1975, 231) zurückführt. Das Bedürfnis nach dem ‚Du' eines persönlichen Gottes und die Gewißheit ihres pantheistischen Glaubens begreift sie als eine der existentiellen Paradoxien. „Wenn das Göttlich-Geistige das Universum durchwebt, bewegend und bewegt, dann sind wir sowohl Bewirkte als auch Bewirkende im göttlichen Werden und Wandel. Theologisch könnte diese Paradoxie eine gedankliche Hilfestellung sein, um die These eines zugleich ewigen und doch werdenden Gottes zu vertreten" (Cohn 1984, zit. nach 1993, 521).
Ruth Cohn beschäftigt sich hier mit dem philosophischen Problem der Transzendenz des Göttlichen für den Menschen und die Natur oder der Immanenz des Göttlichen in der Natur und im Menschen. Es geht um die Frage, ob das Göttliche als etwas im Jenseits Existierendes in den Menschen und die Natur hineinscheint oder ob es dem Menschen und der Natur innewohnt, wo es sich entwickelt, wie es dem Denken Spinozas und ihm folgend Goethes entspricht. Ruth Cohn löst das Problem, indem sie beide Sichtweisen als Paradoxie miteinander verbindet und so als zwei mögliche Perspektiven des Menschen versteht.

Diese religiösen Fragen gehen über die Ethik an sich und die ethische Grundlegung der TZI hinaus. Ruth Cohn deklariert ihre Überlegungen als persönliche Mitteilungen, so wie sie auch ihre auf diesem Hintergrund entwickelte These eines organismischen Wertesinns des Menschen als ihre persönliche Hypothese versteht und nicht dem Konzept der TZI als notwendig zugehörig. Mit welchen politischen, philosophischen oder religiösen Überzeugungen und Überlegungen Menschen humane Werte für sich entwickeln, liegt nicht im Gegenstandsbereich der TZI.

> TZI sagt aus, daß der Mensch notwendigerweise zu Werten Bezug aufnehmen und Werte entwickeln muß.

... Der Blick auf die berufliche Biographie von Ruth Cohn macht deutlich, wie viele verschiedenartige therapeutische, pädagogische und sozialpolitische Ansätze, Erfahrungen und Orientierungen in das Konzept der TZI eingeflossen sind.

Entsprechend wurden von diesem Konzept Menschen meist aus helfenden Berufen mit recht unterschiedlichen Orientierungen und Professionen angezogen. In den ersten Jahren waren es meist Therapeuten, denen die psychoanalytische Arbeit geläufig war und die durch die TZI eine enorme Bereicherung und Ausweitung ihrer Tätigkeiten auf pädagogisch-therapeutische und nicht-therapeutische Arbeitsfelder erfuhren. Dann traten Lehrende und Beratende aus dem Bildungswesen hinzu sowie Personen aus dem kirchlichen Kontext, schließlich Beratende aus der Wirtschaft, die jeweils wieder die Facetten der TZI bereicherten.

Das Lebenswerk Ruth Cohns kann man betrachten wie einen Baum, dessen Wachstumsringe die Jahre seiner Entwicklung aufzeigen. Die TZI, die mit diesem Lebenswerk gewachsen ist, vereinigt die Entwicklungsergebnisse aus verschiedenen Perioden. Jede Person, die mit der TZI arbeitet, wird einigen Wachstumsringen mehr und anderen weniger nahe sein; dem psychoanalytischen Erbe, der organismischen Entwicklungstheorie der humanistischen Psychologie, den gesellschaftstherapeutischen Ambitionen, den spirituellen Aspekten, der pragmatischen Handwerkskunst der Gruppenleitung. Die durch die Lehre von Ruth Cohn und vielen anderen persönlich tradierte Überlieferung ist noch reichhaltiger und vielfältiger als die schriftliche Kodifizierung. Eine solche Aspektevielfalt bliebe ein Konglomerat ohne innere Verbindung, wenn es nicht einen Kern gäbe, der das Konzept der TZI im Innersten zusammenhält.

Deshalb werde ich im dritten Schritt dieser ersten Annäherung an das Konzept der TZI aus der Sicht der TZI von innen wieder heraustreten und versuchen, mit größerer Distanz die innere Systematik der TZI zu beschreiben.

Ich entnehme den folgende Text etwas verändert aus meinem gemeinsam mit Walter Lotz verfaßten Buch: TZI als Pädagogik (Reiser & Lotz 1995).

Die innere Systematik der TZI: TZI als System

Ich untersuche im folgenden die *Themenzentrierte Interaktion als System.*

Mit dem Begriff ‚System‘ drücke ich aus, daß der TZI eine Systematik unterliegt, die durch die Art der inneren Verbindung ihrer Elemente gekennzeichnet ist. Die Themenzentrierte Interaktion bezieht in ihr System alle Ebenen des Denkens und des Handelns ein und verbindet sie nach den Grundsätzen, die ich im folgenden herausarbeiten will. Sie strebt jedoch keine lückenlose Ausarbeitung der übergeordneten Struktur und keine vollständige inhaltliche Bestimmung ihrer Elemente an. *Vielmehr erfordert der bewußt gewollte Systemcharakter das Offenhalten der Strukturen für individuelle Ausfüllungen und Erweiterungen und für Entwicklungen im Dialog derjenigen, die TZI ausüben. Die Identifikation als TZI erfolgt über einen gemeinsamen Kern von Überzeugungen, Denkfiguren und Handlungsmustern.*

In der Selbstbeschreibung von Matzdorf und Cohn liest sich das so: „Der Eigenart von TZI wird eher eine Auffassung gerecht, die in ihr ein ‚Kerngefüge‘ sieht, eine Art generatives Kernsystem. Dieser ‚Kern‘ enthält ein explizites und implizites Potential an praktischen und theoretischen Aussagen“ (Matzdorf & Cohn 1995, 53). Bei einem Unternehmen, das von existentiellen Aussagen seinen Ausgang nimmt und zu praktischen pädagogischen und therapeutischen Anleitungen vorstößt, ist die Konzentration auf die entscheidenden Impulse und operativen Regeln und die Freihaltung des Platzes für die Subjektivität der Handelnden erforderlich. Jede zu weit gehende und zu starre Festlegung würde zu Dogmatik führen.

TZI ist oft als eine „Methode“ mißverstanden worden, im engsten Sinne mitunter als eine Methode der Gesprächsführung in Gruppen. TZI enthält ein methodisches Modell der Interpretation von Prozessen in Gruppen, und sie kann als pädagogisches Konzept verstanden werden, nämlich als ein Zusammenhang von Fragen, Überzeugungen und Vorgehensweisen in der praktischen pädagogischen Arbeit. Sie ist aber auch ein vielgestaltiges Bündel von Wertungen, Überzeugungen, Absichten und Handwerkskünsten der Gruppenarbeit, das in einem sozialen Kontext lebt: dem Dachverband Workshop Institutes for Living Learning (WILL-International). Der Impuls der Gründerin Ruth Cohn führte ihren Überzeugungen gemäß zu einer bunten und lebendigen Organisation, innerhalb derer das, was TZI ist, immer wieder um neue Facetten bereichert wird.

Wenn ich die TZI als System untersuchen will, dann will ich verbindende Linien herausstellen, das heißt, ich bin auf der Suche nach den operativen Regeln, denen ich folge, wenn ich mich in meinem pädagogischen oder therapeutischen Denken und Handeln an der TZI orientiere.

Pädagogische oder therapeutische Systeme als zusammenhängende theoretische, methodische und praktische Vorstellungen können Orientierungen auf verschiedenen Ebenen bieten. Die wohl bekannteste Gliederung dieser Ebenen ist die Unterscheidung in *eine Ebene der Theorie, eine Ebene der Methode und eine Ebene der Verfahren oder Techniken*. Diese Unterscheidung ist praktisch, weil mit ihr das Verhältnis von Praxis und Theorie klargemacht werden kann.

Es ist nämlich ein weit verbreiteter Irrtum, daß sich pädagogisches und therapeutisches Handeln aus Theorien ‚ableiten' lasse. Ableiten (deduzieren) heißt hier, daß aus einer theoretischen Einsicht sich eindeutig die Notwendigkeit einer bestimmten Handlung ergäbe und grundsätzlich die Möglichkeit bestünde, praktisches Handeln von obersten Zielen vollständig zu bestimmen. Dynamische Auffassungen des Interaktionsprozesses, seien sie psychoanalytischer, geisteswissenschaftlicher oder systemtheoretischer Herkunft, betonen gegen eine solche normative, deduzierende Auffassung des Theorie-Praxis-Verhältnisses den Bruch zwischen der theoretischen und der praktischen Ebene. Die Praxis ist gegenüber der Theorie vorgängig; die Theorie dient zur Analyse und Reflexion der Praxis, woraus sich ein neuer praktischer und aus der Praxis verantworteter Entwurf der Praxis ableiten kann, jedoch nicht zur Konstruktion von Praxis.

Demgegenüber ist die Kritik der Praxis aus der Theorie möglich: Ausschlußentscheidungen gegen bestimmte praktische Handlungen können durch theoretische Einsichten erfolgen. Handlungen und Handlungsentwürfe können auf ihre Übereinstimmung mit den theoretischen Vorgaben überprüft werden; bei Nichtübereinstimmung können die Handlungen verworfen oder die Theorie geändert werden. Bei jeder ‚Anwendung' von Wissenschaft verhält es sich ähnlich: Wenn zum Beispiel eine Brücke konstruiert wird, dann kann ich aus dem Gesetz der Schwerkraft oder den Richtwerten der Statik oder den Nutzungszwecken nicht berechnen, wie die konkrete Brücke an diesem konkreten Ort zu bauen ist; selbst in diesem einfachen Beispiel ist nicht nur die Individualität jedes Brückenbaus in bezug auf die lokalen Verhältnisse gegeben, sondern sogar ein gewisser Freiheitsgrad in der Gestaltung des Brückenbauwerks. Die Regeln der Statik dienen jedoch zur Prüfung, ob sich der Bau wie bezweckt verwirklichen läßt.

Damit ist die Aussagekraft dieses Beispiels aber auch schon zu Ende. Wenn die Brücke einmal konstruiert ist, wird der Bau – im Idealfall wie geplant – durchgeführt. In Pädagogik und Therapie erfolgt die Durchführung nicht mit Hilfe exakt planbarer Arbeitsabläufe, sondern durch Menschen in Beziehungsprozessen. Das Handeln hat hier eine so hohe Eigendynamik, daß es nicht mehr als Durchführung eines Plans denkbar ist. Deshalb muß über den Bruch zwischen Theorie und Praxis hinaus auch noch ein Bruch zwischen Methode und spezifischen Techniken festgestellt werden.

Die Methode gibt Grundsätze des Handelns an; diese Grundsätze erfordern in jedem einzelnen Handlungsfall die Auswahl aus verschiedenen möglichen Vorgehensweisen, die ich Techniken nenne.

Wiederum müssen die Techniken vereinbar sein mit den Grundsätzen der Methode und mit der Theorie, können aber nicht im einzelnen von diesen abgeleitet werden. Vielmehr steht an dieser Stelle notwendigerweise immer ein Einfall. Dem Handelnden fällt in der konkreten Situation etwas ein, was zu machen ist, und dieser Einfall ist Ausfluß seiner theoretischen Kenntnisse, seiner Schulung in der Methode, seinem Repertoire an Techniken und anderer komplexen Eigenheiten

seiner Person. Methode läßt sich nicht ‚durchführen', denn jedes konkrete Handeln in Pädagogik und Therapie geht aus von der persönlichen Wahrnehmung und einem Einfall, von der geschulten Intuition.
Mit der Ebene der Techniken, die zu Theorie und Methode passen müssen, sind wir nahe an der realen Wirkung des Handelns angelangt, aber noch nicht vollständig bei ihr. Denn die reale Wirkung geht von der soziopsychischen Gestalt der Person aus und von den Beziehungen zwischen den Personen, die weitgehend von unbewußten Anteilen gekennzeichnet sind. Von daher ist zu schließen, daß pädagogische und therapeutische Techniken nur dann die erhoffte Wirkung haben können, wenn die Personen, die sie anwenden, über die dazu passenden persönlichen Qualifikationen verfügen. Ein pädagogisches oder therapeutisches System, das Theorie, Methode und Technik umgreift, muß also auch Anstalten treffen, daß die Personen, die sich an diesem System orientieren, die geeignete Persönlichkeitsbildung erfahren.
Die Orientierungen, die auf diesen drei Ebenen zu gewinnen sind, unterscheiden sich grundsätzlich, auch wenn sie sich bei persönlichkeitsorientierten Schulungen in einem Vorgang herausbilden lassen.

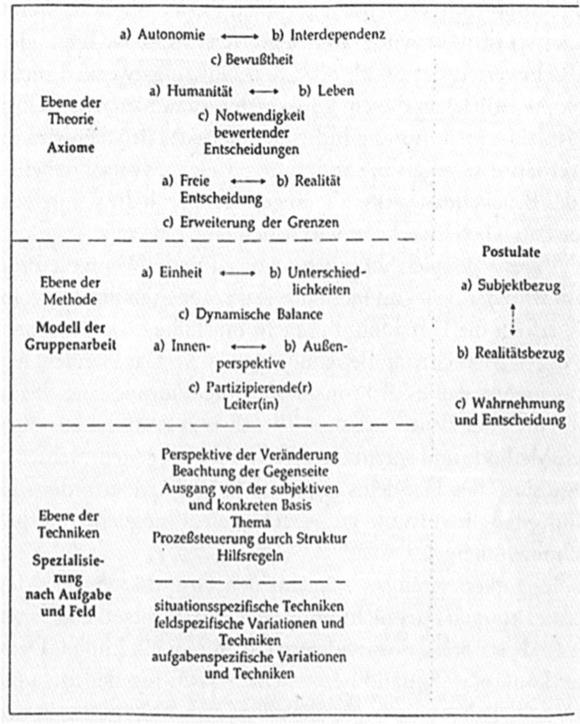

Orientierungsebenen der TZI

Ebene der Theorie

Im System der TZI sind auf der Ebene der Theorie die *drei Axiome* angesiedelt. Die drei Axiome formulieren Probleme als Gegensatzeinheiten. Sie werden von Ruth Cohn als „Voraussetzungen" und als „Grundsätze" bezeichnet (Cohn 1984, zit. nach 1993, 356).

Bezeichnend ist ihr dialektischer Aufbau: Es wird jeweils eine These und eine Gegenthese formuliert, die in einer Synthese als zusammengehörig bezeichnet werden. Die Synthese gibt jeweils eine Richtung an, in der die Lösung des Problems zu suchen ist, das von dem Axiom angesprochen wird.

Denn keines der Axiome benennt eine Lösung; jedes der Axiome präzisiert eine Frage, der Priorität zukommt.

An der Spitze des Problemspeichers steht mit dem ersten Axiom *die Gegensatzeinheit von Autonomie und Interdependenz.* Diese Gegensatzeinheit ist Motor der individuellen und kulturellen menschlichen Entwicklung. Sie liegt den bedeutenden entwicklungspsychologischen Theorien zugrunde, deutlich ausgearbeitet z. B. von M. Mahler, Adler, Piaget (vgl. Kegan 1991, 149 ff., Kurs 3280 ‚Gerechtigkeit'; Heidbrink 1996).

Stierlin, ein Mitbegründer der systemischen Therapie, stößt in seinen Gedanken zur systemischen Therapie auf den „ungeheuersten Widerspruch, den der Verstand nicht lösen kann", nämlich auf den „Widerspruch zwischen der Perspektive eines entscheidungsfähigen, selbstverantwortlichen Ichs und der Perspektive eines ganzheitlichen, ineinandergreifenden Wirkungsgefüges" (Stierlin 1989, 37).

Er führt die Problemformulierung auf Hegel zurück, bei dem der Widerspruch sich in der Praxis der Liebe aufhebt, die ihn zugleich hervorbringt und auflöst,

Die Bedeutung von TZI ist nicht zuletzt darauf zurückzuführen, daß Cohn bereits 1966 die Gegensatzeinheit von Autonomie und Interdependenz an die Spitze ihres Systems stellte und damit einen Weg vorzeichnete, der heute als ‚systemische' Sichtweise bezeichnet werden würde.

Cohn löst den Widerspruch zwischen Autonomie und Interdependenz auf klassische dialektische Weise, indem sie die Einheit des Gegensatzes betont und in der Synthese zusammenführt: *„Die Autonomie des einzelnen ist um so größer, je mehr er sich seiner Interdependenz mit allen und allem bewußt wird"* (Cohn 1984, zit, nach 1993, 356; Hervorh. H. R.). Damit wird als Richtung, in der die Lösung zu suchen ist, Bewußtheit und Bewußtwerdung angegeben, eine zentrale Kategorie nicht nur der Humanistischen Psychologie, sondern auch der Psychoanalyse (siehe Matzdorf & Cohn 1995, 42).

Die hier gelungene Verschränkung der Gegensatzeinheit durchzieht das ganze System der TZI: Nähe und Distanz, Abgrenzung und Annäherung, Innenperspektive und Außenperspektive, Subjektorientierung und Realitätsorientierung werden nicht als Pole auf einer eindimensionalen Linie gesehen, sondern als sich bedingende und zusammengehörende Gegensätze. Z. B.: Ich kann mich dir annähern, indem ich Distanz zu dir einnehme; ich kann Distanz zu dir gewinnen, indem ich mich dir annähere,

In der systemischen Sichtweise geht es heute um die Gegensatzeinheit von Selbststeuerung der Systeme und dem Austausch von Systemen mit ihrer Umwelt. Vieles von dem, was dort als Neuheit diskutiert wird, ist bei Cohn vorgezeichnet.

Im zweiten, dem ethischen Axiom, ist die dialektische Konstruktion nicht auf den ersten Blick sichtbar. Es heißt: *„Ehrfurcht gebührt allem Lebendigen und seinem Wachstum. Respekt vor dem Wachstum bedingt bewertende Entscheidungen. Das Humane ist wertvoll, Inhumanes wertbedrohend“* (Cohn 1984, zit. nach 1993, 357). Diese Formulierung ist sofort als Problemformulierung zu erkennen: Was ist human? Was ist inhuman? Was bedeutet Respekt vor dem Wachstum? In Ausbildungskursen erlebte ich mehrmals bohrende Fragen zu der mitgegebenen Ausführung: „Human sein bedeutet zum Beispiel, keine Lebewesen zu quälen und nie mehr von ihnen zu töten, als zur Lebenserhaltung und -förderung (speziell der Menschen) nötig ist“ (Cohn 1984, zit. nach 1993, 357). Heißt das, so die grüblerische Frage, es gibt ein erlaubtes und ein nicht erlaubtes Töten?

In der Tat sehe ich in der Formulierung des zweiten Axioms eine Unschärfe der sonst so stringenten Formulierungen Cohns. Denn es ist offenkundig, daß das zweite Axiom keine ethische Anleitung und keine Lösung geben kann, sondern daß es eine Frage aufwirft. Die Quintessenz liegt in der Priorität dieser Frage und in der Erkenntnis, daß Respekt vor dem Wachstum bewertende Entscheidungen bedingt. Der Mensch, so die Synthese, bedarf der persönlichen Wertentscheidungen; eine Lösung wird nicht mitgegeben. Die Unschärfe entsteht dadurch, daß – entgegen dem Konstruktionsprinzip des Systems – hier die Gegensätze der Einheit nicht benannt werden. ‚Humanes‘ und ‚Leben‘ wird in eins gesetzt, bevor beide durch die Wertentscheidung zusammengeführt werden.

Humanität und Leben sind aber auch Gegensätze. Das Leben in der Natur wird bestimmt von Fressen und Gefressenwerden. Auch das innere Leben des Menschen ist ohne Kultur nicht human.

Menschlichkeit ist eine kulturell geprägte Setzung des Menschen, die in dem modernen Menschheitsbegriff gipfelt. Der Mensch hat Bedarf nach Werten, dies zeigt das zweite Axiom prägnant. Aber es läßt das Mißverständnis zu, das Lebenswerte, das heißt das Humane, ergäbe sich hinreichend aus dem Respekt vor dem natürlichen Wachstum. …

Im dritten Axiom, dem pragmatisch-politischen Axiom, zeigen sich die Elemente der Gegensatzeinheit wieder deutlich: *die Freiheit der Entscheidung auf der einen Seite und die bedingenden inneren und äußeren Grenzen andererseits*. Die Verschränkung erfolgt in der Denkfigur, daß die Entscheidungsfreiheit auf die genaue Wahrnehmung und Analyse der Grenzen angewiesen ist. In der Synthese wird postuliert, daß die *Erweiterung der Grenzen möglich* ist. Hier wird in einer optimistischen Aufforderung die im ersten Axiom angesprochene Verschränkung von Autonomie und Verbundenheit verstärkt.

Auf der Ebene der Theorie bietet die TZI für die Pädagogik zwei Arten von Orientierungen an: Orientierungen in der Denkweise und Orientierungen in den Inhalten.
In der Denkweise wird die dialektische Einheit von Gegensätzen betont sowie eine auf Veränderung drängende Perspektive. Das heißt, daß die Theorie von einem Entwicklungsgedanken bestimmt ist. Mit dem ersten Axiom läßt sich Entwicklung definieren als gegenseitige Durchdringung von wachsender Autonomie und wachsender Interdependenz.

Die angebotenen Inhalte sind Bewußtwerdung, Notwendigkeit von persönlichen Wertentscheidungen und Erweiterung innerer und äußerer Grenzen.
Ein Charakteristikum dieses Angebots ist die optimistische Tendenz, mit der die Verwirklichung dieser Inhalte für möglich gehalten wird, die neben der spontanen Lebensfreude auch aus dem Erleben von Leid gespeist werden kann (siehe Cohn & Ockel 1981, zit. nach Ockel & Cohn 1995, 189).

Ebene der Methode

Um auszusprechen, „wie die Axiome im persönlichen Leben und im Gruppenleben zum Ausdruck kommen sollen“ (Cohn 1984, zit. nach 1993, 357), formuliert Cohn zwei Forderungen, die sie existentielle Postulate nennt. Sie können theoretisch eingeordnet werden als *oberste Lehrziele des Systems* und sollen die Funktion erfüllen, die Ebenen der TZI miteinander zu verknüpfen. Sie sind in der Tat ein Teil der Theorie und durchziehen andererseits auch die Ebene der Methode und die Ebene der Techniken wie ein roter Faden. Sie sind in den Darstellungen von Cohn (Cohn 1975, 120ff. und 1984, zit. nach 1993, 358ff.) hinter den Axiomen und vor dem methodischen Modell angeordnet und bei Matzdorf und Cohn (1995, 66ff.) dem Methodenkonzept zugeordnet.
In der Abbildung sind die Postulate aus dem Ebenen-Schema etwas herausgerückt, wenngleich der Methodenebene zugerechnet. These, Gegenthese und Synthese sind stets als a), b) und c) aufgeführt.
In den Postulaten wird die optimistische Perspektive zum Appell verstärkt. Das erste Postulat („Sei die Chairperson deiner selbst“) akzentuiert die Aufforderung zur persönlichen Entscheidung. Das zweite Postulat („Störungen haben Vorrang“) betont hingegen die bedingende innere und äußere Realität und die Notwendigkeit, sie wahrzunehmen.
Um den Störungsbegriff hat sich eine fruchtbare Diskussion entzündet (Cohn & Ockel 1981, zit. nach Ockel & Cohn 1995; Raguse 1987, 133ff. und 1995, 273;

Rubner, E., 1992). An ihm wird m. E. sehr deutlich, welche Mißverständnisse auftreten können, wenn einer der zentralen Sätze aus dem Zusammenhang des Systems gerissen und zur Glaubensaussage oder direkt anwendbaren Regel isoliert wird.
Als Beschreibung, als die Cohn das zweite Postulat einführt, besagt es zunächst nichts weiter, als daß auf Verstörungen, aus welcher Quelle sie auch immer kommen, zu achten ist. Wenn vom Wortsinne her daraus gefolgert wird, jedes Stocken und jede Abweichung von dem gemeinsamen Weg und Ziel eines Gruppenarbeitsprozesses sei ein Hindernis, das bearbeitet oder beseitigt werden müsse, so wird damit Störung dem Alltagssprachgebrauch folgend als etwas Negatives gesehen. Dies schließt zwar an das Bild an, das Cohn 1975 für die Störung verwendet (1975, 183), nämlich den Felsblock auf dem Wege des Wanderers; sie drückt aber dadurch nur aus, daß das Prinzip der Psychoanalyse ‚Widerstand vor Inhalt' „der Weg allen lebendigen Lernens (ist): nicht Lern- und Lebensstörungen zu durchbrechen oder beiseite zu schieben, sondern sie anzuerkennen als Teil der Person" (ebd., 184).
Gefühle, Phantasien, Empfindungen und Ereignisse in der Gruppe, ja Symptome von Erkrankungen, die vom Wege abzulenken scheinen, sind eben oft keine Ablenkungen, sondern Ausdruck des verdrängten Geschehens, wertvolle Fingerzeige zu den wichtigen Themen.
Gerade deshalb gilt es, sie zu beachten. Aus dieser Sicht gipfelt Raguses Kritik an dem Postulat der Störungspriorität in dem Satz: „Es gibt keine Störungen, es gibt nur noch nicht verstandene Reaktionen" (Raguse 1987, 137).
Cohn verwendet aber nun im weiteren den Begriff Störung auch für alle möglichen Außeneinflüsse, Störung wird dadurch wieder zu dem alltagssprachlichen vieldeutigen Begriff. Sie betont heute die Originalformulierung: „Disturbences and passionate involvments take precedence" (Cohn, pers. Mitteilung 1997). Aus der Position dieses Satzes im System der TZI ist nämlich zu schließen, daß er benutzt wird zur Markierung der einen Seite der Gegensatzeinheit: Freie Entscheidung (Chairperson) gegen Abhängigkeit von nicht willentlich entscheidbaren Einflüssen von innen und von außen, womit im Sinne des dritten Axioms umzugehen ist.
Das erste Postulat und das zweite Postulat stellen wieder These und Gegenthese einer Gegensatzeinheit dar und formulieren gemeinsam die Synthese einer Wahrnehmung von (innerer und äußerer) Realität und persönlicher Entscheidung, wobei ich Wahrnehmung nun im doppelten Sinne als Gewahrwerden und Verantwortungsübernahme verwende.
Nach dem im Aufbau des Systems verwendeten Verfahren, Gegensatzeinheiten über den Dreischritt These-Antithese-Synthese zu definieren, erschiene es an dieser Stelle logisch, die Synthese als drittes Postulat zu formulieren. Dies hat Hoppe mit anderer Begründung versucht und die Formulierung vorgeschlagen: „Setz Dich mit Deiner äußeren Welt, Deinem Globe um Dich herum und seinem Abbild in Dir auseinander. Greife ein und verändere, was Du im Sinne der Humanisierung verändern kannst" (Hoppe 1993, 39). In ihrer Antwort verweist Ruth

Cohn auf frühere Veröffentlichungen von ihr, bei denen sie schon von einem dritten Postulat sprach, das sie aber später als nicht notwendig, weil bereits im ersten enthalten, ansah (Cohn 1994, 86). Gegen die Formulierung von Hoppe wendet sie jedoch ein, daß diese zu aktivistisch sei und zu sehr eine Richtung der Entscheidung, nämlich die des Eingreifens, fordere. Da jede Person ihre eigene Art der Entscheidungsmöglichkeit hat und jede Situation verschieden ist, entspricht die Aufforderung einzugreifen nicht der persönlichen Entscheidungsfreiheit. Ein Postulat soll allgemeingültig sein und die individuelle Entscheidungsfreiheit wahren. Sie schlägt 1994 als drittes Postulat, das dem Handeln mehr Inspiration gibt, vor: *„Verantworte Dein Tun und Dein Lassen – persönlich und gesellschaftlich"* (Cohn 1994, 86; Hervorh. i. Orig.).

Meines Ermessens ist damit die Dreischritt-Systematik der TZI zu Ende geführt, ohne daß eine inhaltliche Veränderung der Aussagen eintritt. Ruth Cohns Begründung, die auf der persönlichen Freiheit innerhalb bedingender Grenzen besteht, halte ich an dieser Debatte für einen Hinweis auf den Kern der TZI. Dadurch wird ein weiteres Charakteristikum der Entwicklungsvorstellung der TZI deutlich:

- Entwicklung geht stets vom Subjekt und vom Konkreten aus.

Die persönlichen ‚leibhaftigen' Empfindungen, Gefühle und Gedanken sind die Basis der Entwicklung. Die Postulate als Leitlinien fordern, daß auch in der Methode und in den Techniken stets diese Basis aufgesucht wird und Lernen sich *von ihr aus entwickelt. Die Postulate als oberste Lernziele des ‚Lebendigen Lernens'* bündeln die Axiome. Die Elemente des Systems, wie hier das zweite Postulat, sind nur in ihrer inneren dynamischen Verbindung sinnhaft. Regelhafte Ableitungen und Anwendungen von Einzelsätzen führen zu Deformationen.

Bei genauerer Analyse erweist sich, daß die zwei weiteren Axiome und die Postulate nichts anderes darstellen als die Entfaltung des ersten Axioms in verschiedenen Perspektiven des Handelns.

Der Entwicklungsgedanke der TZI wird im methodischen Modell, symbolisch durch das Dreieck in der Kugel dargestellt, verwirklicht. Die Eckpunkte des Dreiecks sind ‚Ich' für den Einzelnen, ‚Wir' für die Gruppe, und ‚Es' für den Arbeitsgegenstand. Das Gesamt der die Gruppe umgebenden Bedingungen wird ‚Globe' genannt und in der Kugel symbolisiert, wobei die Bedeutung des Erdballes mitschwingt. Das Thema, das im Mittelpunkt der Arbeit nach TZI steht, soll diese einzelnen Aspekte in sich verbinden, das heißt: die relevanten Globe-Bezüge aufgreifen, den sachlichen Arbeitsauftrag formulieren, Anschlußstellen für die Interessen und Bedürfnisse der einzelnen bieten und den Gruppenprozeß zur Bildung eines ‚Wir' fördern. Ich halte es deshalb für ratsam, das ‚Thema' nicht mit dem „Es" gleichzusetzen, didaktisch gesprochen, Stoff und Thema zu unterscheiden. „Das Thema ist der Weg zum Inhalt." (Cohn, pers. Mitteilung 1997).

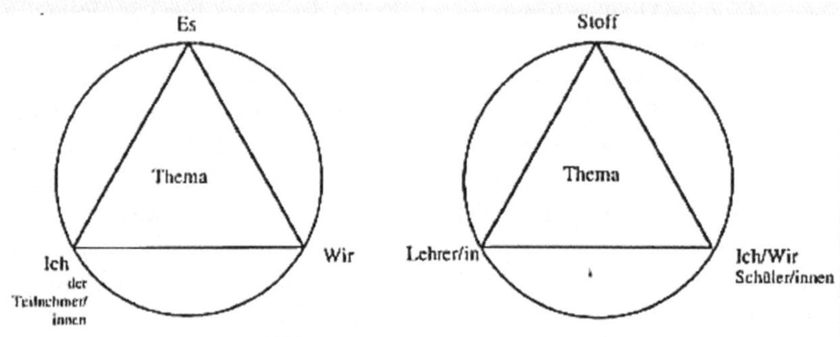

Dagegen scheint es mir nicht so bedeutsam, ob als Ausgangspunkt des ‚Ich' die einzelnen Teilnehmerinnen und Teilnehmer gewählt werden oder die Leiterin/der Leiter. (Im letzteren Falle erfolgt eine Annäherung an das bekannte didaktische Dreieck Lehrer-Schüler-Stoff. Dann muß im Modell Raum für die Ichs der einzelnen Teilnehmer/innen sein.)
Entscheidend ist, daß die Perspektiven der verschiedenen Ichs (der Teilnehmer/innen und d. Leiter/innen) zum Thema berücksichtigt werden.

- Die zentrale Denkfigur ist die der dynamischen Balance.

Die Schwerpunkte einzelner Sequenzen der Gruppenarbeit liegen zumeist auf einer Verbindungslinie zwischen zwei oder mehreren der genannten Perspektiven, z. B. Globe-Es, Globe-Ich, Ich-Wir, Es-Wir, Ich-Es, Ich-Wir-Es etc. Bei wachsender Verdichtung der Gruppenentwicklung steigt sowohl die Interdependenz, was sich niederschlägt in der intensiveren gleichzeitigen Berücksichtigung mehrerer Perspektiven im Thema, wie auch die Autonomie, was sich in einer steigenden Ich-Beteiligung zeigt. Eine vollständige Balance zwischen den Perspektiven läßt sich aber stets nur für wenige Minuten herstellen: Die Konzentration auf eine Verbindungslinie von Perspektiven erfordert das vorübergehende Verlassen der anderen Akzente. So wichtig wie das Herstellen einer Einheit in der Balance ist die Dynamik des Perspektivenwechsels, um die Unterschiedlichkeiten, die es zu berücksichtigen gilt, zu ihrem Recht kommen zu lassen.
Im Unterschied zu anderen ‚humanistischen' Konzepten der Gruppenarbeit gehört auch der Widerspruch zu einer eingepegelten Balance, der Bruch einer Strömung, die sich in der Gruppe herausgebildet hat, zum Konzept der TZI-Methodik. Die Zielvorstellung eines harmonischen Flusses der Gruppenentwicklung behindert m. E. die Entfaltung von Autonomie und Interdependenz und begünstigt harmonisierende Tendenzen und die Verkennung von Gegenseiten, „Schat-

ten“ (Stollberg 1982, 39 ff.), „Störungen“, die förderlich auf die Entwicklung der einzelnen und der Gruppe wirken können.

Als operative Regel in dem methodischen Modell der TZI sehe ich die Gegensatzeinheit der Herstellung von Verbindungen und der Berücksichtigung von Unterschiedlichkeiten der Perspektiven.

> Einheit und Unterschiedlichkeiten sind die Gegensätze, die im Vorgang der dynamischen Balance zur Synthese kommen: Je mehr ich der Eigengesetzlichkeit der je eigenen Perspektiven gewahr werde, um so besser kann ich Verbindungen zu den anderen Perspektiven knüpfen. Je mehr ich mir der Interdependenz der Perspektiven bewußt bin, um so mehr kann ich der Eigendynamik der je eigenen Perspektiven gerecht werden.

Ein bedeutsames Kennzeichen der TZI-Methode ist die Idee des partizipierenden Leiters, die zumeist nicht an zentraler Stelle des Methodenkonzepts abgehandelt wird. In der Zusammenarbeit mit Leitern und Leiterinnen mit anderem Hintergrund zeigen sich hier jedoch bedeutsame Unterschiede. Auch in der Idee des partizipierenden Leiters zeigt sich die dialektische Denkstruktur: Der TZI-Leiter hat sowohl die klassischen Leitungsfunktionen der diagnostizierenden Beobachtung der Prozesse und prozeßfördernder Interventionen als auch die Aufgabe, sich selbst am Prozeß zu beteiligen und als Mitglied der Gruppe Leitungsfunktionen an andere Mitglieder und die Gruppe als Ganzes abtreten zu können. Deshalb ist mit TZ1 auch das Modell der rotierenden Leitung praktikabel.
Für die Personen in der Leitung erfordert dieses Modell eine besondere Fähigkeit, in den Prozeß eintauchen und sich von ihm wieder distanzieren zu können. Psychoanalytisch gesprochen benötigen sie die Fähigkeit zur Abstinenz ebenso wie die zur empathischen Beteiligung. In systemischer Sicht kann dies durch kontrollierte Wechsel zwischen Innenperspektive und Außenperspektive gelingen. Ich denke, daß in diesem Modell eine wesentliche Wirkung der Methode verankert ist, da die *Leitungspersonen hier als Modell für die ‚selektive Authentizität‘* dienen, die den Interaktionsstil der TZI prägt.
Auch mit diesem zentralen Begriff benennt Cohn eine Gegensatzeinheit, die letztlich auf das dialektische Verhältnis von Autonomie und Interdependenz zurückzuführen ist.

Ebene der Techniken

Mitunter wird TZI weitgehend mit einer bestimmten Anwendung der TZI gleichgesetzt: mit der Arbeit in persönlichkeitsbezogenen Gruppen der Erwachsenenbildung. Das Standardverfahren der TZI ist die mehrtägige Gruppe von Erwachsenen, die sich freiwillig trifft, um zuvor angekündigte Themen aus dem

persönlichen und/oder beruflichen Leben zu bearbeiten. In dieser Gruppenform erfolgt auch die TZI-Fort- und Weiterbildung. Obwohl Cohn von Anfang an TZI auch in anderen Zusammenhängen einsetzte und entwickelte und sie auf andere Zusammenhänge zielte, wird TZI dennoch meist mit den speziellen Techniken des Standardverfahrens und mit einer in diesen Gruppen möglichen Intensität und Dichte der Erfahrungen und der Kommunikation identifiziert. Wenn in anderen Anwendungsgebieten diese Intensität und Dichte nicht angebracht sind, dann entsteht leicht das Gefühl, was hier geschehe, sei eigentlich kein „richtiges" TZI. Ruth Cohn bezeichnet diese Verengung als „irrtümlichen Fundamentalismus" (Cohn, pers. Mitteilung 1997). Dabei liegt es auf der Hand, daß sich Techniken und Erfahrungstiefe in den breit gestreuten Anwendungsbereichen erheblich unterscheiden müssen: Der Unterricht in einer Grundschulkasse erfordert ein anderes Vorgehen als die pädagogisch-therapeutische Arbeit in einer Kindergruppe, die Stationsbesprechung in einem psychiatrischen Krankenhaus ein anderes als die Leitung einer Kirchensynode, kollegiale Beratung ein anderes als Supervision unter Leitung eines externen Supervisors, Organisationsentwicklung in einem Unternehmen ein anderes als Gruppenarbeit in einem Jugendheim usf. In allen Fällen werden zur Theorie und Methode der TZI feldspezifische Kenntnisse, Hilfsmittel, Kunstgriffe etc. hinzutreten. Jede Aufgabe erfordert eine optimale Passung der Intensität und Dichte der persönlichen Erfahrungen und der Kommunikation. Jede Situation verlangt ein Einschwingen des Interaktionsstils, so daß eine hinreichende Nähe zu den gewohnten Umgangsformen, aber auch ein genügend großer Abstand zur alltäglichen Oberflächlichkeit und die Chance, neu wahrzunehmen, entstehen kann.
Das Gruppenmodell der TZI erlaubt nicht nur diese Variationen in der Anwendung, sondern erfordert sie: Die Beachtung der vier Elemente des Modells (Ich, Wir, Es, Globe) stellt immer wieder aufs neue eine optimale Passung her.
Die Grundorientierung an der Theorie und der Methode ist die Konstante in den Unterschiedlichkeiten der TZI-Anwendungen. Aus ihr ergeben sich durchgehende Gesichtspunkte der Technik, die aber im Gegensatz zur Methode sehr breit gestreut variiert werden. Zusätzlich können in jedem Anwendungsgebiet Einzeltechniken herangezogen werden, die mit dem System der TZI vereinbar sind. „TZI kann alle Gruppentechniken mit einbeziehen, die ihren Axiomen nicht widersprechen und die für die jeweilige Lebens- und Arbeitsgruppensituation hilfreich sind. ..." (Cohn 1984, zit. nach 1993, 368).
Als methodische Grundsätze, die die Auswahl und Ausgestaltung der Techniken steuern, benenne ich ohne Anspruch auf Vollständigkeit:

– **Thema**

Themafindung, Themaeinführung, Themasetzung und die Frage nach dem Thema der aktuellen Interaktion sind charakteristische Techniken der TZI.

In welcher Form dies geschieht, ist jedoch nach Anwendungsgebiet sehr verschieden. Z. B. kann auch die Suche der Gruppe nach dem Thema das Thema einer Sequenz sein, wie es z. B. in der Teamsupervision nicht selten vorkommt.

– **Prozeßsteuerung durch Struktur**
Das Prinzip der dynamischen Balance erfordert eine aktive Technik der Steuerung des Prozesses. Dies kann geschehen durch Themenangebote und durch Strukturangebote.
Strukturangebote müssen ebenso wie Themenangebote auf einen Fokus zentriert sein, um die Gruppenaktivitäten bündeln zu können, und zugleich Raum geben für individuelle Bearbeitungen, damit der Prozeß sich entwickeln kann. Strukturvorgaben, die zu eng führen oder zu lange binden, sind für die TZI ebenso ungeeignet wie Strukturen, die keine Verknüpfung mit dem Thema bieten. Deshalb scheint mir in der TZI-Arbeit Zurückhaltung gegenüber vielen sogenannten Interaktionsspielen oder Interaktionsübungen am Platze, die als ‚Instant-Ware' auf dem Markt sind. Große Sorgfalt wird in der TZI auf die sozialen Gruppierungen (einzeln, zu zweit, Kleingruppen, Halbgruppe, Plenum usf.) und ihre Wechsel gelegt. Für das Tempo und die Tiefung des Prozesses sind oft Techniken erforderlich, die eine Gegensteuerung ermöglichen.

– **Die Perspektive der Veränderung**
Alle TZI-Anwendungen zielen auf eine Humanisierung der Lebensverhältnisse. Die der TZI gemäßen Techniken betonen den Willen zur Veränderung, z. B. durch Nennung zukunftsgerichteter Perspektiven im Thema und in Arbeitsaufträgen, durch Blickrichtung auf die Chancen auch der zunächst als negativ empfundenen Situationen und Ereignisse (positive Konnotation).
Wie weit und wie tief und in welcher Form diese Veränderungsimpulse gegeben werden können, muß der jeweiligen Situation und Aufgabe überlassen bleiben. Ruth Cohn schränkt diesen Grundsatz ein, da er sich nicht auf jede Situation anwenden läßt (Cohn, pers. Mitteilung 1997).

– **Die Beachtung der Gegenseite**
Das Gegenstück dieser optimistischen Sichtweise ist der Blick auf den „Schatten" (vgl. Stollberg 1995, 207 ff.). Dem Denken in Gegensatzeinheiten entsprechen Techniken, die Raum geben für die Wahrnehmung des Gegensalzes und die Artikulierung des Widerstandes. Techniken, bei denen zwiespältige Empfindungen, innere Gegenpositionen und Minoritäten anhaltend und nachhaltig durch Gruppendruck oder Gruppensog unterdrückt werden, widersprechen dem Anliegen der TZI.

– **Ausgang von der subjektiven und konkreten Basis**
Damit ist gemeint, daß die Arbeit nach TZI immer auch bei sachlichen Anliegen Empfindungen der einzelnen und das unmittelbare Erleben in der Gruppe mit

einbezieht. TZI-Arbeit erfordert Techniken, die das Empfinden der einzelnen zur Sprache kommen lassen, die das Erleben in der Gruppe verdeutlichen lassen, die die Sinne und Versinnbildlichungen mit einbeziehen. In diesem Bereich besteht die enge Verwandtschaft mit anderen Verfahren aus der humanistischen Psychologie, v. a. Gestalt und Psychodrama, und die Möglichkeit, Techniken aus diesen Konzepten zu verwenden.

– **Hilfsregeln**

Manches von dem oben Ausgeführten ist in den ‚Hilfsregeln' der TZI-Gruppenarbeit angesprochen. Sie enthalten Anleitungen für das Verhalten im Gruppengespräch. In der Fassung von 1974 sind es neun Anleitungen (Cohn 1975, 124 ff.); Matzdorf und Cohn nennen vier; sie betreffen: Zurückhaltung mit Verallgemeinerungen; Selektivität und Authentizität in der Kommunikation; Zurückhaltung mit Interpretationen und statt dessen Aussprechen persönlicher Reaktionen; Beachtung von Signalen aus der Körpersphäre (Matzdorf & Cohn 1995, 76 f.).
Auch für sie gilt die operative Handhabung. Sie geben Grundsätze der Technik an, die je nach Situation, Aufgabe und Feld modifiziert werden müssen. Sie sind keinesfalls mit der Technik der TZI zu identifizieren, schon gar nicht mit der Methode. Sie helfen als Orientierung dafür, wie ein förderlicher Interaktionsstil aufgebaut und gepflegt werden kann. „Sie können gestrichen oder neu gestaltet werden" (Cohn, pers. Mitteilung 1997).

…

Nach Durcharbeiten dieses Kapitels können Sie Aussagen zum ethischen Impuls machen, der aus den Schriften Ruth Cohns spricht, und die anthropologischen Grundannahmen, die für die TZI im Vergleich zu anderen Gruppenverfahren charakteristisch sind, benennen. Sie können Haltungsaspekte, die für die TZI bestimmend sind, beschreiben.

Gibt es eine Philosophie und Ethik der TZI?

Ruth Cohn bezeichnet die in den Axiomen und Postulaten ausgedrückten Überzeugungen und Gedanken als „Philosophie" der TZI im Gegensatz zur Methodik, die sich im Gruppenprozeßmodell niederschlägt.
Dieser Sprachgebrauch entspricht nicht dem wissenschaftlichen Begriff der ‚Philosophie', sondern einem weiteren Begriffsverständnis, nach dem ja auch Projekten oder Firmen eine ‚Philosophie' als Ausgangspunkt und Zielsetzung ihres Handelns zugeschrieben werden kann. So ist es in WILL üblich geworden, von der ‚Philosophie' der TZI zu sprechen, auch wenn damit der Bereich angesprochen ist, den ich als ‚Theorie' bezeichnet habe, oder auch nur die theoretische Begründung der Methodik gemeint ist. Man kann ebenso bezweifeln, ob die Axiome und Postulate eine ‚Theorie' darstellen, auch wenn sie theoretische Grundannahmen

enthalten. Für eine Theorie im wissenschaftlichen Sinne sind sie zu wenig ausgebaut.
Lotz nennt die „anthropologischen Grundannahmen, Menschenbild-Vorstellungen und Wertkonzept-Ideen" der TZI zusammengefaßt eine „Vision" (Reiser & Lotz 1995, 77), wodurch sehr schön der nach Veränderung drängende Charakter dieser Grundlegung zum Ausdruck kommt. Es sei nicht verschwiegen, daß für Ruth Cohn der Begriff „Vision" „etwas ganz anderes" beinhaltet und daß sie „Philosophie" vorzieht (Cohn, pers. Mitteilung 1997).

Die Vision der TZI beruht auf einer impliziten Anthropologie, die sich ebenfalls wieder auf Kernaussagen beschränkt.

Die anthropologischen und visionären Kernaussagen der TZI können mit verschiedenen philosophischen und religiösen Systemen in Verbindung gebracht werden, ohne daß von einer dieser Systeme gesagt werden kann, es wäre ‚die' Philosophie der TZI.
Die Enthaltsamkeit der TZI gegenüber ausgebauten Theorien oder Philosophien entspricht ihrem offenen Systemcharakter. An ihre Grundlagen sind verschiedene humanistisch inspirierte Theorien und Philosophien anschlußfähig. Sie bleibt offen für verschiedene individuelle und kulturelle Motivationen und Begründungen. So werden zur Ausfüllung des philosophischen Hintergrunds der TZI oft die dialogische Pädagogik von Paulo Freire (vgl. Matzdorf 1991, 64 ff.) und die dialogische Philosophie Martin Bubers herangezogen (vgl. Reiser 1987 und Reiser in Reiser & Lotz 1995, 40 ff.), die Parallelen und Analogien zur TZI aufweisen.
In ihrer theoretischen Grundlegung wie in ihrer Methodik erweist sich TZI als ein Rahmensystem, das einerseits Kernaussagen bereitstellt und andererseits offen ist für individuelle Ausfüllungen.
Der Preis für die Anwendungsbreite, die das System der TZI dadurch erhält, ist die Gefahr einer relativen Unschärfe, sobald die scharfen Konturen der Methodik überschritten werden. So ist es erforderlich, die ‚Vision' der TZI näher auszuführen, ohne dabei spezielle Interpretationen darüberzustülpen. …
Gegen die von mir vorgebrachte Argumentation kann eingewendet werden, die TZI habe ihre anthropologisch-philosophische Begründung in der Humanistischen Psychologie, und diese wiederum stehe mit dem philosophischen Existentialismus in Verbindung.
Ruth Cohn selbst nahm den ihr in Deutschland „zugetitelten Begriff" als Vertreterin der Humanistischen Psychologie „gerne an" (Cohn, pers. Mitteilung 1997), und TZI wird demzufolge oft als Teilbereich der Humanistischen Psychologie eingeordnet. Wenn sie von ihren humanistischen Überzeugungen spricht, die die persönlich wichtigste Grundlage für die Entwicklung der TZI gewesen sind (Cohn 1984, zit. nach 1993, 436), dann spricht sie damit jedoch ethische Grund-

überzeugungen an, die der Begründung durch den philosophischen Existentialismus nicht bedürfen. Der europäische philosophische Existentialismus war keine Quelle dieser Überzeugungen (siehe Cohn 1984, zit. nach 1993, 427 ff.).
Sie beruft sich auf die judäisch-christliche Tradition und in ihrem persönlichen Glauben auf einen Pantheismus. In ihrer Autobiographie nennt sie als Existentialisten die amerikanischen Psychologen Maslow, Rogers, Bühler, Satir (ebd.) als einen Hintergrund, auf dem sie sich selbst sieht. Was in dieser Strömung des amerikanischen Existentialismus zum Ausdruck kommt, ist ein Vertrauen in die Existenz, ein Gefühl der Lebensfreude und Lebensbejahung, eine Hoffnung auf die Entwicklungsfähigkeit des Menschen zum Guten und auf die Kraft seiner Selbstverwirklichung. Aber zugleich warnt sie vor dem Hedonismus und einer Haltung der Un-Verantwortlichkeit, die mit diesem Ansatz verbunden sein kann, und führt eine Auseinandersetzung gegen das falsche Verständnis des Begriffes Autonomie (Cohn 1984, zit. nach 1993, 433 f.).
Sie bejaht „das Credo der Hier-und-Jetzt-Begegnung im Leben“ (Cohn 1984, zit. nach 1993, 320), das sie im amerikanischen Existentialismus sieht. Die Idee der Humanität, die sich in der individuellen und kollektiven Entwicklung des Menschen verwirklichen kann, korrespondiert mit ihrem von Goethe geprägten pantheistischen Glauben. Doch ihr psychoanalytisches Wissen vom Unbewußten und von den Abgründen des Menschen bewahrt sie vor einem leichtfertigen Optimismus (siehe auch Kroeger 1995, 97).
Achim Battke, der zwei Texte von Ruth Cohn untersucht, um sich an die Ethik der TZI anzunähern, kommt zu folgendem Ergebnis:

> *„Daß Ruth Cohns Denken nicht von einem naiven Optimismus bestimmt ist, dürfte nach diesen Texten zu ihrer Ethik unbezweifelbar sein. Nicht Optimismus bestimmt den Grundakkord ihres Engagements, sondern Trauer und Protest: Trauer angesichts der wahrscheinlich unabwendbaren Zerstörung unserer Welt durch uns selbst, aktiver Protest gegen Unmenschlichkeit und Destruktivität. Hierzu möchte ich abschließend noch einen Satz zitieren, den sie 1981 geschrieben hat:*
> *‚Ich weiß, daß aller Wahrscheinlichkeit nach die Zeit nicht reichen wird, um selbst mit vielen kleinen und guten Ansätzen die katastrophale Destruktion der Erde zu verhindern. Ich weiß aber wirklich keinen anderen Weg als den der kleinsten Schritte: mit Freude und mit Demut.‘“ (Battke, 1992, 75f.)* (Anmerkung: Das Zitat findet sich auch in: Ockel & Cohn, 1995, 188)

Die Hoffnung, die auf diesem Hintergrund entsteht, schließt ihr eigenes Scheitern nicht aus. Die Hoffnung richtet sich auch auf einen „Evolutionssprung des Weltgewissens“ (Ruth Cohn). Battke bezweifelt, ob diese Hoffnung wirklich eine ethisch hilfreiche Denkfigur ist (Battke 1992, 77).
Olszowi sieht TZI ganz im Kontext des Menschenbildes der Humanistischen Psychologie (Olszowi 1987), was von Ruth Cohn selbst nicht so gesehen wird (Cohn, pers. Mitteilung 1997).

Ich breche hier die Diskussion ab, inwieweit die philosophische Grundlegung der TZI in der Strömung gesucht werden kann, die mit den Namen Maslow, Rogers, Bühler, Perls u. a. verbunden ist und die als Humanistische Psychologie in Erscheinung getreten ist.
Ein großer Einfluß dieser Bewegung ist unzweifelhaft. Und sicher hat diese Bewegung die anthropologischen Grundannahmen und die Methodik der TZI weitgehend geprägt.
Gleichzeitig imponiert bei Ruth Cohn aber die Eigenständigkeit ihrer Ethik, die sich aus mehreren Quellen speist.
Die Diskussion kann auch deshalb hier abgebrochen werden, weil es zweifelhaft scheint, ob die Humanistische Psychologie überhaupt eine konsistente Philosophie hat herausbilden können und wie weit die Berufung auf den Existentialismus trägt (siehe Reiser in Reiser & Lotz 1995, 30).
Die anthropologische Grundlegung der TZI läßt sich sicherer aus dem System der TZI selbst ableiten, wie es Kroeger unternommen hat, …
Wenn man nach den geistigen Wurzeln der TZI fragt und sie historisch erschließen will (das heißt nicht aus ihrer Praxis), dann ist es hilfreich, neben den Gedanken der Kausalität den Gedanken der Synchronizität zu stellen. Der kausale Gedanke sucht nach Beeinflussungslinien, nach Zuordnungen und Einordnungen. Der Gedanke der Synchronizität drückt aus, daß dieselben Gedanken zeitgleich oder auch etwas zeitverseizt bei verschiedenen Personen und Gruppen auftreten können, ohne daß eine kausale Beeinflussung nachweisbar ist.
Die Entwicklung der TZI begann aus der Psychoanalyse heraus mit dem Gegenübertragungsworkshop, von dem oben berichtet wurde. Dies war zu einer Zeit, als sich an vielen Stellen in den USA neue Therapieformen aus einer orthodox erstarrten Psychoanalyse entwickelten, die sich schließlich von ihr lösten und eine neue Strömung formierten, die sich als Humanistische Psychologie etablierte. Ruth Cohn und damit die TZI haben sich dieser Bewegung angeschlossen, aber doch immer ihre Autonomie als unverwechselbar eigenständige Entwicklung bewahrt. Kern dieser Entwicklung ist ein ethischer Impuls:

> *„Es geht in der Humanistischen Psychologie und der angewandten humanistischen Pädagogik um das Wie der Lebensförderung und Liebe gegen Mord und Grausamkeit. Alles andere ist recht nebensächlich" (Cohn, 1984, zit. nach 1993, 466).*

So ist meines Ermessens der Gewinn eines Versuchs fraglich, philosophische Grundlagen, die der Humanistischen Psychologie zugeschrieben werden (vgl. Quitmann 1985), als ‚die' philosophischen Grundlagen der TZI auszuweisen (vgl. Olszowi 1987, siehe unten).
Dagegen läßt sich die Vision der TZI, ihre anthropologischen Grundannahmen und der ethische Impuls der TZI recht genau beschreiben. …

Schlußbemerkung: Zum Spannungsfeld zwischen Pragmatik und Vision

TZI-Gruppenarbeit wird in vielen Arbeitsfeldern angewendet. Die Bibliographie zur TZI-Literatur (1994; hrsg. v. und zu beziehen über WILL-International; erstellt von Standhardt, Löhmer, van Loosbroek und Callens) verzeichnet Publikationen aus folgenden Arbeitsfeldern:
Elternarbeit, Erwachsenenbildung, Hochschule, Kirche, Meditation, Psychotherapie, Schule, Selbsthilfegruppen, Sonder- und Heilpädagogik, Sozialarbeit, Supervision, Wirtschaft.
Quer zu diesen Arbeitsfeldern kann auch zwischen den verschiedenen Arbeitsformen der TZI, die in diesen Feldern angewendet werden, unterschieden werden...
Ein System der Gruppenarbeit mit einem solchen breiten Anwendungsspektrum muß sich seines theoretischen und methodischen Kerns gewiß sein. Es steht in einer starken Spannung zwischen seinen generellen Zielvorstellungen und den pragmatischen Anwendungen.
Um abschließend diese Spannung zu beschreiben und als den innersten Kern der TZI-Methodik herauszustellen, greife ich einen Gedanken von Walter Lotz auf (unveröffentlichtes Arbeitspapier 1996).
Lotz stellt fest, daß das Bild des Dreiecks in der Kugel auf zwei verschiedenen Ebenen gedacht wird und Wirksamkeit entfaltet. Gemeinhin wird es als Gruppenprozeßmodell verstanden. Auf dieser Gruppenprozeßebene geht es pragmatisch um die Regulierung der Gewichtungen der Anteile der denkbaren Verbindungslinien zwischen Ich, Wir, Es und Globe. Pragmatisch geht es dabei um eine situations- und aufgabenangemessene Passung dieser vier verschiedenen Aspekte des Gruppenprozesses, der flüssig bleibt, wenn diese Aspekte stets wechselnde Verknüpfungen eingehen. Das pragmatische Verständnis der dynamischen Balance als methodologischer Kernvorstellung auf der pragmatischen Ebene betrifft auch die Regulierungen der Tiefe, des Tempos, der Beteiligung von Gefühl, Verstand und Körper und die Nähe-Distanz Regulierung.
Doch damit ist das System der TZI nicht vollständig beschrieben. Über diese methodologische Ebene wird in den Darstellungen der TZI die sogenannte Philosophie oder Theorie oder Vision gestellt, die sich in den Axiomen und Postulaten ausdrückt.
Der Zusammenhang zwischen Methodologie und Vision wird zwar über die Postulate hergestellt, bleibt aber doch der exakten Beschreibung schwer zugänglich. Dieser Zusammenhang wird über die *‚Haltung'* vermittelt, was sich in wissenschaflicher Sprache schwer beschreiben läßt.
Lotz stellt nun fest, daß sich auch der visionäre Aspekt mit dem Sinnbild des Dreiecks in der Kugel beschreiben läßt. In diesem visionären Dreieck in der Kugel kann die Verbindungslinie zwischen Ich und Wir beschrieben werden als Begegnung im

Sinne von Buber. Wie wir 1995 (Reiser & Lotz 1995) schon herausarbeiteten, ist die visionäre Vorstellung der Verbindungslinie zwischen Ich und Es die Bezugnahme des Subjekts zu einer bedeutsamen Aufgabe. *TZI siedelt sich im Schnittpunkt zwischen Begegnung und Bezugnahme* (Reiser & Lotz 1995, 241 ff.) an, in dem beide in einer Handlung zusammentreffen. Dies geschieht in einer Gruppe. Die Verbindungslinie zwischen Wir und Es würde ich als die Vision einer sinnstiftenden Kooperation bezeichnen. Sinn kann die Kooperation nur geben, wenn das Es ein subjektiv und kollektiv bedeutungsvoller Ausschnitt aus dem Globe ist. Globe erweitert sich hier zum Begriff des Erdballs und darüber hinaus zu einem Begriff für Überindividualität, in dem transzendierende Sinnstiftungselemente eingeschlossen sind.
Letztendlich ist es die Vision der TZI, daß sich Menschen zu Gruppen zusammenschließen, um an der Erhaltung des Erdballs und an der Humanisierung der Lebensbedingungen und Lebensweisen der Menschheit zu arbeiten. Diese große Vision wird eingefangen von der nüchternen Betrachtung der Grenzen des Menschen. Störungen haben Vorrang und Grenzen müssen erkannt werden, wenn ich sie erweitern will.
Zwischen dem visionären Dreieck und dem pragmatischen Dreieck der Gruppenprozeß-Regulierung besteht eine fruchtbare Spannung. Diese Spannung wird in der Ruth Cohn eigenen Dialektik von Gegensatzeinheiten ausgedrückt; Muster hierzu ist das erste Axiom vom Zusammenhang von Autonomie und Interdependenz. Diese Spannung drückt sich bei Ruth Cohn in Formulierungen von Paradoxien bis hinunter auf die Handlungsebene aus. (Zum Beispiel: Man braucht Rezepte – kein Rezept ist brauchbar. Wir haben wenig Zeit, deshalb müssen wir langsam vorangehen).
Diese Spannung ist der Motor der innerlichen und äußerlichen Bewegung des einzelnen und der Gruppe. Das Aushalten der Spannung erfordert etwas, was auch das Ziel der Psychoanalyse ist: die Versöhnung mit der grundsätzlichen Unvollkommenheit des Menschen; mit der Unvollkommenheit meiner Gegenüber und vor allem meiner eigenen. Es geht nicht mehr um richtig oder falsch. ‚Fehler' erhalten eine andere Dimension als Lösungsversuche und Signale.
Auf diesem Hintergrund entsteht der Optimismus der kleinen Schritte. Der Optimismus der kleinen Schritte ist nicht darauf gegründet, daß die Vollendung der Vision erzwingbar wäre. Die Geltung der Vision hängt nicht davon ab, wieweit sie verwirklichbar ist. Die kleinen Schritte auf die Vision zu sind notwendig für mein und dein Menschsein, völlig unabhängig davon, ob sie totalen Erfolg versprechen. Der Gewinn dafür ist die Kraft, die aus dem Alltag kommt, in dem sich immer wieder Menschlichkeit konkretisiert.
Die Haltung der TZI entspringt aus der bewußten Gestaltung dieser Spannung. Pragmatik und Vision sind verbunden durch die Bewältigung der existentiellen Paradoxien.

Literatur

Battke, Achim (1992). Mitten im Grauen der Welt ... kleine Schritte. Eine Annäherung an die Ethik der TZI. Themenzentrierte Interaktion, 6 (2), 67-77.

Cohn, Ruth C. (1975). Von der Psychoanalyse zur Themenzentrierten Interaktion. Stuttgart: Klett.

Cohn, Ruth C (1994). Verantworte Dein Tun und Dein Lassen – persönlich und gesellschaftlich. Offener Brief an Günter Hoppe. Themenzentrierte Interaktion, 8, 85-87.

Cohn, Ruth C. & Ockel, A. (1981). Das Konzept des Widerstandes in der themenzentrierten Interaktion. Wiederabgedruckt in: Lebendig Lernen, Euro-Info, Sondernummer 1984, hrsg. v. WILL – Europa, 5-33.

Cohn Ruth C. & Farau, Alfred (1993). Gelebte Geschichte der Psychotherapie. Zwei Perspektiven (2. Aufl.). [Erstausgabe: Cohn, Ruth C. 1984. In: Farau, A. & Cohn, R. C. 1984: Gelebte Geschichte der Psychotherapie. Zwei Perspektiven. Stuttgart: Klett-Cotta.]

Heidbrink, Horst (1996). Gerechtigkeit. Die Moralpsychologie von Jean Piaget und Lawrence Kohlberg. Kurs 03280. Hagen: FernUniversität

Hoppe, Günter (1993). „Misch Dich ein! Greif ein!" Ein drittes Postulat für die TZI? Themenzentrierte Interaktion, 7 (2), 31-40.

Kegan, Robert (1991). Die Entwicklungsstufen des Selbst. Fortschritte und Krisen im menschlichen Leben (2. Aufl.). München: Kindt.

Kernberg, Otto F. (1994). Der gegenwärtige Stand der Psychoanalyse. Psyche, 48 (6), 483-508.

Kroeger, Matthias (1995). Anthropologische Grundannahmen der Themenzentrierten Interaktion. In Comelia Löhmer & Rüdiger Standhardt (Hrsg.), TZI (93-124). Stuttgart: Klett-Cotta.

Lotz, Walter (1995). Siehe: Reiser, Helmut & Lotz, Walter (1995).

Matzdorf, Paul (1991). Die „Problemformulierende Methode" Paulo Freires und Ruth Cohns „Themenzentrierte Interaktion", In Themenzentrierte Interaktion, 5. Jg., 1991, H. 2, 64-77.

Matzdorf, Paul & Cohn, Ruth C. (1995). Das Konzept der Themenzentrierten Interaktion. In Cornelia Löhmer & Rüdiger Standhardt (Hrsg.), TZI (39-92). Stuttgart: Klett-Cotta.

Ockel, Anita & Cohn, Ruth C. (1995). Das Konzept des Widerstands in der Themenzentrierten Interaktion. Vom psychoanalytischen Konzept des Widerstands über das TZI-Konzept der Störung zum Ansatz einer Gesellschaftstherapie. In Cornelia Löhmer & Rüdiger Standhardt (Hrsg.), TZI (177-206). Stuttgart: Klett-Cotta. [Ersterscheinung 1981; s. Cohn, Ruth C. & Ockel, Anita 1981]

Olszowi, Eleonore (1987). Überlegungen zu den anthropologischen Grundlagen der TZI. In Hahn u. a. (Hrsg.), Gruppenarbeit: themenzentriert. Entwicklungsgeschichte, Kritik und Methodenreflexion (24-37). Mainz: Grünewald.

Raguse, Hartmut (1987). Was ist Themenzentrierte Interaktion? In Hahn u. a. (Hrsg.), Gruppenarbeit: themenzentriert. Entwicklungsgeschichte, Kritik und Methodenreflexion (117-143). Mainz: Grünewald.

Raguse, Hartmut (1995). Kritische Bestandsaufnahme der TZI. In Cornelia Löhmer & Rüdiger Standhardt (Hrsg.), TZI (264-277). Stuttgart: Klett-Cotta.

Reiser, Helmut (1987b). Ruth Cohn und Martin Buber. In Karin Hahn u. a. (Hrsg.), Gruppenarbeit: themenzentriert. Entwicklungsgeschichte, Kritik und Methodenreflexion (38-46). Mainz: Grünewald.

Reiser, Helmut & Lotz, Walter (1995). Themenzentrierte Interaktion als Pädagogik. Mainz:

Rubner, Eike (Hrsg.). (1992). Störungen als Beitrag zum Gruppengeschehen. Mainz: Grünewald.

Stierlin, Helm (1989). Individuation und Familie. Frankfurt am Main: Suhrkamp.

Stollberg, Dietrich (1982). Lernen, weil es Freude macht. Eine Einführung in die Themenzentrierte Interaktion. München: Kösel.

WILL – International (Hrsg.). (1994), Personen – Titel – Themen. TZI-Bibliographie mit Literaturhinweisen zur Theorie und Praxis der Themenzentrierten Interaktion. Basel. Erstellt von Rüdiger Standhardt, Cornelia Löhmer, Laura van Loosbroek und Ivo Callens.

H. Reiser
(1995)

Ein Modell zur Reflexion von Unterricht nach der Themenzentrierten Interaktion

In: H. Reiser & W. Lotz (Hrsg.), *Themenzentrierte Interaktion als Pädagogik* (S. 125-141). Grünewald

Die Kapitelnummerierungen des Beitrags gehen auf die Nummerierung des Autors im angegebenen Sammelband zurück.

*Das Konzept der Themenzentrierten Interaktion in seiner Anwendung: Als Reflexionsmodell der Unterrichtsvor- und Nachbereitung stellt Helmut Reiser einen Weg vor, der die eindimensionale Zentrierung auf den Unterrichtsstoff aufgibt und Unterricht in seiner Ganzheit durchdenkt. Der Autor gliedert diese in Segmente des Bedingungsgefüges von Unterricht auf, die jeweils zu analysieren sind – Beziehungen, didaktische Gestaltung, das Kernanliegen der Lehrenden und die Psychodynamik, die in der Verbindung von (Lern-)Stoff und Person (Schüler*innen) evoziert wird.*

Ein Modell zur Reflexion von Unterricht nach der Themenzentrierten Interaktion (1995)

2.3.1 Zum Gebrauch des Modells

Modelle zur Reflexion von Unterricht versuchen eine Systematisierung. Sie stehen damit in einem eigentümlichen Widerspruch zu der eigentlichen Tätigkeit der Vorbereitung bzw. Nachbereitung: Das Nachdenken über Unterricht ist stets komplex, zirkulär, mehrere Gesichtspunkte gleichzeitig betrachtend, spontan. Einige Überlegungen führen zu vorläufigen Festlegungen der Planung, bzw. Beurteilung, andere widersprechen diesen ersten Fixpunkten, also werden diese wieder revidiert usf.

Bei der Unterrichtsplanung ist es sofort einleuchtend, daß sie von Einfällen lebt: Einfälle zu den Inhalten, zu den Zielen, zu den Medien; Einfälle aus meinem Interesse oder aus dem Interesse der Schüler; Einfälle, deren Verwirklichungsmöglichkeiten im Geist durchgespielt werden, die variiert, verworfen oder realisiert werden. Kurzum: Unterrichtsplanung ist Antizipation von Möglichkeiten und benötigt didaktische Phantasie.

Dennoch ist Unterrichtsplanung nicht unsystematisch. Reflexionshilfen haben zweierlei Aufgaben: Einerseits können sie ein Spektrum der verschiedenen Ansatzmöglichkeiten aufzeigen und dadurch Einfälle ermöglichen, also didaktische Phantasie anregen, andererseits können sie, wenn die Umrisse einer Planung stehen, ein Raster bieten, nach dem die Planung noch einmal durchgegangen wird: Habe ich in meiner Begeisterung für die Gesichtspunkte, die mir wichtig waren, andere wichtige Gesichtspunkte übersehen, gibt es Risikostellen, Verbesserungsmöglichkeiten, Alternativen zu meiner Planung? Die Vorbereitung des Unterrichts hat dann ihren Zweck erfüllt, wenn ich durch diese Klärung so sicher geworden bin, daß ich beim Unterrichten jederzeit den geplanten Ablauf verlassen kann, wenn dies sinnvoller ist. Daß es sich bei der Nachbereitung des Unterrichts ähnlich verhält, leuchtet erst auf den zweiten Blick ein: Auch hier ist der spontane Einfall zum dem Erlebten ein wichtiger Wegweiser zu den kritischen Punkten des Geschehens. Eine systematische Reflexionshilfe kann dann hilfreich sein, den Bereich zu orten, auf den mein spontaner Einfall zielt, und ihn genauer zu untersuchen: Hakte es an meiner Zielsetzung, an der Stoffdurchdringung, oder auf der Beziehungsebene oder an einzelnen Arbeitsschritten? Erst wenn der unmittelbare Zugang zu dem eigenen Erleben ausgeschöpft worden ist, erfüllt eine systematische Reflexionshilfe ihren zweiten Zweck: Durchzuchecken, was ich übersehen oder verdrängt habe.

Reflexionshilfen sind erforderlich, weil sie das kreative und spontane Denken systematisieren: In einem ersten Schritt, indem sie den Punkt im Bedingungsgefüge des Unterrichts orten, an dem ich spontan gelandet bin; in einem zweiten Schritt als Checkliste zur Erfassung des Gesamtsystems. Ich schreibe: Als Checkliste, denn in Praxis ist ein operativer, kein schematischer Gebrauch der Reflexionshilfen angezeigt. Eine umfassende Bedingungsanalyse des Unterrichts ist bei fortlaufender Praxis in konstanten Lerngruppen nicht jedesmal ganz von vorne erforderlich, da die Basisbedingungen, die einmal analysiert worden sind, nur auf ihre Veränderungen abgeklopft werden müssen.

Ich setze in Lerngruppen auf die Einübung positiver Routine: Eingespielte Arbeitsweisen, Zeitverläufe, Umgangsformen, die vom direkten Handlungsdruck befreien und Überschaubarkeit ermöglichen. Nur eine immer wieder systematisch durchgeführte Reflexion kann gewährleisten, daß Routine nicht zum Schlendrian verkommt.

2.3.2 Die Elemente der Bedingungsanalyse des Unterrichts nach TZI

Das Schaubild zur Bedingungsanalyse des Unterrichts versucht, eine Systematik zu bieten, die nach Gesichtspunkten der TZI geordnet ist und zugleich an altbewährte Überlegungen der allgemeinen Didaktik anknüpft[1]. Ich will zunächst die Eckpunkte des Dreiecks und den Umkreis erklären, aber gleich hinzufügen, daß es weniger auf die Punkte ankommt als auf die Beziehungen der Punkte zueinander.

1 Eine handliche Zusammenfassung der wichtigsten didaktischen Konzepte, auf die ich mich beziehe, bietet W. H. Peterßen, Handbuch der Unterrichtsplanung, München ³1988

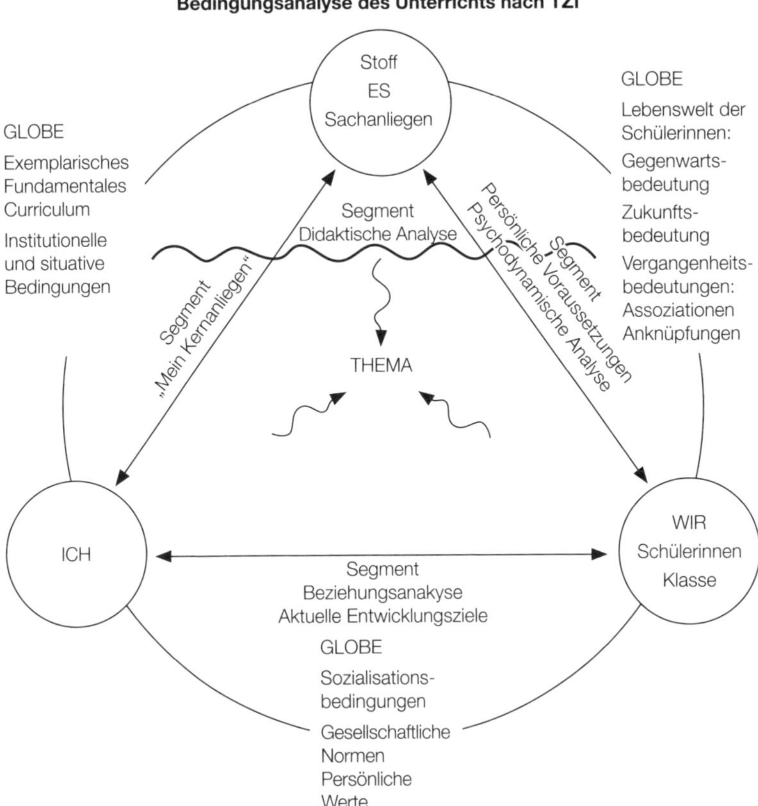

Bedingungsanalyse des Unterrichts nach TZI

In dieser Fassung des Modells ist mit ICH der Lehrer gemeint als ein Eckpunkt im Geschehen. Das Dreieck ist demnach das bekannte „didaktische Dreieck" Lehrer-Schüler-Stoff[2]. Die Schüler/innen kommen bei diesem Modell sowohl als einzelne in das Bild, als individuell Einzigartige, wie auch als „WIR", das heißt als Teil einer Gruppe.

Die „ICH"- und die „WIR"-Aspekte sind in der TZI wesentlich deutlicher ausgearbeitet als in den herkömmlichen didaktischen Modellen.

2 Die Variationen der Wichtungen der Eckpunkte spielt durch J. Diederich, Didaktisches Denken, München 1988, 256f.

Beim ICH-Aspekt geht es um Subjektivität: Um das subjektive aktuelle Erleben und Wollen, das nur verstanden werden kann auf dem Hintergrund biografischer Bedeutungen und in der Zielvorstellung persönlicher Autonomieentwicklung. Das erste Postulat der TZI beinhaltet den Apell, sich selbst „zu leiten", das heißt Entscheidungen bewußt wahrzunehmen und zu treffen und Eigenverantwortung zu entwickeln.
Der WIR-Aspekt bei TZI beinhaltet einerseits gruppendynamische Prozesse der Konfliktaustragung und Vertrauensbildung, der Konfrontation und Kooperation, der unbewußten Gruppenphantasien und der bewußten Vereinbarungen. Andererseits beinhaltet er als Korrelat zur Eigenverantwortung die Verantwortung für die anderen, denn Autonomie und Verbundenheit (Interdependenz) sind aufeinander angewiesen als eine Einheit von Gegensätzen[3].
Der dritte Eckpunkt – bei der TZI „ES" benannt – wird hier mit „Stoff" bezeichnet. Dies soll ausdrücken, daß es hier um den Inhalt geht, wie er z. B. in der Bildungstheorie als Träger eines „Bildungsgehalts" analysiert wird. In der herkömmlichen Didaktik finden wir zu diesem Punkt die umfangreichsten Erörterungen.
Weniger systematisiert ist in der allgemeinen Didaktik dagegen der Umkreis, der in der TZI als „GLOBE" bezeichnet wird.
Der GLOBE, die Kugel, die das Binnensystem der Lerngruppe umschließt, ist auf innigste mit dem Lernprozeß verbunden. Um die Fülle der GLOBE-Aspekte deutlich zu machen, kann man die Kugelbildlich weitersprechend – in verschiedene Schalen aufgliedern, die jeweils einen Umwelt-Aspekt hervorheben: Die direkte, situative Lebenswelt; die institutionelle Verankerung, hier: in der Schule und im Schulsystem; die gesellschaftlichen Normen und Widersprüche; die existentiellen Bezüge, bei denen es um die Sinnerfüllung des eigenen Lebens, um persönliche Werthaltungen geht, z. B. aktuell um die Erhaltung der natürlichen Lebensgrundlagen der Menschheit.
Die TZI stellt den Anspruch, daß Lehrende sich der GLOBE-Dimension jedes Lernprozesses stets bewußt sein sollen und verwirft von daher axiomatisch Unterrichtskonzepte, die Lernen als die Vermehrung isolierter Wissensbestände begreifen. Der Begriff „Lebendiges Lernen" meint nicht nur den „lebendigen" Vorgang der Vermittlung, sondern auch die Integration des Wissens in eine lebendige, wachsende Person und die Bedeutung dieses Wissens für das Verständnis von „Leben", wobei „Leben" begriffen wird sowohl als persönliche Lebenspraxis wie auch als ethische Norm.[4]
Aspekte dieser GLOBE-Dimension finde ich den verschiedenen didaktischen Konzepten reichlich, aber verstreut. Im Schaubild habe ich verschiedene Aspekte der GLOBE-Dimension auf den GLOBE-Verbindungslinien der Eckpunkte angeordnet. Dies soll zum Ausdruck bringen, daß es neben den direkten Verbin-

3 Diese Gegensatzeinheit wird im ersten Axiom der TZI angesprochen
4 Die TZI entwirft jedoch kein begrifflich scharfes philosophisches System; sie ist eher zu beschreiben als ein Zusammenhang von Fragen, die Wahrnehmung und Bewußtheit schärfen

dungslinien zwischen den Eckpunkten immer auch Verbindungen gibt, die über den GLOBE vermittelt sind.
In der Beziehung zwischen ICH und WIR spielen die individuellen und die gemeinsamen Sozialisationsbedingungen eine wesentliche Rolle, ebenso wie die über die Person ausgedrückten, mitunter unbewußten, persönlichen Werthaltungen und die gesellschaftlichen Normen, die dem Verkehr der Personen zugrunde liegen oder in ihm vermittelt werden. Die GLOBE-Aspekte in der Lehrer-Schüler-Beziehung kreisen um Wertschätzung der Person, Leistung, Macht, Zuteilung gesellschaftlicher Chancen.
Auf die GLOBE-Verbindungslinien zwischen WIR und ES habe ich die Frage aufgenommen, welche Bedeutung die Unterrichtsinhalte für die Lebenswelt der Schüler haben. Die Fragen nach der Gegenwartsbedeutung und der Zukunftsbedeutung gehören zum didaktischen Repertoire. Aus den psychoanalytischen Erkenntnissen schließt die TZI mit Fragen nach der Vergangenheitsbedeutung an, denn die Bedeutungen, die Dinge und Vorgänge für Personen gewinnen können, erwachsen aus den biografischen Erfahrungen, dem lebensgeschichtlichen und zeitgeschichtlichen Hintergrund.
Auf die Verbindungslinie zwischen ICH und ES setze ich die Analyse der institutionellen Bedingungen, die in der Schulform und der konkreten Schule gegeben sind, und der situativen Bedingungen wie Schulklima, Schulumgebung, Ausstattung. Hier ordne ich auch die curricularen Fragen ein, wie die Einordnung der Lehrziele in Vorgaben, die gesellschaftlich legitimiert sein müssen.
Aus dem Schaubild geht hervor, daß das Unterrichtsthema etwas anderes ist als der Unterrichtsstoff. Im Thema sollen nicht nur der Stoff, sondern auch die GLOBE-Bezüge, die ICH-Bezüge und die WIR-Bezüge eines Lernvorgangs enthalten sein. Wenn z. B. zu einer Unterrichtseinheit als Thema angegeben wird: „Die Frühblüher“, so ist dies ein Stoff und kein Thema. Meine erste Frage an den Lehrer lautet dann: „Warum wollen Sie, daß sich diese Schüler jetzt mit diesem Gegenstand (Frühblüher) beschäftigen?“ Die Standardantworten sind zumeist: Weil jetzt Frühling ist, weil es im Buch steht, weil es im Lehrplan vorkommt, weil ich dazu gute Anschauungsmittel habe, weil das immer so gemacht wird.
Ein Thema kann aus diesem Stoff werden, wenn ich mich frage, was die Schüler mit diesem Stoff zu tun haben, was in der Gruppe gewollt oder ungewollt ausgelöst werden kann, wenn sich die Klasse damit beschäftigt, was ich an diesem Stoff wichtig finde. Ein Thema zu diesem Stoff kann z. B. sein: „Wir finden heraus, warum Krokusse und Tulpen schon so früh im Jahr blühen können – Welcher ‚Trick‘ ist hier dabei?“
Ich kann dieses Thema in ein übergeordnetes Thema einbetten:

> „In jedem Frühling regen sich die Wachstumskräfte der Natur von Neuem: Woran spüre und sehe ich das bei den Pflanzen, den Tieren, den Menschen und bei mir selbst?“

Das erste Thema hat den Akzent mehr auf dem ES-Aspekt, schließt aber auch Eigeninitiative und Möglichkeiten der Gruppenarbeit mit ein. Das zweite Thema enthält mehr Ich-Aspekte und spricht stärker das Erleben des Frühlings an.
Die TZI zielt darauf, die GLOBE-, ICH-, ES- und WIR-Aspekte in ein solches Verhältnis zu setzen, daß Erleben, Eigenaktivität und Gruppenaktivitäten angeregt werden. Zu diesem Zweck dürfen die Schwerpunkte nicht langandauernd einseitig sein. Die TZI benennt dieses Ziel mit dem Begriff der „dynamischen Balance“. Um ein Thema im Sinne der dynamischen Balance zu finden und einzupegeln, ist eine Bedingungsanalyse des Unterrichts hilfreich.

2.3.3 Die 4 Segmente der Analyse des Bedingungsgefüges

Nach jahrelangen Versuchen mit verschiedenen Gliederungen und Checklisten bin ich dazu gekommen, vier Segmente der Bedingungsanalyse zu unterscheiden. Im Sinne des operativen Gebrauchs sollte der Einstieg in die Reflexion – sei es zur Vor- oder zur Nachbereitung – spontan an einem beliebigen Punkt erfolgen; es ist dann möglich, diesen Punkt in einem der vier Segmente zu orten und dieses Segment genauer zu untersuchen. Dies schließt nicht aus, daß es beim Fortgang der Überlegungen wieder liegengelassen und zu einem späteren Zeitpunkt wieder aufgegriffen werden kann. Die Systematik kann nicht in der Abfolge, wohl aber im Gesamtprozeß erreicht werden.

2.3.3.1 Die Beziehungsanalyse

Das Basissegment der Entwicklung einer Lerngruppe ist die Beziehungsanalyse. Sie wird in den meisten didaktischen Konzepten vernachlässigt.
Die Beziehungsanalyse kann mit folgenden Fragen beginnen:
Was fällt mir als erstes ein, wenn ich an diese Lerngruppe denke? Welche Schüler/innen fallen mir ein? Ich stelle mir nacheinander einige Schüler/innen vor, z. B.: ein Kind, das mir sympathisch ist; ein Kind, mit dem ich Probleme habe; ein Kind, das ich leicht übersehe; ich phantasiere, was sich diese Kinder denken, wenn sie mir in der Schule begegnen, wenn ich den Klassenraum betrete. Was weiß ich von der Lebensgeschichte und den Lebensverhältnissen dieser Schüler? Was weiß ich von den Beziehungen der Kinder untereinander? Umgangston zwischen Jungen und Mädchen? Cliquen und Außenseiter? Verbindungen in der Pause, in der Freizeit?
Wenn ich mit dieser Lerngruppe eine Wanderung machen würde durch schwieriges Gelände, wie würde sich die Gruppe verhalten? Würde sie sich verlieren, zusammenbleiben, sich unterstützen oder zanken? Auf wen würde ich mich verlassen können, von wem erwarte ich negative oder positive Führungsrollen? Wovon und von wem läßt sich die Gruppe leicht anstecken?
Die Schüler/innen haben eine andere Kindheit, als ich:
Was ist mir an ihren Sichtweisen und Gewohnheiten fremd, was finde ich gut, was regt mich auf? Ich phantasiere, wie die Schüler mich als Person einschätzen, wie

sie über mich reden? Habe ich Wünsche, wie über mich geredet werden soll? Was will ich mit den Schülern erreichen an Umgangsformen, Arbeitsgewohnheiten, Einstellungen? Wenn es dabei Konflikte gibt:
Was macht mich in Konfliktsituationen unsicher, was gibt mir Sicherheit?
Erwachsene werden in verschiedenen Rollen und Funktionen benötigt: Als Mütter, Väter, Sportvereinstrainer, ältere Geschwister, Kumpel und eben auch als Lehrer; als Vertraute, Idole, Gegner, Helfer, Schiedsrichter. Ich versuche mit einem Satz auszudrücken: Was ist derzeit meine wichtigste Funktion als Lehrer in dieser Klasse? Was ist mein nächstes Ziel auf der Beziehungsebene?
Diese Fragen sollen nur als Anregungen dienen. Man kann die Analyse der Beziehungsstruktur weiter ausspinnen, wenn man auf Gefühle und Phantasien stößt, die mich mit der Klasse oder die Klasse untereinander verbinden.
Wenn man die Gelegenheit hat, mit anderen zusammen zu reflektieren, scheint es mir am günstigsten, einfach von der Klasse und meiner Beziehung zu ihr zu erzählen. Die Zuhörer sollen dabei darauf achten, welche Themen der Betroffene anspricht, und welche er nicht anspricht, z. B. umgeht, andeutet. Durch die Wahrnehmung der Inhalte des Erzählten in Verbindung mit der Ausdrucksweise in Mimik, Gestik, Tonfall werden bei den Zuhörern Körperempfindungen, Gefühle und Assoziationen geweckt, die sie dem Erzähler mitteilen und zu deren besserem Verständnis sie Nachfragen stellen. Sie sollen darauf verzichten, zu interpretieren und Ratschläge zu geben, sondern stattdessen nachfragen in dem Bemühen, die Empfindungen, Phantasien und Überlegungen des Betroffenen möglichst deutlich zu erkennen. Sie müssen darauf achten, daß der Betroffene selbst die Richtung des Gesprächs in der Hand behält, und vermeiden, ihn mit der eigenen Beteiligung zu überschwemmen. In einem solchen Gespräch werden auch versteckte Irritationen, die sich z. B. in Langeweile, Unlust oder Nicht-Wissen äußern, leichter deutlich. Bei längerer Arbeit mit einer Lerngruppe sollte man ein solches kollegiales Gespräch suchen auch ohne den Anlaß eines konkreten Problems[5].

2.3.3.2 Die didaktische Analyse

Auf der gegenüberliegenden Seite zum Basissegment habe ich die Didaktische Analyse eingetragen. Die Beibehaltung dieses Begriffs erscheint mir aus dem pragmatischen Grund angebracht, um Anschluß an die herrschenden Unterrichtskonzepte zu gewinnen, und von der Sache her, weil ohne eine genaue Stoffanalyse Unterricht nicht möglich ist.
Allerdings hat die Kunst der didaktischen Analyse zu ungeheueren Wucherungen geführt: Abertausende von Lehramtsreferendaren haben sich mit didaktischen Analysen die Finger wund geschrieben, ohne daß die Relevanz für den Unterricht

5 Für die Alleinarbeit finden sich Anregungen der Ich- und der Wir-Vorbereitung in: M. Kröger, Themenzentrierte Seelsorge, Stuttgart 31973, 238 ff.

diesem Aufwand entspricht; im Gegenteil wurde dadurch die Stoffdominanz des Unterrichts gefördert. So trete ich dafür ein, die didaktische Analyse abzuspecken. Was ist unverzichtbar?
Als erstes muß der Stoff in seiner inneren Struktur durchleuchtet sein. Dieser Schritt wird in vielen Anleitungen heute von der didaktischen Analyse getrennt als Sachanalyse abgehandelt. Hier stehen folgende Fragen an: Um welche Sachverhalte geht es, welche Aspekte weisen sie auf, welche inneren Bezüge/Gesetzmäßigkeiten/Ordnungen muß ich beachten? Was muß ich zuerst wissen/können, um das nächste verstehen/tun zu können? In welchen übergeordneten Zusammenhängen stehen diese Sachverhalte?
Dieses Feld, das die Fachdidaktiken beackern, muß ich hier nicht weiter ausführen.
Als nächstes betrachte ich die GLOBE- Bezüge des Stoffes.
Auf der einen Seite geht es um die Position des Stoffes in dem Curriculum und die Lehrziele, die vom Curriculum her vorgeschlagen werden. Wichtig ist für mich die Frage nach dem Exemplarischen und nach dem Fundamentalen? So zielt die erste der oben genannten Themenformulierungen zu dem Stoff „Die Frühblüher" auf das Exemplarische (den „Trick" der Frühblüher), die zweite Themenformulierung bezieht das Fundamentale ein (das Erleben des Frühlings). Auf der anderen Seite geht es um den Bezug des Stoffes zur Lebenswelt der Schüler in der Frage nach der Gegenwartsbedeutung und der Zukunftsbedeutung der mit dem Stoff dargestellten Sachverhalte und der in dem Stoff angelegten Bildungsgehalte[6].
Stoffdominanz des Unterrichts kommt auch dadurch zustande, daß die Lehrziele aus der didaktischen Analyse abgeleitet werden. Die Bestimmung der Lehrziele (ebenso wie des Themas) ist aber erst möglich, wenn die zwei weiteren Verbindungslinien, nämlich WIR-ES (Schüler-Stoff) und ICH-ES (Lehrer-Stoff) reflektiert worden sind.

2.3.3.3 Das Segment „Mein Kernanliegen" [7]

Unterricht kann nicht anders als langweilig werden, wenn der Lehrer sich für den Stoff überhaupt nicht zu interessieren scheint. Bevor ich mich also anschicke, einen motivationalen Zugang für die Schüler zu suchen, muß ich ihn bei mir selbst entdecken. Nun gibt es Unterrichtsinhalte, zu denen ich eine unmittelbare Beziehung habe, die mich reizen, begeistern, aber es gibt auch solche, die mich zunächst langweilen. Wichtig ist hier, daß ich mir meiner Bezüge zu den angesprochenen Sachverhalten bewußt werde: Wann und wie bin ich ihnen schon einmal begegnet, welche Bedeutung hatten sie damals für mich? Welche Bedeu-

6 Die verschiedenen Möglichkeiten einer didaktischen Analyse sind hiermit nur angedeutet, vgl. Peterßen, aaO.; siehe die Weiterentwicklung von Klafki, in W. Klafki, Neue Studien zur Bildungstheorie und Didaktik, 2. erw. Aufl, Weinheim/Basel 1991, 270 ff.

7 Die Formulierung „Mein Kernanliegen" ist entlehnt von K. R. Platzer-Wedderwille, Lehrerausbildung und Unterricht mit TZI, in: Themenzentrierte Interaktion H. 1/1987, 50 ff.

tung haben sie gegenwärtig in meinem Leben? Welche Bedeutung werden sie in Zukunft für mich haben? Welche Wichtigkeit spreche ich ihnen überhaupt zu? Auch und gerade negative emotionale Tönungen müssen ausgesprochen werden. Die didaktische Begeisterungsfähigkeit des Lehrers hebt sich jedoch von der persönlichen ab. Wenn ich zum Beispiel feststelle, daß die bildhafte Vergegenwärtigung der Landkarte Deutschlands für mich selbstverständlich ist und ich sie im Alltag laufend benutze, wenn ich z. B. Städtenamen höre oder Reisen plane, dann heißt das noch lange nicht, daß mich die Landkarte begeistert. Wofür ich mich aber brennend interessieren kann, ist die didaktische Frage: Worauf beruht diese Fähigkeit, wie habe ich sie erworben, wie benutze ich sie, gibt es Hilfen, Orientierungsmittel, wie kann ich den Nutzen plausibel machen, wie kann ich diese Fähigkeit erwecken? Bei einer Unterrichtsvorbereitung muß man mindestens zweimal auf die Frage zurückkommen, was mein Kernanliegen in dieser Einheit ist: Einmal im ersten Wurf und dann wieder, nachdem man die anderen drei Segmente durchgegangen ist. Leitfragen können sein: Worauf kommt es mir bei diesem Unterrichtsthema an? Was will ich in diesem Unterricht mindestens erreichen? Was halte ich darüber hinaus für wünschenswert/möglich?

Meine Einstellung auf den Unterrichtsstoff und die Bestimmung meiner Lehrziele hängt wesentlich davon ab, welche Bedingungen ich habe: Klassenraum, andere Schulräume, Schulgelände, Umgebung, didaktisches Material, Unterstützung oder Einschränkungen durch Kolleginnen und Kollegen, Hausmeister, Schulleitung, zeitliche Lage des Unterrichts, Zeiteinteilung usf. Diese Rahmenbedingungen sollen unter der Fragestellung untersucht werden: Kann ich für die Durchführung meines Unterrichtsvorhabens Rahmenbedingungen nutzen oder Rahmenbedingungen verbessern, z. B. durch Kooperation mit Kollegen/Kolleginnen, durch die zeitliche Platzierung der Stunden, Benutzung von Medien, von didaktischem Material, von Unterrichtsgängen außerhalb der Schule, Zusammenarbeit mit Eltern usf.?

Auf der Ebene der Vermittlung stoffgebundener Fähigkeiten und Fertigkeiten führt die Frage nach meinem Kernanliegen, wenn sie nochmalig nach der Durcharbeitung aller vier Segmente gestellt wird, zur Benennung der Lehrziele. Die Lehrziele sollen differenziert sein nicht nur nach den herkömmlichen Kriterien der übergreifenden („groben“) und der detaillierten („feinen“) Ziele oder nach taxonomischen Kategorien wie kognitiv, emotional, praktisch. Für weitaus wichtiger halte ich die Differenzierung der Ziele für bestimmte Schüler sowie nach Mindestlehrzielen und weitergehenden Zielen. Dasselbe gilt für die Ziele, die sich aus der Analyse der ICH-WIR-Verbindungslinie ergeben und die sich beziehen auf die Arbeitsfähigkeiten und Umgangsformen in der Lerngruppe; sie kommen zu den stofforientierten Lehrzielen hinzu und werden in ein- und demselben Unterrichtsarrangement beabsichtigt.

Sehr viele wichtige Lehrziele sind nicht operationalisierbar, andere müssen operationalisiert und auch überprüft werden, jedoch keinesfalls am Ende jeder Stunde oder Einheit. Da der Begriff Lernziel mit dem Fetisch der Operationalisierung eng verknüpft ist, bevorzuge ich die Bezeichnung Lehrziel, die ausdrückt, daß die Ziele meine Absicht sind, was noch lange nicht bedeutet, daß sie zur Absicht der Schüler werden oder gar deren Lernen bestimmen.
Erst die bewußte und akzeptierte Möglichkeit, daß das Lernen der Schüler anderen Zielen folgt, als meinen Wünschen und Vorgaben, schafft den Freiraum für lebendiges Lernen.

2.3.3.4 Persönliche Voraussetzungen und psychodynamische Analyse

Überlegungen zu den persönlichen Voraussetzungen der Schüler finden sich in allen didaktischen Konzepten, z. B. im Berliner Modell in der Kategorie der anthropogenen Voraussetzungen. Der Begriff Voraussetzungen sollte als doppelseitiger verstanden werden: Voraussetzungen der Personen für den Stoff wie auch Voraussetzungen des Stoffes für die Personen, d. h. die stofflichen Inhalte sind auch im Hinblick auf die Personen zu bestimmen. Zu bedenken sind nicht nur die praktischen und kognitiven Voraussetzungen zur Bearbeitung und Erfassung des Stoffes, sondern auch die motivationalen und emotionalen, die besonders für die Überlegungen wichtig werden, wie der Stoff in der Lerngruppe behandelt werden soll.
Das heißt, daß man zu dieser Kategorie immer wieder zurückkehren muß, wenn man in der Vorbereitung oder Nachbereitung Abläufe, Arbeitsschritte, Situationen reflektiert. Auf die Ausarbeitung dieser Kategorie kann ich hier verzichten.
In den didaktischen Konzepten nicht bedacht sind die psychodynamischen Bedeutungen, die die Beschäftigung mit dem Unterrichtsstoff gewinnen kann. Diese sind jedoch sowohl für den einzelnen wie für die kollektiven Phantasien in der Gruppe von höchster Bedeutung.
Fast jeder Unterrichtsstoff kann Assoziationen auslösen, die an unbewußte oder vorbewußte Themen anknüpfen, und in fast jedem Arbeitsprozeß können diese Themen unerkannt Einfluß gewinnen, indem sie sich als erwünschte oder unerwünschte emotionale Beteiligungen zeigen, im letzteren Fall als Langeweile, Ablenkung oder Disziplinstörung.
Mit dem Postulat, daß Störungen „Vorrang" haben, drückt die TZI aus, daß derartige Erscheinungen vom Lehrer näher untersucht werden sollen. Sie können durch die psychodynamische Analyse in die Reflexion und Unterrichtsplanung aufgenommen werden.
Die Assoziationen, die Schüler zum Stoff haben, sind lebensgeschichtlich bedingt und laufen nicht immer in die gewünschte schulische Richtung. Ein Lehrer mag zum Beispiel entrüstet sein, wenn Schüler bei der Zeichnung der Sinus-Kurve „Busen" assoziieren, übersieht aber dabei vielleicht, daß der Wortsinn im Lateinischen diese Bedeutung enthält, wie z. B. auch noch in unserem Begriff Meeresbusen.

Das Konfliktpotential dieser Assoziation mag im allgemeinen gering sein, aber es kann in geeigneten Momenten dennoch die Klasse mit- und fortreißen, und dies umso heftiger, je mehr die Assoziationen aus der schulischen Kommunikation verbannt werden sollen, z. B. wenn bei der Assoziation „Busen“ „Männerphantasien“ gegen Klassenkameradinnen oder Lehrerinnen gewendet werden.
Bekannt sind die emotionalen Bezüge bei der Bearbeitung von Texten, sei es im Deutsch- oder Religionsunterricht, z. B. die Wirkung von Märchen. Dennoch werden selbst Texte, die in hohem Ausmaß Bilder und Symbole enthalten, die aus dem Unbewußten kommen und Unbewußtes mobilisieren, zumeist nicht auf ihre psychodynamischen Wirkungen hin analysiert – meist aus Unkenntnis dieser Möglichkeit. Ähnlich geht es vielen Lehrern, die freie Texte von Kindern schreiben lassen oder durch Aufschreiben aufnehmen. Sehr oft enthalten solche Texte bedeutsame Mitteilungen aus dem ganz persönlichen Erleben, die verschlüsselt sind – auch für die Kinder selbst, sonst könnten sie sie nicht schreiben -, und die oft unverstanden bleiben. Die Verschlüsselungen geschehen z. B. durch Märchenfiguren, Märchensymbole, Identifikationen mit Tieren oder auch menschlichen Figuren, am auffälligsten dann, wenn Schüleräußerungen den rationalen Wortsinn verlassen und unverständlich erscheinen.
Noch unbekannter ist die Tatsache, daß auch andere Sachthemen mehr oder weniger bewußte Phantasien auslösen, die sich so auswirken können, daß der Beschäftigung mit der Sache Widerstand entgegengebracht wird, oder daß „sachfremd“ mit ihr umgegangen wird, oder auch, daß sich eine Lerngruppe besonders intensiv mit diesem Gegenstand beschäftigen kann.
So lebt ein Teil der Beschäftigung mit der Geschichte aus der Identifikation mit den handelnden Figuren, in denen immer wieder Grundmuster menschlichen Erlebens gespiegelt werden. In der Biologie spricht das Verhalten der Tiere, aber auch das Erleben von Ereignissen und Abläufen in der Natur („Frühling“) Gefühle an von Geborgenheit, Bindung, Stärke und Ohnmacht. Selbst ein so „harmloses“ Thema wie „Das Gebiß“ hat seine emotionalen Assoziationen – (siehe Reiser 1983, 253 ff.).
Es scheint so, als ob derartige Überlegungen umso legitimer gehalten werden, je jünger die Kinder sind oder je gestörter, also in Anfangsklasssen und in Sonderklassen. Dies ist jedoch unrichtig: Für einen Oberstufenlehrer, der in Geschichte die Nazizeit durchnahm, ergaben sich in der Klasse heftige emotionale Verwicklungen; es stellte sich heraus, daß er aus tiefer. Betroffenheit seine jüdische Abstammung der Klasse nicht mitgeteilt hatte, gerade weil er keine Schuldgefühle erzeugen wollte, und daß gerade aus diesem Verschwiegenen ein Gestrüpp von Schuldgefühlen und trotzigem Widerstand wuchs.
Psychodynamische Ladungen von Unterrichtsstoffen werden immer dann besonders wirksam, wenn sie in die Beziehungen der Person hineinspielen oder in diese projiziert werden. So ist es z. B. möglich, daß ein junge Physiklehrerin, für die ein

Teil der Jungen heimlich schwärmt, bei der Behandlung elektrischer Ladungen und Spannungen mit ständiger Unruhe, Witzelei, Gekichere und Unaufmerksamkeit konfrontiert wird. Dieses Erregungspotential läßt sich aber ebenso für einen besonders lustvollen Arbeitsprozeß nutzen, wenn es von der Lehrerin nicht als Abwertung ihrer Bemühungen verstanden wird.

Wie bei allen Segmenten ist die freie Assoziation des Betroffenen die beste Möglichkeit, um derartigen Bedeutungen auf die Spur zu kommen. Dennoch können oft Leitfragen hilfreich sein:

Welche Assoziationen kann der Stoff auslösen, welche Emotionen kann er mobilisieren, besonders bei Schülern, die besondere Positionen in der Klasse haben: als Außenseiter, als Cliquenführer, als Stimmungsmacher, als konstruktive oder destruktive Meinungsführer? Wichtig ist es, die besonders stillen Kinder, z. B. die zurückgezogenen Mädchen, nicht zu vergessen. Enthält der Stoff Gefühle und Bedeutungen, die auch für die Beziehungen der Schüler zu mir und untereinander wichtig werden können?

Mit welchen Personen oder mit welchen Vorgängen werden sich welche Schüler identifizieren?

Enthält der Stoff Bilder, Symbole, in denen Grundprobleme menschlichen Lebens angesprochen werden, und wie zeigen sich diese Probleme im Erleben der Schüler/innen?

Stets ist auf die Geschlechtsspezifität des Umgangs mit diesem Stoff besonders zu achten.

Ein heilpädagogischer Unterricht kann durch die Orientierung an TZI in ausgeprägter Weise mit diesen psychodynamischen Elementen arbeiten (siehe Reiser 1987, 181 ff.).

Aber auch ohne heilpädagogische Intention ist das Erkennen möglicher psychodynamischer Bedeutungen wichtig für die Nuancierung der Themen und für die persönliche Einstellung des Lehrers auf die Gruppe und das Thema.

2.3.4 Dynamik und Balance

Unterricht nach TZI kann nur als fortlaufender Prozeß, nicht als einmalige Veranstaltung gedacht werden. Das heißt, daß viele der oben beschriebenen Überlegungen aus der Reflexion vorangegangenen Unterrichts erwachsen. Psychodynamische Bedeutungen lassen sich z. B. oft nicht vorausahnen, da Stoffe aus der aktuellen Situation heraus mit Bedeutungen belegt werden; die Beziehungsebene ist stets im Fluß. Ich kann jedoch im Verlauf auf sie aufmerksam werden; sind mir gerade diese Aspekte wichtig, dann werde ich die psychodynamisch bedeutsamen Komponenten eines Stoffes zunächst probeweise und sehr offen anbieten, um zu erfahren, wie die Schüler darauf reagieren.

Wahrnehmung ist aller Didaktik Anfang. Wenn dieses hier vorgestellte Modell zur Reflexion von Unterricht nicht zur Verfeinerung und Schulung der Wahrnehmung führt, hat es seinen Zweck verfehlt. Aus dem Widerspruch zwischen dem Wahrgenommenen und den Zielen, die ich mir in Übereinstimmung mit meinem Lehrauftrag setze, entsteht die Themenformulierung. Stets sollte ich ein Thema für mich formulieren, auch wenn es in dieser Form nicht immer den Schülern mitgeteilt werden kann. Im Prozeß einer Lerngruppe ist jedoch die Transparenz der Themensetzung ein wichtiges Ziel, das noch vor dem so oft genannten Ziel steht, die Themen gemeinsam mit den Schülern zu bestimmen. Die gemeinsame Themenbestimmung ist sicher eine kostbare Ausnahme im öffentlichen Schulbetrieb und sollte deshalb gepflegt werden. Erhebe ich sie aber zur alleinigen Legitimation des Unterrichts, so argumentiere ich unrealistisch und unaufrichtig.

Es ist und bleibt Aufgabe des Lehrers, das Thema und den Arbeitsprozeß in der Balance zu halten: Das heißt, darauf zu achten, daß die ICH-, die WIR-, die ES- und die GLOBE-Aspekte in einer langfristigen didaktischen Strukturierung in den Arbeitsprozeß eingebunden werden.

Eine langfristige didaktische Strukturierung setzt voraus, daß die Vorstellung von „Lektionen“, die „gehalten“ werden, überwunden wird.

Langfristige didaktische Strukturen bauen auf Zeit- und Arbeitsrhythmen auf, wie sie in der Grundschule in der Wochenplanarbeit und der Freien Arbeit verwirklicht sind. Sie arbeiten mit projektorientierten Unterrichtsformen, mit Individualisierung in Aufgabenbestimmung, Zeitpunkt und Zeitumfang der Bearbeitung.

H. Reiser
(2004)

Gruppe und Gruppenleitung aus der Sicht der Themenzentrierten Interaktion und des systemisch-konstruktivistischen Ansatzes

Themenzentrierte Interaktion, 18(1), 44-63

Dieser letzte auf die Themenzentrierte Interaktion bezogenen Beitrag dokumentiert die Hinwendung Helmut Reisers zu dem systemisch-konstruktivistischen Ansatz. Er vergleicht beide Konzepte nach dem Kern ihrer Aussagen, arbeitet Unterschiede und Gemeinsamkeiten heraus, die vielfach in den theorieinternen Sprachformen nicht unmittelbar sichtbar werden. Der Autor formuliert als persönliches Fazit, dass sich Themenzentrierte Interaktion und Systemtheorie durch die Übernahme bestimmter Elemente annähern können – aus der Perspektive der TZI: Dass sie mit Gewinn Zugänge der Systemtheorie aufnehmen kann, ohne ihren eigenständigen Charakter aufzugeben.

1.1 Gruppe und Gruppenleitung aus der Sicht der Themenzentrierten Interaktion und des systemisch-konstruktivistischen Ansatzes (2004)

In den letzten Jahren hat der „systemische Ansatz“ in Therapie, Beratung, Supervision, Organisationsentwicklung, Pädagogik, Schulentwicklung usf. eine wachsende Bedeutung erlangt. Ich beziehe mich im folgenden auf die vorherrschende Ausrichtung des systemisch-konstruktivistischen Ansatzes. Andere Spielarten, z. B. den systemisch-phänomenologischen Ansatz, der neuerdings z. B. für die Aufstellungsarbeit nach Hellinger reklamiert wird, oder die Amalgierung von systemischen und hypnotherapeutischen Ansätzen beachte ich hier nicht. Das Eigenschaftswort konstruktivistisch drückt aus, dass dieser Ansatz auf die Erkenntnistheorie des Konstruktivismus abhebt, der in verschiedenen Spielarten (sozialer Konstruktivismus, Konstruktionismus, radikaler Konstruktivismus) vertreten wird, wobei in diesem Kontext zumeist auf den radikalen Konstruktivismus Bezug genommen wird. Im Zusammenhang mit diesem erkenntnistheoretischen Ausgangspunkt wird zur Unterfütterung des systemisch-konstruktivistischen Ansatzes häufig die Theorie Sozialer Systeme von Niklas Luhmann (siehe „Einführung in die Systemtheorie“, Erstauflage 2002) herangezogen, die in den Sozialwissenschaften einschließlich der Erziehungswissenschaft große Furore gemacht hat. Ich werde im folgenden diese erkenntnistheoretischen und sozialwissenschaftlichen Hintergründe nicht im einzelnen darstellen, sondern sie nur soweit erläutern, wie es für den Gang der Darstellung nötig ist. Gänzlich außer Acht muss ich die Umsetzungen des systemisch-konstruktivistischen Ansatzes in der Didaktik, der Lernbegleitung, der

Schulentwicklung lassen (siehe Reinhard Voß (Hrsg.)1997: „Die Schule neu erfinden“ und Rolf Balgo/Rolf Werning (Hrsg.) 2003: „Lernen und Lernprobleme im systemischen Diskurs“), da weder mein Zeitbudget noch der verfügbare Platz in der Zeitschrift diesem Thema gewachsen gewesen wäre. Einen plastischen und theoretisch fundierten Überblick über den „sehr, sehr breit (en)“ (Molter/Hargens 2002, 7) Anwendungsbereich systemischer Ideen für die Arbeit mit Gruppen gibt der von Molter und Hargens (2002) herausgegebene Sammelband, auf den ich mich des öffteren beziehen werde.

1 Historische Hintergründe des jeweiligen Begriffs von Gruppe

Die Themenzentrierte Interaktion wurde von Ruth C. Cohn entwickelt auf dem zeitgeschichtlichen Hintergrund der Gruppenpsychoanalyse, der encounter-Bewegung und der experimentellen und Erlebnis-Therapie in Gruppen (siehe zu diesem Abschnitt Ruth Cohn Erstauflage 1975, insbesondere S. 111-119 und Ruth Cohn Erstauflage 1984, S. 255-344). Es handelte sich hierbei um Gruppen von Erwachsenen, die freiwillig zu Therapie – oder Selbsterfahrungszwecken zusammen kamen. Von Anfang an traten jedoch bei Ruth Cohn neben der Selbsterfahrungsgruppe auf der Basis der Psychoanalyse, der Erlebnistherapie und der Gestalttherapie zwei weitere Gruppentypen hinzu: Die Ausbildungsgruppe in der Psychoanalytiker-Ausbildung, die als Lern-/Arbeitsgruppe oder Supervisionsgruppe verstanden werden kann, und Begegnungsgruppen zu Themen von psychologischer oder sozialer Bedeutung für das Gemeinschaftsleben. Es ging also bei der TZI nicht mehr um Therapie (für Therapie gibt es laut Ruth Cohn geeignetere Verfahren), sondern um die Humanisierung des gesellschaftlichen Lebens, des Lernens in Schulen und in anderen Kontexten, des Arbeitens in der Wirtschaft usf.. Obwohl hier „Erziehungs-, Trainings- und Kommunikationsgruppen“ ins Blickfeld kamen, war doch die Ausgangslage die Arbeit einer Gruppe freiwilliger Erwachsener an einem alle betreffendem Thema, und zwar einer Gruppe, die zu diesem Zweck zusammen gekommen ist. Auch wenn sich diese Gruppenanlässe heute ausgeweitet haben auf halbfreiwillige und nicht-freiwillige Teilnehmer und in der Pädagogik, die sich an TZI orientiert, Kinder und Jugendliche als Gruppenteilnehmer/innen beachtet werden, ist der Ausgangspunkt die Sekundärgruppe, das heißt die zu einem bestimmten Zweck zusammen gekommene Gruppe, im Gegensatz zur Primärgruppe, der gewachsenen Gruppe in Familie und Nachbarschaft. Die Schulklasse und die Gruppe am Arbeitsplatz können unter beiden Aspekten betrachtet werden, was zur Folge hat, dass es diskutiert werden kann, ob eine Schulklasse eine „Gruppe“ ist.

Von diesem Ausgangspunkt her schwingt in der Verwendung des Begriffs „Gruppe“, mit dem unproblematisiert und landläufig der Gegenstand der TZI-Arbeit bezeichnet wird, die Bedeutung mit, dass in dieser sozialen Gruppierung eine überschau-

bare Anzahl von Menschen zusammen gekommen ist, um ein gemeinsames Ziel zu verfolgen – was ja bei sozialen Gruppierungen nicht immer der Fall ist.
Der systemisch-konstruktivistische Ansatz hat seinen historischen Ausgangspunkt in der Familientherapie, also in der Arbeit mit einer Primärgruppe. Auch wenn er diesen Ausgangspunkt heute überschritten hat, sind seine Reflexionen und Techniken auf Gruppen ausgerichtet, die in der realen Lebenswelt in Interaktion stehen, also auf bestehende Interaktionssysteme. Die gruppalen Strukturen, gewohnten Umgangsweisen, individuellen und kollektiven Konstruktionen von Realität wurden hier einer de-konstruierenden Betrachtung unterzogen und für neue Horizonte geöffnet, das heißt, es wird in ein bestehendes soziales System interveniert. Die Interventionen waren ursprünglich nicht darauf gerichtet, eine Gruppe zu konstituieren, sondern gehen von einer bestehenden verfestigten Struktur aus, die im Laufe des Beratungs- oder Therapieprozesses oder der pädagogischen Einwirkung sich verflüssigen soll und veränderungsfähig werden soll. Inzwischen hat sich in Therapie und Pädagogik der systemische Ansatz über diese Ursprünge hinaus entwickelt, z. B. auch auf die Gestaltung von zusammengesetzten Therapiegruppen, Fortbildungsgruppen, Begleitung von Lernprozessen.
Dabei hat der systemisch-konstruktivistische Ansatz in Bezug auf Therapie, Beratung, Erziehung einen universellen Anspruch: In allen drei Bereichen werden dieselben Denkmuster und Techniken eingesetzt (Zum systemisch-konstruktivistischen Ansatz siehe das „Lehrbuch der systemischen Therapie und Beratung" von Arist von Schlippe und Jochen Schweitzer, Erstauflage 1996).
Die Vorstellung davon, was eine Gruppe ist, und die Techniken der Leitung einer Gruppe sind von diesen verschiedenen Ausgangslagen her mit bestimmt. Natürlich gilt der Gegensatz zwischen Primärgruppe und Sekundärgruppe nicht absolut; es gibt Überschneidungsbereiche. Die Differenz wird letztlich durch die Interpretation des Beobachters hergestellt, nicht durch objektive Unterschiede. Am Beispiel der Schulklasse oder der Arbeitsgruppe im Betrieb wird dies besonders deutlich. Beide Gruppierungen kann ich als soziale Systeme konstruieren, oder ich kann sie als „Gruppen" im Sinne der TZI betrachten. Es stellt sich die Frage, ob es eine Differenz dieser beiden Sichtweisen gibt und wenn ja, ob diese Differenz Folgen für die Gruppenleitung hat.
Deshalb sollen in den folgenden Abschnitten die Sichtweisen auf „Gruppe", bzw. auf „soziales System" näher erläutert werden.

2 Die Gruppe in der TZI

Der Buchtitel „Auf dem Weg zur arbeitsfähigen Gruppe" (Belz u. a. 1988) drückt aus, worum es der TZI geht: die Kooperation in einer Gruppe zu optimieren. Als Gruppe wird dabei eine überschaubare Anzahl von Menschen – in der Kleingruppe ab drei Personen, in der Großgruppe bis zu mehreren hundert Personen – bezeichnet, die in Interaktion stehen und sich dabei auf eine gemeinsame Aufgabe oder Tätigkeit beziehen. (Die interessante Frage nach virtuellen Gruppen sei dabei ausgeklammert.) Die Gruppe ist insofern ein Produkt ihrer Organisatoren, im Regelfall der Gruppenleitung, da sie – auch wenn die Gruppierung zuvor bereits existierte – durch die Angabe der Zielsetzung und der Angabe von Ort und Zeit des Zusammentreffens durch diese erst konstituiert und in ihrer Funktion bestimmt wurde. Die Gruppe ist so konstituiert – zumindest in der Wahrnehmung ihrer Organisatoren, aber noch nicht zwangsläufig arbeitsfähig. Nach dem Modell der TZI setzt die Gruppenleitung verschiedene Techniken ein, die es ermöglichen, dass die Gruppe arbeitsfähig wird, in der Sprache der TZI ausgedrückt, damit ein „Wir" entsteht. Die in der TZI geführte Diskussion um Phasen des Gruppenprozesses hat im Hintergrund die Voraussetzung, dass es sich um eine Gruppe handelt, die arbeitsfähig werden soll, sich zum „Wir" entwickeln soll.

Der Begriff „Wir" ist visionär aufgeladen: Von einem „Wir" kann gesprochen werden, wenn die Teilnehmer sich – zumindest tendenziell – auf die gemeinsame Aufgabe und aufeinander beziehen, wenn also dem Balancemodell folgend sowohl „Bezugnahme" auf die Sache wie auch „Beziehung" zu den anderen Teilnehmern, in anderen Worten: „Kooperation" und „Begegnung" entwickelt werden kann (zu diesem Modell siehe Walter Lotz 2003, S. 74-110).

Der Leitgedanke dieser Entwicklung ist das sich gegenseitig verstärkende Wachstum von Autonomie und Interdependenz der Einzelnen in der Gruppe. Dieser Gedanke kann auch für die Gruppe als Ganzes angewendet werden: Die Gruppe vertieft ihren Bezug zur Sachaufgabe, die einen Punkt aus dem Globe fokussiert, je autonomer sie in ihren Entscheidungen wird und je bewusster ihr die Abhängigkeiten vom Globe werden.

Entlang des Chairpersonpostulats kann aber festgehalten werden, dass diese Entwicklung ihren Ausgangs- und ihren Endpunkt bei der einzelnen Person nimmt, genauer bei den bewussten Entscheidungen, die von der Person jeweils getroffen und verantwortet werden. Der bewussten Entscheidungskompetenz stehen jedoch vielfältige Störungsquellen entgegen, die im Störungspostulat angesprochen werden.

Unbewusstheit ist in Weiterführung eines psychoanalytischen Theorems eine Quelle oder auch ein Ausfluss von „Störungen", aber in „Störungen" können sich produktive aus dem Unbewussten kommende Themen ausdrücken. Deshalb haben sie Vorrang. Die Gruppenprozesse, die Arbeitsfähigkeit behindern oder befördern, werden deshalb in der TZI in einer mehr oder weniger ausgeprägten Nähe zu psychoanalytischen Vorstellungen über unbewusste Gruppenprozesse konzeptualisiert. Sowohl das Modell der basic assumptions nach Bion wie das Modell der Gruppenmatrix nach Foulkes wird in der TZI-Praxis angewendet, selbst wenn explizit nicht auf die Psychoanalyse Bezug genommen wird: Das Modell der basic assumptions geht davon aus, dass den sichtbaren Interaktionen, der Ebene der Arbeitsgruppe, unbewusste Strömungen zu Grunde liegen, die von unbewussten

Annahmen gesteuert werden, worum es in der Interaktion geht (Eisbergmodell). Das Modell der Gruppenmatrix nimmt an, dass sich in der Interaktion auf bewusster und unbewusster Ebene unbewusste Themen und Lebensthemen der einzelnen in spezifischen Knotenpunkten verknüpfen zu bewussten oder unbewussten Gruppenthemen (Foulkes). In beiden Modellen sind Personen, betrachtet als ganzheitliche Entitäten von Körper, Emotion und Kognition, die Grundelemente der Gruppe, die jedoch dann in ihrer Gesamtheit mehr darstellt und ausdrückt als die Summe der einzelnen persönlichen Beiträge. Deshalb kann jede Kommunikation einer Person nach zwei Richtungen befragt werden: Was sie ausdrückt von dieser Person und was sie ausdrückt von der Gruppe.

Obwohl auf der Reflexionsebene psychoanalytische Aspekte mit im Spiel sind, wird in der Gruppenleitung mit dezidiert nicht-psychoanalytischen Techniken gearbeitet, um Übertragungseffekte aufzulösen, vornehmlich mit Themen- und Strukturvorschlägen.

Diese Bearbeitungstechniken sind auf das Hier und Jetzt konzentriert und auf die Antizipation der Zukunft gerichtet. Die Vergangenheit wird im psychoanalytischen Sinne als „Wiederholung“ früherer Erfahrungen mitbedacht, führt jedoch zu Interventionen, die zur Aktivität jetzt auffordern und so den Blick auf die Zukunft richten (siehe die beeindruckende Fallbeschreibung von Angelika Rubner 2002).

Die wichtigsten Interventionsinstrumente sind Themensetzungen und Strukturvorschläge zur Arbeit der Gruppe. Bei Gelingen dieser Interventionen arbeitet die Gruppe in einer Interaktion, die möglichst frei von Steuerungen durch die Leitung, aber zielorientiert durch die Themen- und Strukturvorgaben ist, an der Sachaufgabe. Leitungsinterventionen werden begründet und begrenzt durch das zentrale methodische Prinzip der Dynamischen Balance innerhalb des Vier-Faktoren-Modells von Ich, Wir, Es, Globe.

Da bei den Lesern dieser Zeitschrift die Umrisse der TZI als bekannt vorausgesetzt werden können, genügt es, an dieser Stelle einige Punkte des Verständnisses von Gruppe nach der TZI festzuhalten:

- Der Anwendungsbereich sind nicht-therapeutische Lern- und Arbeitsgruppen.
- Die Gruppe ist als Interaktionsraum konzipiert, in dem sich Personen begegnen.
- In der Gruppe kann sich ein „Wir“ entwickeln.
- Diese Entwicklung nimmt ihren Ausgangspunkt von den bewusst verantworteten Entscheidungen der einzelnen und zielt auf deren chairpersonship.
- Sie hat in Bezug auf das „Wir“ die visionäre Leitidee der Begegnung und die visionäre Leitidee der Kooperation.
- „Störungen“ können Fingerzeige und Orientierungshilfen für die Entwicklung sein.
- Unbewusste Prozesse in der Gruppe können bewusst werden und müssen Beachtung finden. Die Wiederholung von Vergangenem wird aufgenommen und in zukunftsgerichtete Themen transformiert.

- Die Beschreibung der Gruppenprozesse und die Steuerung der Leitungsinterventionen geschieht mit Hilfe des Vier-Faktorenmodells (Ich, Es, Wir, Globe) und dem methodischen Grundsatz der Dynamischen Balance.
- Letztlich drückt sich in der visionären Vorstellung eines gelingenden Gruppenprozesses die Entwicklungsidee von TZI aus: Humane Entwicklung wird möglich, wenn Autonomie und Interdependenz gleichseitig wachsen und sich gegenseitig verstärken.

3 Gruppe als soziales System

In der systemisch-konstruktivistischen Sichtweise wird die Gruppe als eine Form eines sozialen Systems betrachtet, nämlich als Interaktionssystem, das so lange existiert, wie die Interaktion anhält, besser: solange ein Beobachter eine Interaktion beobachtet. Systeme werden konstruiert durch den Beobachter, der eine System-Umwelt-Grenze annimmt, um zwischen Innen und Außen unterscheiden zu können.
In der Perspektive des radikalen Konstruktivismus ist eine außerhalb der Konstruktionen des Beobachters existierende objektive Realität nicht erkennbar, das heißt: die Gruppe existiert in der Vorstellung, die ein Beobachter oder konsensuell mehrere Beobachter sich von ihr machen. Die beteiligten Personen haben jedoch ihre je eigenen Wahrnehmungen von der Welt, je eigene Bedeutungszuschreibungen, je eigene Konstruktionen von der interaktionellen Realität, in der sie kommunizieren. Eine Feststellung, welche der Konstruktionen die „richtigere“ oder die „wahrere“ sei, ist nicht möglich.
Dieser Beobachterabhängigkeit des sozialen Systems stehen im systemisch-konstruktivistischen Ansatz in einem paradoxen Verhältnis einige Annahmen über die Eigenschaften eines sozialen Systems gegenüber.
Nach der Systemtheorie sind die Prozesse in einem System zirkulär und selbstregulativ, das heißt: Es gibt keine linearen Verhältnisse von Ursache und Wirkung, sondern alle Prozesse bedingen sich gegenseitig. In diesem komplexen Zusammenhang steuert sich das System selbst. Es folgt selbsterzeugten operativen Regeln und entscheidet, ob es Informationen und Mitteilungen, die von außen auf das System prallen, für irrelevant erklärt und ignoriert, oder aufnimmt und verarbeitet. (Luhmann unterscheidet zwischen den Informationen als Inhalt und den Mitteilungen, die mit der Information verbunden sind, z. B. Bitten, Wünsche, Fragen usf.). Eine auf einen bestimmten Effekt im System zielende Intervention von außen kann diesen Effekt nicht sicher erzeugen, auch wenn sie im System ankommt, da die Verarbeitung im System den operativen Regeln des Systems folgt. Insofern ist das System operativ geschlossen, auch wenn es gleichzeitig informationell offen ist, das heißt auf den Austausch mit seiner Umwelt angewiesen. Die Funktionen der operativen Regeln des Systems bedingen sich aus dem Zusammenspiel der internen gewachsenen Kommunikationsstrukturen mit dem Kontext des Systems, das heißt der Einbettung des Systems in seine Umwelt.

Beispiel Familie
Diese allgemeinen Grundsätze können am Beispiel des Systems Familie leicht plastisch gemacht werden. Eine Familie entwickelt bestimmte Spielregeln der Kommunikation, denen die Familienmitglieder folgen. Für die Familie sind diese Regeln funktional, sie ermöglichen bestimmte Kommunikationen und sie schließen andere aus. Eine Wertung, ob diese Regeln positiv oder negativ zu bewerten sind, könnte von einem außenstehenden Beobachter nur nach dessen eigenem Wertesystem vorgenommen werden, wäre aber wenig hilfreich. Gelingt es, die Familie in Meta-Kommunikation zu bringen, so dass sie über ihre Kommunikation kommuniziert, erschließt es sich, wofür diese Regeln für wen brauchbar sind und wofür nicht, wofür sie Wege verschließen und wofür sie „viabel" (gangbar) sind. Die Beiträge der einzelnen Familienmitglieder zur Kommunikation bedingen sich gegenseitig: Wenn Kind A. dies tut, dann reagiert die Mutter auf eine bestimmte Weise, was vom Vater und anderen Familienmitgliedern kommentiert wird und wieder eine Reaktion des Kindes A. hervorruft. Bei diesem Satz ist als Ausgangspunkt, als „,Interpunktion" zur Beschreibung des zirkulären Zusammenhangs ein Verhalten des Kindes gewählt worden. Ebenso gut hätte bei demselben Vorgang ein Verhalten eines anderen Familienmitglieds zum Ausgangspunkt genommen werden können. Die Interpunktion, das heißt den Startpunkt, von dem aus Interaktionskreisläufe aufgeschlüsselt werden, wählt der Beobachter. Eine Intervention von außen, z. B. ein pädagogischer Ratschlag, kann entweder ignoriert werden, oder solche Reaktionen auslösen, die dem Wahrnehmungs- und Verarbeitungsmodus der Familie folgen. Eine Bedingung, dass eine Intervention überhaupt Chancen hat, aufgenommen zu werden, ist die „strukturelle Kopplung" der intervenierenden Umwelt mit der Struktur des Systems. Das Familiensystem muss mit der Information oder der Mitteilung überhaupt etwas anfangen können. Die familiären Kommunikationsregeln sind auch als funktional für Bedingungen des Kontexts, das heißt der kulturellen, gesellschaftlichen und milieubedingten Lebenswelt der Familie zu betrachten.

Soziale Systeme
Bei meinen bisherigen Ausführungen ist von Beiträgen von Personen, von Verhalten, von Kommunikationen die Rede. Damit ist noch nicht entschieden, was als Elemente des sozialen Systems zu betrachten sind: Kommunikationen oder Personen. Folgt man der Theorie von Luhmann, dann sind nicht Personen die Elemente der sozialen Systeme, obwohl ihnen zweifellos die Zugehörigkeit zu sozialen Systemen zugerechnet wird, sondern Kommunikationen. Theoretisch ist dieser gewöhnungsbedürftige Gedanke überzeugend: Die Struktur sozialer Systeme setzt sich nicht aus Personen zusammen, sondern aus Kommunikationen, die aneinander anschließen, Muster bilden, bestimmte Kommunikationen ausschließen und andere ermöglichen oder hervorrufen. Ein soziales System hat eine Geschichte von Kommunikationsweisen und Kommunikationsinhalten, von denen es determiniert ist. Diese Kommunikationen werden im Prozessieren des sozialen Systems

erzeugt und auf diese Weise erzeugt sich das soziale System beim Prozessieren selbst, es ist „autopoietisch". Gleichermaßen ist es funktional bezogen auf seine Umwelt. In ihren Operationen sind nach Luhmann psychische Systeme und soziale Systeme füreinander Umwelt, also operational völlig voneinander getrennt, und zugleich vollständig voneinander abhängig; die psychischen Operationen der beteiligten Personen sind Voraussetzung für Kommunikationen und Kommunikationen sind Voraussetzungen für psychische Prozesse. Dennoch folgen psychische und soziale Systeme jeweils völlig verschiedenen operativen Regeln, das heißt ich kann über Kommunikation nur in kommunikative Prozesse intervenieren, niemals in psychische Prozesse.

Nicht alle systemischen Konzepte folgen diesen Grundannahmen. Bei den Definitionen von „Gruppe" verschiedener systemischer Autoren wird auch mit dem Begriff der Mitglieder als Komponenten der Gruppe operiert (Hesse 2002, 15) oder von einer Ansammlung von Menschen gesprochen (Mehta/Jorniak/Wagner 2002, 117). Der Begriff der Mitgliedschaft, mit dem verschiedene Autoren arbeiten, muss nicht auf konkrete Menschen, sondern kann auch auf eine Kommunikationsform zurückgeführt werden. Mir drängt sich in der Breite der Meinungen systemischer Autoren der Eindruck einer Unschärfe der Begrifflichkeiten in diesem wichtigen Punkt auf. Molter greift dies auf und definiert stringent: „Unter den vielen Möglichkeiten, Gruppen systemisch zu definieren, bezeichne ich Gruppe als einen temporär zusammengesetzten Handlungszusammenhang, sprachlichen und außersprachlichen (Kon)Text bzw. soziales System" (Molter 2002, 208).

Die Frage, was als Grundelemente oder Komponenten einer Gruppe aufgefasst wird, ist nicht nur eine akademische, sondern hat auch große Bedeutung für die Praxis von Interventionen. Wenn ich von der Annahme ausgehe, dass die Grundelemente eines sozialen Systems Kommunikationen sind, dann gehe ich davon aus, dass ich in keiner Weise „Psychisches" verändern kann, sondern ich kann nur Änderungen von Kommunikationen anregen. Kommunikationsmuster, von denen ich annehme, dass sie nicht viabel sind, kann ich durch Interventionen irritieren, so dass das soziale System sich neu äquilibrieren muss und Veränderungen der operativen Regeln vornimmt. Es erfindet neue Kommunikationen und nur darauf kommt es in sozialen Systemen an. Der Begriff der Person bleibt als Klammer zwischen psychischem System und kommunikativen Äußerungen erhalten, die Interventionen zielen jedoch nicht auf die Veränderungen von Personen, sondern von Kommunikationsmustern.

Leitunginterventionen

Die Leiterinterventionen sind gegenüber den zwischen den Personen verhandelten Inhalten neutral; der Leiter nimmt gegenüber den unterschiedlichen Konstruktionen von Wirklichkeit und den unterschiedlichen Interessen einen „allparteilichen" Standpunkt ein; er sorgt dafür, dass alle zu Gehör kommen. In der Prozesssteuerung sind die Leiterinterventionen dagegen direkt: der Prozess wird gesteuert durch Fragen und Aufgabenstellungen, die von den Leitern an bestimmte Personen gerichtet werden. Dabei bietet der systemisch-konstruktivistische Ansatz eine Reihe von Fragetypen und Frageabfolgen an, die entweder als zirkuläre Fragen die Wahrnehmungen von Kommunikation aufdecken (z. B.: A. wird gefragt, wie nach seiner Meinung B. auf C. reagiert), oder als Fragen, die Einschätzungen bewusst machen und dazu Entscheidungen herausfordern, oder als Fragen, die Möglichkeitsräume für neue Lösungen eröffnen. Bekannt ist z. B. die sogenannte Wunderfrage: „Wenn das Problem durch ein Wunder über Nacht weg wäre: Woran könnte man erkennen, dass es passiert ist?“ (v. Schlippe/Schweitzer 1999, 159) mit einer kleinschrittigen Abfolge von weiteren Frageformulierungen, die zu Ausbildungszwecken regelrecht eingeübt werden. Die Fragetechniken dienen zur Zeit fast als Erkennungszeichen der systemisch-konstruktivistischen Methode, so wie früher die Hilfsregeln der Kommunikation nach TZI für das System der TZI genommen wurden. Im systemischen Vorgehen werden eine Reihe weiterer Techniken eingesetzt, z. B. Verschreibungen, Skulpturen, Genogramme, Metaphern usf., auf die hier jetzt nicht näher eingegangen werden kann (siehe v. Schlippe/Schweitzer 1999, Kap. 7 und 8).

Eine breite Palette der Anwendung systemischer Techniken in der Gruppe findet man in den Beiträgen bei Molter und Hargens (2002). Zirkuläre Fragetechniken sind von vorneherein für die Anwendung in Gruppen geeignet, wie aber können systemische Interventionstechniken, die auf einzelne Personen gerichtet sind und eine kleinschrittige Abfolge von Fragen und Aufforderungen vorsehen, auf die Gruppe umgesetzt werden? Dominierend ist die Arbeit mit einzelnen in der Gruppe, bzw. „vor“ der Gruppe (Molter 20002, 214), die aus einer Kette von Einzelinterviews besteht. Weiterhin werden andere Gruppenmitglieder wie ein Resonanzkörper eingesetzt, indem ihre Perspektiven und Lösungsideen abgefragt werden. Wenn jede Person an ihrem Thema arbeitet, werden zumeist „Runden“ organisiert, bei denen eine Person nach der anderen ihre Antwort auf die gestellten lösungsorientierten Fragen mitteilt (Schilderungen diese Arbeitsweise bei Tsirigotis 2002, 76 ff., Wagner 2002, 185 ff.). Themenschwerpunkte können so durch eine Abfolge von Fragen, Übungen und Ritualen in einem standardisierten Programm abgehandelt werden (Vogt/Caby 2002, 48 ff.). Gleichzeitig besteht jedoch der Anspruch, die Selbstorganisation der Gruppe zu stärken und zu nutzen. Dazu können zur Bearbeitung bestimmter Aufgaben Kleingruppen zu dritt oder zu viert gebildet werden, die typischerweise durch Zufallsentscheidung zusammengesetzt werden, und deren Ergebnisse dann im Plenum „abgefragt“ (so Schimpf/Börsch/Stahl/Ebel 2002, 93 in der sehr plastischen Schilderung ihres Vorgehens) oder von den Therapeuten gegebenenfalls im Innenkreis „evaluiert“ (ebenda 107) werden. Molter (2002) vergleicht in einem theoretisch sehr ambitionierten Beitrag die Tätigkeit des Gruppenleiters mit der eines Choreographen.

„Ein Choreograph ist jemand, der Schritte und Figuren benutzt und erfindet, um Tänze in Szene zu setzen. Ähnlich kann man einen Leiter von Gruppen sehen, der den Gruppenteilnehmern ‚Übungen' und ‚Rituale' anbietet, die sich von den üblicherweise praktizierten Kommunikationsformen so unterscheiden, dass sie einen ‚Unterschied machen, der einen Unterschied macht'" (212). Auch in den Anwendungsbereichen, in denen es um die Therapie von Einzelnen geht, lenkt die systemische Sichtweise den Blick auf Kommunikationsstrukturen, die nicht als personenabhängig begriffen werden, sondern als funktional bedingt im Zusammenhang mit dem internen Zusammenhalt des Systems und den übergreifenden Kontextabhängigkeiten.

Kommunikationsmuster ermöglichen es, dass Kommunikationen aneinander anschließen können. Dazu ist ein „Verstehen" der Kommunikation nötig, so dass sich die nächste Kommunikation anschließen kann, indem sie den Mitteilungen der vorherigen Kommunikation zustimmt oder sie verwirft. In diesem Sinne erzeugt das soziale System „Sinn" als Festlegung auf eine Auswahl aus der unbegrenzten Fülle von Verstehens- und Antwortmöglichkeiten. „Verstehen" und „Sinn" sind hier nicht tiefenhermeneutisch gemeint, wie in der humanistisch-psychologischen oder der psychoanalytischen Orientierung, sondern bezogen auf die Operationen der Kommunikation. Die Verstehensmöglichkeiten werden als vielfältig angesehen und nach ihrer Brauchbarkeit für viable Lösungen ausgesucht und angeregt. Lösungsorientierte und „narrative" Varianten der systemischen Therapie gehen davon aus, dass es darauf ankommt, neue, besser geeignete Erzählungen zu erfinden, neue Sinnfindungsmöglichkeiten zu erschließen. Deshalb wird vermieden, sich in die Problemsicht und die Problemanalyse zu vertiefen. Vielmehr wird eine Leichtigkeit und Lockerheit des Interaktionsstils angestrebt, und der Blick auf die Ressourcen gelenkt.

Auch unabhängig von den Handlungsformen lässt sich mit dem Modell eines sozialen Systems eine Gruppe beobachten und analysieren. Nach meiner Erfahrung sind diese Überlegungen auch für die Gruppenleitung nach der TZI hilfreich, wenn ich weiß, dass ich damit den Referenzrahmen wechsle und ich mit dem Unterschied theoretischer Perspektiven hantieren kann *(siehe Kasten: Beobachtung einer Gruppe als soziales System).*

Zusammenfassung

Abschließend lassen sich einige Punkte des systemisch-konstruktivistischen Verständnisses von Gruppe festhalten:

- Anwendungsbereich sind ursprünglich Gruppen, die real zusammen leben oder arbeiten, und dyadische Beratungssituationen; in letzter Zeit erfolgt eine Umsetzung auf Therapie- und Fortbildungsgruppen.
- Gruppe wird verstanden als Interaktionssystem. Die Konstruktion des Systems geschieht durch einen Beobachter.

- Die Struktur des Interaktionssystems wird gebildet aus Kommunikationen.
- Die Prozesse in Interaktionssystemen sind selbstregulativ und zirkulär.
- Das System ist operativ geschlossen und informationell offen.
- Anstöße von außen können bei struktureller Kopplung mit der Umwelt in das System gelangen, werden dort aber nur nach den systemeigenen Regeln verarbeitet. Aufgebaute Kommunikationsmuster und Regeln sind funktional für den internen Zusammenhalt wie für die Koppelung mit der Umwelt.
- Sie können durch geeignete Interventionen irritiert werden.
- Die Leiterposition ist inhaltlich allparteilich und in der Prozessteuerung direkt durch spezielle Fragetechniken und Aufgabenstellungen (Leiter als Choreograph).

Ziel ist es, das System zu verflüssigen und ihm dadurch zu einer flexibleren inneren Struktur und System-Umwelt-Kopplung zu verhelfen und es zu befähigen, viablere Lösungen zu finden.

Beobachtung einer Gruppe als soziales System

1. Welchen Standpunkt nehme ich als Beobachter zur Gruppe ein?
2. Wie konstruiert die Gruppe die Grenze zu ihrer Umwelt?
   - 2.1 Wie wird die Zugehörigkeit von Personen definiert? Wer ist innen, wer ist außen?
   - 2.2 Wie wird die Zugehörigkeit von Kommunikationsformen definiert? Was ist innen, was ist außen?
     - 2.2.1 Welche Arten von Informationen sind zulässig?
     - 2.2.2 Welche Formen von Mitteilungen werden erwartet und gezeigt?
     - 2.2.3 Welche Formen von Verstehen werden erwartet und gezeigt?
3. Wie konstruiert die Gruppe ihre strukturelle Kopplung mit der Umwelt?
   - 3.1 Welche Einflüsse aus der Umwelt werden in der Kommunikation aufgenommen, ignoriert, abgewehrt?
   - 3.2 Welche Funktionen eines übergeordneten Systems werden akzeptiert, übernommen, abgelehnt?
4. Wie konstruiert die Gruppe ihre Eigenzeit?
   - 4.1 Wie bezieht sich die Gruppe auf ihre eigene Vergangenheit?
   - 4.2 Wie entwirft die Gruppe ihre eigene Zukunft?
   - 4.3 Wie erlebt die Gruppe ihre eigene Gegenwart (flüchtig versus ausgedehnt)?
5. Wie produziert die Kommunikation der Gruppe „Sinn“? („Sinn“ als Verweis auf und Formung von ausgewählten Zielen und Zwecken unter vielen möglichen)

6. Welche Subsysteme agieren in der Gruppe?
   6.1 Welche Positionen und Gruppenrollen werden eingenommen?
   6.2 Offene Subsysteme?
   6.3 Verdeckte Subsysteme?
7. Welche Regeln der Machtausübung gelten in der Gruppe?
   7.1 Wie wird Leitung ausgeübt (offen – verdeckt), wahrgenommen, akzeptiert, abgelehnt?
   7.2 Wie wird Macht (offen – verdeckt) ausgeübt, wahrgenommen, akzeptiert, abgelehnt?
8. Inwiefern sind die Prozesse in der Gruppe
   8.1 offen und geschlossen
   8.2 schnell und langsam
   8.3 festgefügt und flüssig
9. Inwiefern gibt es in der Gruppe Metakommunikation (Selbstbeobachtung der Kommunikation)?
10. Zu welchen Punkten entwickeln andere Beobachter andere Konstrukte als ich?
11. Welche der von mir beobachteten Muster will ich irritieren?

Reiser 2003 (teilweise angelehnt an: Niklas Luhmann, z. B. 2002: Einführung in die Systemtheorie. Heidelberg

4 Sprachspiele und Differenzen

Beim Lesen meines Versuchs, die beiden Ansätze hintereinander, doch unter gleichen Fragestellungen zu beschreiben, wird deutlich geworden sein, dass sie sich in völlig verschiedenen Sprachwelten bewegen. Da wird mitunter in einer anderen Sprache etwas beschrieben, was gar nicht so verschieden sein muss, und manchmal scheinen Welten dazwischen zu liegen.
Deshalb lassen sich nicht einfach Gemeinsamkeiten und Differenzen feststellen, sondern ausgehend von den unterschiedlichen Sprachformen gilt es, für einzelne identifizierbare Bereiche herauszuarbeiten, wo Ähnlichkeiten in den Bedeutungszuschreibungen bestehen und wo es keine Entsprechungen gibt.
Die nachfolgende Tabelle versucht Formulierungen für einzelne Bereiche gegenüber zu stellen, um sie anschließend zu vergleichen.

Sprachspiele

Bereich	*TZI*	*Systemisch-konstruktiver Ansatz*
Grundannahme	Autonomie – Interdependenz	Operative Schließung – Informationelle Offenheit
Umwelt	Globe	Kontextbezug
Ethik	„Verantworte dein Tun und dein Lassen!" (Ruth Cohn)	„Handle stets so, dass die Anzahl der Möglichkeiten wächst!" (Heinz v. Foerster, 1998, 36)
Haltung	Wertschätzung	Respekt
Leiterposition	Mehrfache Aufmerksamkeit Selektive Authentizität	Allparteilichkeit Neutralität
Grundelement der Gruppe	Personenorientierung (Biografien und Gruppenmatrix)	Kommunikationsorientierung (Strukturen und Funktionen)
Prozessmodell	Dynamische Balance Vier-Faktoren-Modell	Zirkularität Selbstregulierung
Zeitperspektive	Aus unbewussten Wiederholungen in der Gegenwart zu Zukunftsorientierung	Strukturdeterminierung aus der Vergangenheit – Lösungsorientierung für die Zukunft
Leitungs-verhalten	Prozessbezogen (vergleichsweise) indirekter über Themen und Strukturen; inhaltlich selektiv teilnehmend	Prozessbezogen (vergleichsweise) direkter durch Fragen und Aufgabenstellungen; inhaltlich neutral
Interaktionsstil	Möglichst freie selbstregulierte Interaktion in der Gruppe	Im Ablauf leitergesteuerte lösungsorientierte Interaktion

In der Grundannahme der gegenseitigen Durchdringung von Autonomie und Interdependenz erweist sich Ruth Cohn als eine Vorläuferin systemischen Denkens. Im Gegensatz zu der systemischen Beschreibung des System-Umwelt-Verhältnisses geht sie jedoch von ganzheitlichen entscheidungsfähigen und selbstreflexiven Menschen – Subjekten – aus und spricht von einem anthropologischen Axiom, also von einer Aussage über den Menschen als Gattungswesen. Eine anthropologische Aussage würde in eine rein systemisch-konstruktivistische Sichtweise nicht mehr passen. Auch der Globe steht bei ihr unter dem Vorzeichen des Holismus und weist neben rationalen Bezügen auch emotionale und spirituelle Bezüge auf. Der Eindruck, dass in beiden Redeweisen fast etwas Ähnliches aber auf sehr differente Art und Weise angesprochen wird, verstärkt sich in der ethischen Haltung beider Ansätze. Auch in der TZI geht es nicht um bestimmte Werte im Sinne eines Wertekanons, sondern um „Wertschätzung" (siehe Jens Röhling 2002). Innerhalb der TZI-Community wird die konstruktivistische Grundposition der

TZI oft unterschätzt: TZI fordert auf, ethische Entscheidungen zu treffen, gibt aber nicht bestimmte ethische Entscheidungen vor. Wenn es so klingt, wie im 2. Axiom, erweist sich bei genauerem Hinsehen, dass eine Problembeschreibung vorliegt, keine Lösung. Die Lösungen müssen von den einzelnen selbst verantwortet werden. Ganz ähnlich haben sich Überlegungen zu einer systemischen Ethik entwickelt, die vor allem vor dem Respekt vor den verschiedenen Lösungen der verschiedenen Personen getragen ist und auf eine Erweiterung der Handlungsoptionen und Lösungsmöglichkeiten zielt. In diesem Punkt muss ich meine Skepsis gegenüber der Ethik des systemisch-konstruktivistischen Ansatzes, die ich 1996 (Reiser 1996) geäußert habe, widerrufen. Aber auch hier liegt eine entscheidende Differenz zwischen dem systemisch-konstruktivistischen Ansatz und der TZI in einem Akzent: TZI akzentuiert die Verantwortung, der systemisch-konstruktivistische Ansatz die Freiheit des Anderen. Verantwortungsübernahme kann auch zu aktiver Parteinahme führen und verharrt nicht in einer beraterischen beobachtenden Haltung. Hier wird erkennbar, dass TZI dem Erziehungsgeschäft wesentlich näher steht und der systemisch-konstruktivistische Ansatz mehr dem Geschäft der Beratung.

Auch im Vergleich der Leiterposition und des Leitungsverhaltens zeigt sich teilweise Parallelität bei deutlicher Differenz im Akzent. In beiden Vorstellungen wird erwartet, dass der Leiter verschiedene Perspektiven einnehmen und wahrnehmen kann und seine eigenen Perspektiven relativiert und zurücknimmt. TZI betont jedoch daneben auch die Authentizität und die Partizipation des Leiters, während vom Systemiker eine inhaltliche Abstinenz verlangt wird. Bei diesem Punkt ist jedoch das breite Anwendungsspektrum beider Ansätze zu beachten, das ich weiter unten diskutieren möchte.

Die Prozessmodelle haben ebenfalls Vergleichbares und je Eigenes. TZI legt sich in einer modellhaften Komplexitätsreduktion auf vier Faktoren fest und strukturiert damit sein gesamtes methodisches Aussagesystem. Die Ideen der Zirkularität und der Selbstregulation, vor allem bezogen auf die Prozesse in der Gruppe, werden in ihm implizit vorweggenommen. Die Leitungstechnik des systemischen Ansatzes befriedigt jedoch nicht die Vorstellung von Selbstregulation der Themenzentrierten Interaktion, in der die Interaktion der Gruppe einen entscheidend höheren Freiraum genießt. Dennoch kann in diesem Punkt eine partielle Deckungsgleichheit konstatiert werden.

Dies ist bei der Annahme unbewusster Prozesse, die im systemisch-konstruktivistischen Ansatz nicht beachtet werden, nicht mehr möglich. Im Systembegriff kann die Strukturdeterminierung durchaus noch verstanden werden im Sinne der Wiederholung von Mustern aus der Vergangenheit und in der Praxis der systemischen Therapie wird mit unbewussten Vorstellungen und Prozessen kreativ umgegangen – nur in der Behandlungstheorie haben sie (derzeit?) keinen Platz. Aufgrund der Gegensätzlichkeit der Leitungsinterventionen und der unterschiedlichen Zielsetzungen entwickeln sich in Gruppen, die nach der TZI geleitet sind oder nach systemisch-konstruktivistischen Vorstellungen, unterschiedliche Interaktionsstile. Die TZI ist sehr auf Personen und gemeinsame Themen ausgerichtet; TZI-Leiter beteiligen sich am Prozess, nicht in dem Sinne, dass sie Inhalte vorgeben, sondern in dem Sinne, dass sie ihre Gefühle und Gedanken in dem Maße, wie es die Autonomie der Gruppe fördert, äußern. Das systemisch-konstruktivistische Vorgehen operiert rationaler und zielorientierter, die Leiter bleiben inhaltlich mehr draußen und steuern den Prozess kleinschrittig und direkt. Unter Beachtung der Hilfsregel Ruth Cohns: „Wenn du eine Frage stellst, sage, warum du fragst und was deine Frage für dich bedeutet. Sage dich selbst aus und vermeide das Interview!" (1975, 124) könnte mit der systemisch-konstruktivistischen Arbeit gar nicht begonnen werden. Obwohl die TZI den Blick auf die Ressourcen richtet, ist bei ihr doch der „Schatten" immer mitgedacht und die Auseinandersetzung mit ihm wird nicht vermieden. Der Slogan in der Ankündigung eines systemischen workshops: „Nicht Störungen, sondern Lösungen haben Vorrang" baut aus Sicht der TZI eine unproduktive Dichotomie auf. Leichtigkeit und Lockerheit des Interaktionsstils führen in der TZI nicht zur Vermeidung von Trauer, Schmerz und Durchschreiten der depressiven Position. Hier wird der psychoanalytische Hintergrund der TZI aufs Neue deutlich.

5 Gibt es Verbindungsmöglichkeiten zwischen der TZI und dem systemisch-konstruktivistischen Ansatz?

Die Frage nach den Verbindungsmöglichkeiten stelle ich von der TZI aus. Ich unterscheide hier drei Ebenen:
- die Ebene des Vergleichs und des Dialogs
- die Ebene systemisch-konstruktivistischer Reflexionshilfen
- die Ebene der partiellen Verwendung systemisch-konstruktivistischer Vorgehensweisen

Vergleich und Dialog

Der in diesem Beitrag auf allgemeiner Ebene begonnene Vergleich könnte interessanter fortgesetzt werden, wenn er auf spezifische Handlungsfelder zugespitzt würde; so könnten zum Beispiel die reichhaltigen Beiträge zu einer systemisch-konstruktivistischen Didaktik detailliert verglichen werden mit den Beiträgen zur Didaktik auf der Grundlage der TZI. Bei solchen Vergleichen ist zu erwarten, dass die beiden Konzepte für ein bestimmtes Arbeitsfeld auch bestimmte Varianten ihrer Methodologie entwickeln, die auf die Eigenlogik des Handlungsfeldes reagieren. Man kann davon sprechen, dass ein Konzept, so auch die TZI, unterschiedliche „Formate" (nach Janny Wolf-Hollander, mündliche Mitteilung) für unterschiedliche Handlungsfelder entwickelt. Das Format „Unterricht nach dem systemisch-konstruktivistischem Ansatz" und das Format „Unterricht nach

der TZI“ hätten sicher eine Reihe weiterer Parallelen, die auf die Eigenlogik des Handlungsfeldes „Unterricht in der öffentlichen Schule“ in ähnlicher Weise reagieren.
Für den Handlungsbereich „Beratung“ haben Andrea Dlugosch als Vertreterin der TZI und Rolf Werning als Vertreter des systemisch-konstruktivistischen Ansatzes einen Dialog veröffentlicht, bei dem es um den Vergleich des Formats „Kollegiale Beratung nach der TZI“ und dem Format „Kollegiale Beratung nach dem systemisch-konstruktivistischem Ansatz“ geht (Dlugosch/Werning 2003). Dieser Text hat meine Aufmerksamkeit für die Ähnlichkeiten und Differenzen geschärft. Nach einer Schilderung der beiden Ansätze stellen sie als ersten Punkt der Gemeinsamkeit die dialektische Form der Verbindung von Autonomie und Interdependenz fest, wobei Werning aus systemisch-konstruktivistischer Sicht die Determination durch Kontextgebundenheit und die Autonomie der Wahl des Beobachterstandpunktes heranzieht. Ein zweiter Punkt der Übereinstimmung ist die Betonung bewertender Entscheidungen des Subjekts, die immer an die Beobachtungen des Subjekts gebunden sind. Die daraus entstehende Wertschätzung der subjektiven Wahrnehmungen anderer, die respektvolle Neugier, die dem anderen entgegengebracht wird, ist eine weitere Gemeinsamkeit. In der Ausbildung von Studierenden werden übereinstimmend die Kompetenz, die Verwobenheiten in systemische Zusammenhänge zu erkennen, die Kompetenz, nicht für die Lösungen Verantwortung zu übernehmen, sondern die Verantwortung beim „Problemsystem“ bzw. bei der Gruppe (TZI) zu belassen und die Kompetenz der mehrfachen Aufmerksamkeitsrichtung beschrieben.
Der Eigenlogik des Handlungsfelds Beratung ist es geschuldet, dass eine Distanz der Leitung zu den Beratungspartnern erforderlich ist. Und dennoch wird an diesem Punkt eine Differenz sichtbar, die Dlugosch und Werning herausarbeiten. Auch in der Kollegialen Beratung nach der TZI nimmt die Leitung am Prozess teil, indem sie ihre Gefühle und Wahrnehmungen selektiv zur Verfügung stellt. Von der Technik her (TZI tritt hier als Verfahren zur Beratung durch die Gruppe auf und der systemisch-konstruktivistische Ansatz als dyadisches Verfahren, das in der Gruppe erlernt wird) ist diese Differenz vorgegeben. Ebenso wird es deutlich, dass in diesem Beispiel der beraterischen Ausbildung der Ansatz der TZI Selbst- und Fremdeinschätzungserfahrungen stärker hervorhebt als der systemisch-konstruktivistische Ansatz.
Neben einem breiten Überschneidungsbereich ist an diesem Beispiel auch ein deutlich unterschiedliches Profil der beiden Ansätze fest zu stellen. Die TZI arbeitet auch mit den emotionalen Reaktionen in der Gruppe und der Hypothese des „Spiegelphänomens“, wonach Emotionen in der Gruppe als Reaktionen auf emotionale Hintergründe des Beratungsfalls interpretiert werden können. Durch Identifikationen werden biografische Assoziationen angerissen und durchgearbeitet, soweit sie die professionelle Entwicklung betreffen. Es ist nicht zu übersehen,

dass unterschiedliche Leitungstechniken auch unterschiedliche Interaktionsstile hervorbringen.

Systemisch-konstruktivistische Reflexionshilfen

Obwohl der TZI ein systemisches Denken nahe liegt, kann der systemisch-konstruktivistische Ansatz in mehrerer Hinsicht die Reflexion der Gruppenarbeit wesentlich erweitern und präzisieren. Der systemische Blick lenkt das Augenmerk auf die Kontexte, in der Sprache der TZI: den Globe. Für die Analyse des Globe verfügt TZI nicht über eine eigene Technik und Anleihen aus psychologischen Theoremen helfen hier wenig. Er geht hier nicht um personale Interaktionen, sondern um Strukturen und Funktionen. Hier ist das systemisch-konstruktivistische Denken die ideale Ergänzung der TZI. Ebenso wie die TZI Reflexionshilfen und Theoreme aus der Psychoanalyse benutzt, ohne die Techniken der Psychoanalyse anzuwenden, kann sie systemische Analysen verwenden, ohne die systemisch-konstruktivistischen Handlungsanweisungen übernehmen zu müssen. Ein mögliches Beispiel unter mehreren denkbaren Analyseinstrumenten habe ich versucht mit dem Fragenkatalog zur „Beobachtung einer Gruppe als soziales System" zu geben.

Partielle Verwendung systemisch-konstruktivistischer Vorgehensweisen

Techniken wie Skulpturen, Metaphern, positives Konnotieren werden heute als systemische Techniken benannt, sind jedoch bereits der humanistischen Psychologie und damit auch der TZI eigen. Hier besteht partiell ein Überschneidungsbereich.

Die systemischen Fragetechniken, die berechtigterweise im Zentrum des systemisch-konstruktivistischen Vorgehens stehen, da sie zugleich Beobachtungs- wie Handlungsinstrumente sind, sind jedoch mit der Leiterhaltung in der TZI schlecht vereinbar. Eine Serie solcher Fragen verändert das Interaktionsklima. Die Erwartung richtet sich auf die Fortsetzung des Prozesses durch den Leiter, die Interaktion in der Gruppe erlischt ohne fortgesetzte Leiterimpulse. Psychoanalytisch gesehen wird die Übertragung der Elternfigur auf die Leitung reaktiviert. Das systemische Vorgehen erfordert auch deshalb die Neutralität in inhaltlichen Fragen und die verschiedenen Techniken des Rückzugs aus dem beratenen System, wie etwa das reflecting team, um immer wieder aus dieser aktiven Position in die Beobachterposition zurückzukommen. Der TZI-Leiter antwortet auf das Übertragungsproblem anders, nämlich durch Offenlegung (selektive Authentizität).

Sowohl in bestimmten Formaten wie auch in bestimmten Situationen, die beratende Interventionen erfordern, ist trotz dieser grundsätzlichen Inkompatibilität der Vorgehensweise in der Leitung eine systemisch rekonstruierende, dekonstruierende und neu konstruierende Fragtechnik angezeigt. In Supervisionskontexten erweist sie sich als besonders hilfreich. Man muss sich jedoch im Klaren sein, dass bei partieller Anwendung systemischer Fragetechniken das unbewusste Verhältnis zwischen Gruppe und Leiter aus der TZI-Balance rutschen kann. Nun ist dies in der TZI nichts Außergewöhnliches. Ruth Cohn selbst hat bei Störungsbearbeitungen ganz selbstverständlich z. B. Gestalttechniken eingesetzt, um danach zu den Techniken der TZI-Gruppenarbeit zurückzukehren. Die Kunst liegt im Zurückkehren. Je sicherer aus der Erfahrung der Gruppe und dem Können der Leitung das Zurückkehren in den Interaktionsstil der TZI gelingt, desto produktiver kann das zeitweise Verwenden systemischer Fragetechniken in der Gruppe sein.

5 Ausblick

Nach meiner Ansicht ist es berechtigt, die TZI als ein psychoanalytisch-systemisches Verfahren zu charakterisieren. Sie nimmt beide Zugänge in einem eigenständigen Entwurf in sich auf, der dadurch gekennzeichnet ist, dass er einer demokratischen Vision der individuellen Bildung und der Gemeinschaftsbildung folgt. Für mich ist diese Zielsetzung zugleich beruhigend konservativ als Gegenbewegung gegen die Verwertungs-und Manipulierungstendenzen des „flexiblen Menschen" (Sennett 2000) in der „Postmoderne" und aufregend modern in ihrer Notwendigkeit, „bezogene Individuation" (Stierlin 1994, S. 111 ff.) zu ermöglichen.
Der Graben zwischen der Systemtheorie und der Psychoanalyse wird schmaler, wenn es gelingt, die konstruktivistische Linie in der Entwicklung der Psychoanalyse herauszuarbeiten und sie systemtheoretisch neu zu formulieren, und wenn auf der systemischen Seite die betonte Abkehr von der Theorie des Unbewussten fallen gelassen werden kann. Die TZI muss sich um die Profilierungen und Auseinandersetzungen beider großer Schulen nicht kümmern, wenn sie ihr Eigenes verfolgt und sich dabei beider Quellen bedient.

Literatur

Balgo, Rolf/Werning, Rolf (Hrsg.) 2003: Lernen und Lernprobleme im systemischen Diskurs. Dortmund

Belz, Helga/Dehm, Christian/Eichberger, Michael/Roch, Erika 1988: Auf dem Weg zur arbeitsfähigen Gruppe. Mainz

Cohn, Ruth C. 1975: Von der Psychoanalyse zur Themenzentrierten Interaktion. Stuttgart

Cohn, Ruth C. 1984: Buch II. In: Farau, A./Cohn R. C. 1984: Gelebte Geschichte der Psychotherapie. Stuttgart

Dlugosch, Andrea/Werning, Rolf 2002: Curriculum Beratung und Kooperation. In: Warzecha, B. (Hrsg.) 2002: Zur Relevanz des Dialogs in Erziehungswissenschaft, Behindertenpädagogik, Beratung und Therapie. Münster-Hamburg-London, S. 181 —210

Foerster, Heinz v./Pörsken, Bernhard 1998: Die Wahrheit ist die Erfindung eines Lügners. Gespräche für Skeptiker. Heidelberg

Hesse, Joachim 2002: Aspekte und Fragen zur Systemisch-Lösungsorientierten Gruppentherapie oder: … In: Molter/Hargens 2002, S. 9 ff.

Lotz, Walter 2003: Sozialpädagogisches Handeln. Eine Grundlegung sozialer Beziehungsarbeit mit Themenzentrierter Interaktion. Mainz

Molter, Haja/Hargens, Jürgen (Hrsg.) 2002: Ich – du – wir und wer sonst noch dazu gehört. Systemisches Arbeiten mit und in Gruppen. Dortmund

Luhmann, Niklas 2002: Einführung in die Systemtheorie. Heidelberg

Mehta, Gerda/Jorniak, Katya/Wagner, Hedwig 2002: Gruppenbildungen und Gruppen (auf)lösungen … In: Molter/Hargens 2002, S. 117 ff.

Molter, Haja 2002: Vom Organisieren einer förderlichen Selbstorganisation. Eine Metastrategie für systemisches Arbeiten mit und in Gruppen. In: Molter/Hargens 2002, S. 205 ff.

Reiser, Helmut 1996: Statement: TZI und systemisches Denken in Therapie und Pädagogik. In: Themenzentrierte Interaktion 10 (1996), Heft 2, S. 22-25

Röhling, Jens 2002: Es geht nicht um Werte, sondern um Wertschätzung. In: Themenzentrierte Interaktion 16 (2002), Heft 1, S. 119-129

Rubner, Angelika 2002: Wiederholung, Übertragung und Über-Holung in der Themenzentrierten Interaktion. In: Themenzentrierte Interaktion 16 (2002), Heft 1, S. 59-69

Schimpf, Monika/Börsch, Bettina/Stahl, Hansjörg/Ebel, Peter 2002: Systemische Gruppentherapie. In: Molter/Hargens 2002, S. 87 ff.

Schlippe, Arist v./Schweitzer, Jochen 1999 (Erstauflage 1996): Lehrbuch der systemischen Therapie und Beratung. Göttingen

Sennett, Richard 2000 (Erstauflage 1998): Der flexible Mensch. Die Kultur des neuen Kapitalismus. Berlin

Stierlin, Helm 1994: Ich und die anderen. Psychotherapie in einer sich wandelnden Gesellschaft. Stuttgart

Tsirigotis, Cornelia 2002: Die Stärken der anderen nutzen – die Probleme an ihren Platz verweisen. In. Molter/Hargens 2002, S. 55 ff.

Vogt, Manfred/Caby, Filip 2002: Das Ganze ist mehr als die Summe seiner Teile – Systemisch-lösungsorientierte Gruppentherapie mit Kindern und Jugendlichen. In: Molter/Hargens 2002, S. 33 ff.

Voß, Reinhard (Hrsg.) 1997: Die Schule neu erfinden. Neuwied

Wagner, Christian 2002: Ein Tag für Eltern – Systemische Gruppenarbeit am Beispiel einer Elterngruppe. In: Wolter/Hargens 2002, S. 185 ff.

Helmut Reiser

Integration und Inklusion als Verallgemeinerung pädagogischer Prinzipien für alle Kinder – Frühe Texte

„Neu am Gedanken der Integration ist, dass diese Aussage der Verbundenheit und der Entwicklung von Autonomie in der Verbundenheit ohne Einschränkung für jede menschliche Individualität gelten soll, also auch für Behinderte, d. h. ohne Ausschluss. Das ist das eigentlich Neue. Meiner Meinung nach handelt es sich nicht um ein neues Paradigma, sondern um eine Generalisierung im Zuge der Geschichte" (Reiser 1990).
Basis und Ausgangspunkt der Theorie Integrativer Prozesse ist es, Grundthemen der Erziehung und Bildung in pädagogischen Kontexten für alle Kinder fruchtbar zu machen. Die folgenden Texte verdeutlichen, wie grundständig die Theorie Integrativer Prozesse in diesem Sinne eine allgemeinpädagogische Theorie ist. So geht es in ihrem Integrationsverständnis um Annäherungs- und Abgrenzungsprozesse auf unterschiedlichen Ebenen: im eigenen Selbstverständnis, zwischenmenschlich sowie mit Blick auf Organisationen und deren gesellschaftliche Kontexte. Die Theorie integrativer Prozesse versteht Integration/Inklusion im Sinne einer genuin pädagogischen Fragestellung, wie die folgenden Texte zeigen.

Die Theorie Integrativer Prozesse

*Im Ausgangspunkt der gemeinsamen Bildung und Erziehung stehen Eltern, die eine andere Lebensvorstellung für ihr Kind und seine Familie hatten, als es für Kinder mit Beeinträchtigungen vorgesehen war. Sie wollten für ihre Töchter und Söhne keinen Schutzraum in Separation von anderen Kindern, der aktuell und nachhaltig Ausschluss aus großen Bereichen des gesellschaftlichen Lebens bedeutet. Auf Druck von Eltern und Pädagog*innen wurden in verschiedenen Bundesländern seitens der zuständigen Ministerien Modellversuche mit wissenschaftlichen Begleitungen eingerichtet. In Hessen übernahm Helmut Reiser als Leitung zusammen mit einem Team wissenschaftlicher Mitarbeiter*innen die Begleitung der Pilotprojekte gemeinsamer Bildung und Erziehung im Elementarbereich. Darauf folgte – zusammen mit Helga Deppe-Wolfinger und Mitarbeiter*innen – die wissenschaftliche Begleitung von Pilotprojekten in Grundschulen sowie zusammen mit Helga Deppe-Wolfinger und Annedore Prengel eine Dokumentation und Analyse der Praxis integrativer Schulversuche in verschiedenen Bundesländern. In diesen Zusammenhängen entwickelte Helmut Reiser die Theorie Integrativer Prozesse, Grundlage und theoretischer Kern aller weiteren Überlegungen zur gemeinsamen Bildung und Erziehung von Kindern mit und Kindern ohne Behinderung. Sie wurde von ihren ersten Grundgedanken her im Fortgang erweitert.*

*Die Theorie wird in mehreren Veröffentlichungen des Autors selbst vorgestellt, sie findet sich zudem in zahlreichen Publikationen anderer Wissenschaftler*innen, die sich auf diese Theorie als Referenzrahmen bezogen und beziehen. Da die Theorie Integrativer Prozesse jedoch Ausgangspunkt und Basis der weiteren Beiträge Helmut Reisers bildet, seien nachfolgend die wichtigsten Elemente der Theorie in kurzen Ausschnitten noch einmal vorgestellt und in ihrer Weiterentwicklung verdeutlicht.*

- *In dem folgenden Auszug des Abschlussberichtes der Evalution ‚Integrativer Prozesse in Kindergruppen' (Klein et al., 1987) werden v. a. die Dynamik („Integration als Prozess") sowie die Dialektik integrativer Prozesse betont, die einem „dialogischen Verhältnis"(Martin Buber), einer Einigung innewohnen. Das Konzept der Themenzentrierten Interaktion bildet den Rahmen, in dem die pädagogischen Grundannahmen auf verschiedenen Ebenen der Prozesse abgebildet werden können.*
- *In dem zweiten Textausschnitt aus ‚Integrative Pädagogik in der Grundschule' (Deppe-Wolfinger et al., 1990) wird die Fortentwicklung der Theorie Integrativer Prozesse in Kurzform dokumentiert. Die Weiterentwicklung wurde durch weitere wissenschaftliche Begleitforschungen und den Fachdiskurs zur Gemeinsamen Bildung und Erziehung angestoßen. Hier wird die Grundlage von Integration – der dialektische Prozess von Annäherung und Abgrenzung – betont, außerdem wird der ‚Globe' in der Auflösung in mehrere ‚Schalen' näher aufgeschlüsselt.*

G. Klein, G. Kreie, M. Kron und H. Reiser
(1987)

Integrative Prozesse in Kindergartengruppen. **Über die gemeinsame Erziehung von behinderten und nichtbehinderten Kindern**

Juventa; DJI Materialien. Seite 34-42

Grundlagen unserer Auffassung von Integration

Auch wir als Forscher stehen innerhalb normativer Vorentscheidungen, die unsere Auffassung vom gesellschaftlichen Zusammenleben, von Erziehung und von persönlicher und kollektiver Entwicklung betreffen. Da es nach unserer Ansicht keine wertneutrale erziehungswissenschaftliche Forschung geben kann, bemühen wir uns, die normativen Grundlagen unseres Denkens transparent zu machen. Wir gehen davon aus, daß die möglichst weitgehende Gemeinsamkeit in der Betreuung behinderter und nichtbehinderter Kinder eine demokratische Selbstverständlichkeit sein sollte.

Der Anspruch jedes Menschen, ungehinderten Zugang zu allen gesellschaftlichen Einrichtungen zu haben, ist der unbestrittene Ausgangspunkt aller Überlegungen. Dieser zunächst abstrakte Anspruch wird konkretisiert durch den Grundsatz der Nichtdiskriminierung, wie ihn z. B. in den USA die Bürgerrechtsbewegung erstritten hat. Demnach ist eine Form der Versorgung, Behandlung, Unterbringung, Beschulung usw., die ihn am wenigsten von allen anderen Menschen absondert, ein Recht jedes Menschen (Least Restrictive Environment). Dieser Rechtsgrundsatz führt in den Vereinigten Staaten aufgrund des politischen Systems nicht ohne weiteres zum gewünschten Erfolg; dennoch formuliert er die gedankliche Grundlage des Prozesses der Normalisierung, der z. B. in den skandinavischen Ländern schon früher begonnen hatte. Eine Absonderung eines Kindes aus der Gruppe, die ungeachtet des Geschlechts, der Rasse, des sozialen Herkommens usw. für alle Kinder z. B. im Kindergarten angeboten wird, ist nur insoweit statthaft, als dies für die Entwicklung des Kindes unbedingt erforderlich ist, weil durch keine andere, weniger absondernde Maßnahme die Entwicklung gesichert werden kann.

In der Bundesrepublik ist derzeit diese klare politische Ausgangslage weder gedanklich noch praktisch durchgesetzt. Um den Bestand an Sondereinrichtungen abzusichern, wird immer wieder der Nachweis gefordert, daß die integrative Erziehung besser sei als die separierende. Die Beweispflicht wird damit auf den Kopf gestellt. Unterstützt wird diese Position durch ein in den Schulgesetzen am klarsten ausgedrücktes Einteilungsschema von Kindern nach ihren Defiziten, indem

z. B. der Besuch einer der „Eigenart“ des Kindes entsprechenden Sonderschule durch Schulpflichtgesetze festgeschrieben wird.
Für uns ist die gemeinsame Erziehung behinderter und nichtbehinderter Kinder z. B. im Kindergarten die normale Ausgangslage. Von daher stellt sich die Frage, welche Maßnahmen ergriffen werden müssen, damit die optimale Entwicklung jedes Kindes gewährleistet werden kann. Unseres Ermessens haben die bereits erwähnten bisherigen Erfahrungen mit integrativen Gruppen gezeigt, daß die optimale Entwicklung behinderter Kinder in diesem Rahmen grundsätzlich gesichert werden kann.
Die Frage, ob ein Kind sich in einer integrativen Gruppe optimal entwickeln kann, entscheidet sich an den Rahmenbedingungen und Hilfen, die dafür bereit gestellt werden können. Politischer Auftrag muss es deshalb sein, die weitestgehende Unterstützung bereit zu stellen, damit keine Separierung erfolgen muss. Dennoch kann es möglich sein, daß ein Kind über längere Strecken eine Einzelbehandlung benötigt; dies rechtfertigt jedoch logischerweise keinesfalls separierende Gruppenbildungen.
Unsere Fragestellung zielt deshalb nicht auf die Legitimität der integrativen Erziehung, sondern auf ihre Gestaltung. Dabei ist es durchaus denkbar, daß eine mangelhafte Ausstattung die integrative Erziehung mißlingen lässt. Somit ist es auch unser Ziel, die erforderlichen Ressourcen zu beschreiben.
In unserer Grundauffassung der psychischen Entwicklung teilen wir die psychoanalytischen Annahmen. Aus diesem Verständnis dürfen Emotionen und Bedürfnisse nicht unterdrückt werden, sondern müssen sich in ihrem dynamischen Zusammenhang entlang den Lebensinteressen des Kindes strukturieren. Hauptkriterium der humanen Entwicklung ist die wachsende Verfügung des Individuums über sich selbst, die Entwicklung der Verantwortung für sich selbst und das Wachstum selbstregulierender Kräfte.
Wir gehen von der Dialektik der Prozesse und der Vieldeutigkeit einzelner konkreter Handlungen aus. Es erscheint uns der Struktur und Dynamik von Entwicklungen nicht angemessen, von Wertorientierungen her bestimmte Verhaltenserwartungen oder Erziehungsmaßnahmen abzuleiten. Wir beobachten Realität deshalb nicht mit vorgegebenen Kriterien – wie etwa prosoziales, integratives, antisoziales oder desintegratives Verhalten – sondern sinnverstehend (siehe Untersuchungsmethode).
Die Wertschätzung des Lebendigen als Orientierungsbasis (s. Cohn 1984[1], 357 ff. u. Haupt, in Bleidick 1985[2], 188) gebietet gleichermaßen die Rückbesinnung auf den einmaligen Wert jedes Menschen, wie sie eine Normierung von

1 Cohn, R. C.; Farau, A. (1984): Gelebte Geschichte der Psychotherapie – Zwei Perspektiven. Stuttgart, Klett-Cotta
2 Bleidick, U. (Hrsg.) (1985): Theorie der Behindertenpädagogik (Bd. 1 des Handbuchs der Sonderpädagogik). Berlin, Marhold

Verhaltenserwartungen ausschließt: „So ist Integration eine Aufgabe, die auch für Selbstkonzept, Identität und Lebensqualität der Nichtbehinderten von zentraler Bedeutung ist. Deutlich ist, daß es sich hierbei um einen länger dauernden Prozess handelt, der bereits eingeleitet ist, der aber intensiv unterstützt werden muß“ (Haupt, in: Bleidick 1985, 188, s. o.).

Integrative Prozesse

Um den Untersuchungsgegenstand theoretisch faßbar und konkret beschreibbar machen zu können, konzentrieren wir uns auf „integrative Prozesse“, die sinnverstehend aus den Szenen der Interaktionen in integrativen Gruppen erschlossen werden können.

Es erwies sich für uns als notwendig, integrative Prozesse theoretisch präzise fassen zu können. Als Grundlage diente uns unser 1983 (Gutberlet u. a.)[3] und 1984 (Reiser u. a.)[4] vorgestelltes Modell der Integration, das uns jedoch in verschiedener Hinsicht verbesserungsbedürftig erschien. So sprechen wir heute von integrativen Prozessen, um die Dynamik des Geschehens zu betonen. Wir arbeiteten die Dialektik der integrativen Prozesse verstärkt heraus: Die gesellschaftliche Dialektik von Gleichheit und Ungleichheit findet ihre Entsprechung in der Dialektik der Interaktionen, in denen die Person zugleich autonom und interdependent ist (Ruth C. Cohn 1984, 357, s. o.). Sie schlägt sich nieder in der Ambivalenz der psychischen Dynamik.

Im Interaktionsmodell der Themenzentrierten Interaktion fanden wir einen Rahmen, der die gesellschaftliche Ebene, die psychoanalytische Interaktionstheorie der Einigungsprozesse nach Lorenzer (1976, 218-276)[5] und unsere pädagogischen Grundannahmen zu verbinden vermag.

Als integrativ im allgemeinsten Sinn bezeichnen wir diejenigen Prozesse, bei denen „Einigungen“ zwischen widersprüchlichen innerpsychischen Anteilen, gegensätzlichen Sichtweisen, interagierenden Personen und Personengruppen zustande kommen. Einigungen erfordern nicht einheitliche Interpretationen, Ziele und Vorgehensweisen, sondern vielmehr die Bereitschaft, die Positionen der jeweils anderen gelten zu lassen, ohne diese oder die eigene Position als Abweichung zu verstehen. Einigung bedeutet den Verzicht auf die Verfolgung des Andersartigen und stattdessen die Entdeckung des gemeinsam Möglichen bei Akzeptanz des Unterschiedlichen.

---

3 Gutberlet, M.; Klein, G.; Kreie, G.; Kron, M.,. Reiser, H.: Integrierte sonderpädagogische Betreuung bei Lern- und Verhaltensstörungen in Grundschulen – Ergebnisse eines Schulversuchs in Frankfurt/Main. In: Sonderpädagogik 13 (1983) 114-120 u. 165-188

4 Reiser, H.; Gutberlet, M.; Klein, G.; Kreie, G.; Kron, M.: Sonderschullehrer in Grundschulen. Ergebnisse eines Schulversuchs zur integrativen Betreuung bei Lern- und Verhaltensstörungen. Weinheim, Basel 1984

5 Lorenzer, A.: Zur Dialektik von Individuum und Gesellschaft. In: Leithäuser T./Heinz, W. (Hrsg.): Formen des Alltagsbewusstseins. Frankfurt 1976

Martin Buber (1960, 35 ff.)[6] beschreibt den inneren Vorgang der Einigung als dialogisches Verhältnis, das entsteht, wenn ich die Wirklichkeit meines Dialogpartners aus seiner Position heraus erfassen kann, ohne meine Wirklichkeit und meine Sicht der Dinge zu verlassen. So bildet sich die Wirklichkeit der Begegnung, die stets wieder in der Bewegung des Zurückgehens auf die je einzelnen Positionen zerfällt und durch Akte der „Umfassung“, d. h. der Erfahrung der Gegenseite, wieder gebunden wird.

In Bubers Beschreibung wird deutlich, daß es sich um einen dialektischen Prozess handelt. Wir betonen, daß gemeinsames Handeln, das die Interessen der Interaktionspartner berücksichtigt, Einigungen voraussetzt, und daß Handlungsversuche Einigungen hervorbringen können. Die dialektisch verschränkten Pole dieses Vorganges nennen wir Annäherung und Abgrenzung. Die Bewegungen der Annäherung und Abgrenzung bedingen sich gegenseitig: Streckenweise kann es aber z. B. möglich sein, dass zwischen Personen Distanz erreicht werden muß, damit die Abgrenzung des Einzelnen gelingen kann, die erforderlich ist, um eine Annäherung einzuleiten und auszuhalten.

Dies ist leicht zu verdeutlichen an dem Beispiel eines Kindes, das aus dem fürsorglichen Schutz der Mutter in eine Kindergartengruppe eintritt und dort eine größere Zumutung an Selbstständigkeit erfährt. In dieser Situation kann sich das Kind von dem mütterlichen Schutz zunehmend unabhängiger machen. Um eine neue und gleichberechtigtere Nähe mit der Mutter einzupendeln, wird es Strecken der Distanzierung von der früheren Form der Nähe benötigen. Mutter und Kind werden im normalen Fortgang der Entwicklung immer wieder neue Einigungen auf bestimmte Formen gemeinsamen Fühlens, Verstehens, Handelns und Miteinander-Umgehens finden, in denen Nähe und Distanz gemäß den Bedürfnissen beider neu eingependelt werden.

Eine höhere Stufe der Entwicklung der Beziehung zwischen Mutter und Kind ist zugleich durch eine größere Nähe im Sinne eines besseren Verstehens des anderen wie auch durch eine größere Distanz im Sinne einer gelungeneren Abgrenzung der Person gekennzeichnet.

Bei Mißlingen der Einigungsversuche kann auf der einen Seite die symbiotische Verschmelzung stehen, auf der anderen Seite die Entfremdung der Personen voneinander und von sich selbst. In Zuständen der Verschmelzung wird Abgrenzung unmöglich, in Zuständen der Entfremdung wird keine Annäherung mehr gestattet. Diese gegensätzlich erscheinenden Fehlentwicklungen sind doch darin gleich, dass sie nur durch massive Abwehr aufrechterhalten werden können.

Da Annäherung ohne Abgrenzung nicht möglich ist, kann z. B. aus einer Szene, in der ein Kind von einem anderen abgelehnt wird, nicht unmittelbar geschlossen werden, welchen Stellenwert diese Situation in der Beziehung beider zueinander

6 Buber, M. (1960): Reden über Erziehung. Heidelberg, Schneider

hat; d. h. die integrative Wirkung einzelner Situationen und Ereignisse ist erst aus dem Kontext der Entwicklung der Beziehung zu erschließen.
Idealtypisch können vier Ebenen der integrativen Prozesse unterschieden werden.

1. Die innerpsychische Ebene ist die Grundlage aller folgenden Ebenen insofern, als ohne sie auf allen weiteren Ebenen keine Einigungen gelingen können.
2. Die interaktionelle Ebene der Einigungsprozesse baut auf ihr auf; zugleich ist die Möglichkeit, miteinander etwas zu tun zu haben, die reale Grundlage aller integrativen Prozesse und insofern auch die Voraussetzung der Prozesse auf der innerpsychischen Ebene. Die interaktionelle Ebene umfasst so den Aspekt der Gruppenbeziehungen wie auch den Aspekt des gemeinsamen Handelns an einer Sache.
3. Auf der institutionell bestimmten Ebene geht es um den in Erziehungskonzepten gefaßten und durch Einrichtungen repräsentierten Sachauftrag der Erziehung. Hier liegt mit der Einrichtung der integrativen Gruppen die administrative Grundlage der Integration, die ohne integrative Prozesse auf der innerpsychischen und der interaktionellen Ebene jedoch wirkungslos bleibt.
4. Auf der gesellschaftlichen Ebene liegen die normativen Grundlagen integrativer Prozesse. Die Berücksichtigung dieser Grundlagen verringert die Gefahr der Selbstüberforderung der Pädagogen, wenn sie sich zur Aufgabe setzen, einen Lern- und Lebensraum herzustellen, in dem der Widerspruch zwischen ungleichen Voraussetzungen und gleichen Bedürfnissen und Rechten – bei Kindern wie bei Erwachsenen – aufgehoben ist. Pädagogen können nach unseren Beobachtungen keinen derartigen Raum schaffen, da die gesellschaftlich vorgegebenen Wertungen individueller Leistungsunterschiede in den Selbstdefinitionen der Individuen, auch im Selbsterleben der Kinder, unauflöslich verwoben wird.

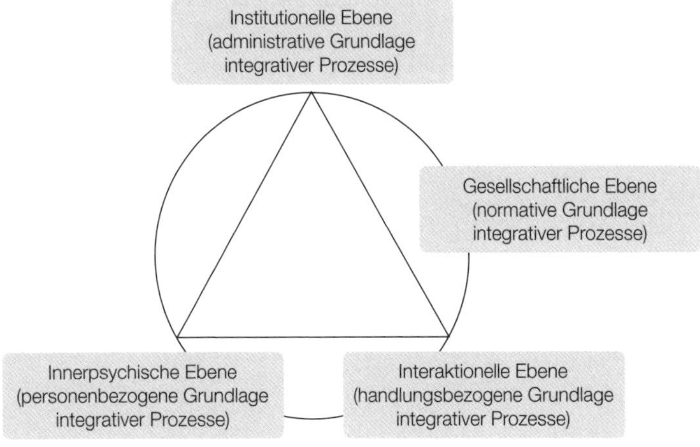

Die vier Ebenen stehen miteinander in einem dynamischen Wechselspiel.
Bei den integrativen Prozessen auf der innerpsychischen Ebene geht es um die Akzeptanz. Wir gehen davon aus, daß die Wahrnehmung von Behinderung und/oder unerwünschten Verhaltensweisen Wünsche, Ängste und Aggressionen auslöst.
Akzeptanz wird dann möglich, wenn die Person ihre widersprüchlichen Empfindungen und Impulse zueinander in Beziehung bringt, ohne eigene Anteile verdrängen oder verleugnen zu müssen.
Die innerpsychische Verarbeitung wird beeinflusst von der Realität der Interaktionen, von institutionellen Vorgaben und den normativen Einwirkungen aus dem gesellschaftlichen Umfeld. Es ist offensichtlich, daß institutionelle Aussonderung den realen Kontakt verunmöglicht und deshalb innerpsychische Verarbeitungsprozesse erschwert (wenngleich nicht ganz und gar verhindert, weil die Absonderung z. B. in einem Sonderkindergarten nicht total ist und hier auch die Phantasietätigkeit eine große Rolle spielt). Nicht ganz so offensichtlich ist, daß die institutionelle Aussonderung einer gesellschaftlichen Norm entspricht, die versucht, die Dialektik von Gleichheit und Ungleichheit durch starre Einteilungen von Individuen zum Stillstand zu bringen. Die institutionelle Einbeziehung behinderter Kinder garantiert dagegen keineswegs schon die Realisierung von Interaktionen, ja auch sie kann zur Vermeidung innerpsychischer Verarbeitungsprozesse genutzt werden, wenn nämlich versucht werden sollte, die Beziehung zu verleugnen oder ihre Bedeutung herunterzuspielen.
Die Fehlentwicklungen zur Entfremdung und zur Verschmelzung finden sich auf allen vier Ebenen wieder; integrative Prozesse auf einer Ebene allein müssen langfristig unwirksam bleiben, weil durch den dynamischen Zusammenhang aller Ebenen der dialektische Prozess von Annäherung und Abgrenzung von jeder Ebene her störanfällig ist. Andererseits können integrative Prozesse von jeder Ebene her angestoßen werden.

H. Deppe-Wolfinger, A. Prengel und H. Reiser
(1990)

Integrative Pädagogik in der Grundschule. Bilanz und Perspektiven der Integration behinderter Kinder in der Bundesrepublik Deutschland 1976-1988

Juventa; DJI Materialien. Auszug S. 31-34

Zu integrativen Prozessen (Erweiterung)

„In der Neufassung werden als Grundbewegungen für integrative Prozesse Annäherungen und Abgrenzungen angenommen. Es wird betont, daß Annäherungen und Abgrenzungen sich gegenseitig bedingen und auf die Gegensatzeinheit von Autonomie und Interdependenz zurückzuführen sind. Annäherungen ohne Abgrenzungen führen zur Symbiose, Abgrenzungen ohne Annäherungen zur Entfremdung. Als Kriterium für das Gelingen der Einigungsprozesse wird die gegenseitige Durchdringung von Annäherungen und Abgrenzung angenommen, also auf der innerpsychischen Ebene die Integration widersprechender Persönlichkeitsanteile mit dem Abbau von Verdrängung und Projektion; auf der interpersonellen Ebene ist das Kriterium das Gelingen des Dialogs im Sinne von M. Buber; auf der Handlungsebene kann das Gelingen von Kooperation ein Kriterium sein.
Die Theorie Integrativer Prozesse wird damit stringenter an das System der themenzentrierten Interaktion (nach Ruth C. Cohn 1983[7]; 1984, 352-375[8]) herangeführt. Damit gelingt es auch, den von Feuser zu Recht betonten Tätigkeitsaspekt einzubeziehen.
Die themenzentrierte Interaktion gibt in ihrem Modell 4 Ebenen an, die im Bild des Dreiecks in der Kugel verbunden sind. Während der Ich-Aspekt (innerpsychisch), der Gruppen-Aspekt (interaktionell) und der Sach-Aspekt (Handlungsebene) die Eckpunkte des Dreiecks bilden, werden die weiteren Ebenen im Bild der Kugel (Globe) versammelt. Diese Kugel kann bei der Fragestellung nach der integrativen Wirksamkeit von Prozessen in verschiedene Schalen aufgegliedert werden. In der ersten Schale geht es um die Ebene des Austauschs mit der konkreten Lebensumwelt, der vor allem von der Saarbrücker Gruppe (vgl. Sander 1987)[9] betont wird. In der zweiten Schale geht es um Prozesse in Institutionen. In der

7 Cohn, R. C. (1983): Von der Psychoanalyse zur themenzentrierten Interaktion (6. Aufl.), Stuttgart, Klett-Cotta

8 Cohn, R. C. (1984): Buch II. In: Farau, A.; Cohn, R. C. (1984): Gelebte Geschichte der Psychotherapie – Zwei Perspektiven. Stuttgart, Klett-Cotta,199-651

9 Sander., A. (1987): Zur ökosystematischen Sichtweise der Sonderpädagogik. Erfahrungen und Überlegungen aus einem Frühförderprojekt. In: Eberwein, H. (Hrsg.): Fremdverstehen sozialer Randgruppen. Berlin, Marhold, 207-221

dritten Schale geht es um gesellschaftliche Bedingungen; in der vierten Schale um transzendierende Momente.
Wichtig ist, daß diese 7 Ebenen in jedem konkreten Vorgang ineinander verschränkt sind. Wenn z. B. ein Schulleiter eine schulorganisatorische Maßnahme einleitet oder verhindert, die die Partizipation eines behinderten Kindes betrifft, dann ist bei dieser Entscheidung innerpsychisch seine individuelle Verarbeitung des Problems Behinderung ebenso beteiligt wie alle weiteren Ebenen bis hin zu den herrschenden Prämissen über den Umgang mit Unvollkommenheit und menschlicher Würde, auch wenn der Großteil dieser Prozesse vor- oder unbewußt einwirken sollte.
Die integrative Wirkung der Prozesse auf den verschiedenen Ebenen kann folgendermaßen definiert werden:

Integrative Prozesse

- *Auf der innerpsychischen Ebene* wirken solche Prozesse integrativ, in denen ein Mensch im Austausch mit anderen Personen und/oder seiner Umwelt widersprüchliche Anteile der eigenen Person in seine Wahrnehmungs- und Ausdrucksmöglichkeiten integriert und so durch die Anerkennung der menschlichen Widersprüchlichkeit und Abhängigkeit von Austauschprozessen die Grenzen seiner Person erfährt und die Ganzheit seiner Person verwirklicht.
  Ganzheit und Abgrenzung der Person
- *Auf der interpersonellen Ebene* wirken solche Prozesse integrativ, in denen Personen in Bewegungen gegenseitiger Annäherungen und Abgrenzungen in einen Dialog treten. Dialog bedeutet die Akzeptanz der Andersartigkeit und Gleichheit der anderen Person bei gleichzeitigem deutlichen Erleben der eigenen Abgegrenztheit und Gleichheit.
  Dialog und Partizipation
- *Auf der Handlungsebene* wirken solche Prozesse integrativ; in denen Personen gemeinsam an einem Gegenstand/Vorhaben arbeiten mit dem Ziel, Realität zu bewältigen. Dies erfordert vielfältige und individuell gestaltbare Kooperationsmöglichkeiten.
  Tätigkeit und Kooperation
- *Auf der situativ-ökologischen Ebene* wirken solche Prozesse integrativ; in denen zwischen den Mitgliedern einer kooperierenden Gruppe und zwischen der Gruppe und ihrer Umwelt ein lebhafter Austausch stattfindet, in denen die Potentiale der Gruppenmitglieder und der Gruppe als Ganzes entfaltet werden, Umwelt zu gestalten.
  Lebensweltorientierung
- *Auf der institutionellen Ebene* wirken solche Prozesse integrativ, bei denen Institutionen für sich wie in Kooperation mit anderen Institutionen ihre Leitvorstellungen neu definieren, ihre Mitglieder für diese Konzeptentwicklung aktivieren

und sowohl innerinstitutionell wie nach außen ihre Aktivitäten und Strukturen zugunsten dieser übergeordneten Ziele verändern.
Institutionelle Entwicklung

- *Auf der Ebene gesellschaftlicher Strukturen* wirken solche Prozesse integrativ, in denen Benachteiligungen abgebaut werden und die Verfassungsgrundsätze der Gleichberechtigung und sozialen Gerechtigkeit ihrer Verwirklichung näher kommen; dieser Anspruch bemißt sich insbesondere an Personen und Personengruppen, die durch strukturelle Gewalt von Ausgrenzung oder Benachteiligung bedroht sind.
Demokratische Entwicklung
- *Auf der transzendierenden Ebene* geht es um die Verarbeitung der Erfahrung von Unvollkommenheit und Sterblichkeit, um die Verwirklichung eines persönlichen Lebenssinns im Kontext kultureller Deutungen.
Existentielle Erfahrungen.

H. Reiser

(1987)

Wechselwirkungen der Öffnung im Verhältnis der Sonderkindertagesstätte nach außen

Referat anlässlich der zentralen Arbeitstagung des Paritätischen Bildungswerk Bundesverband e. V. „Gemeinsame Erziehung und Förderung behinderter und nichtbehinderter Kinder – eine Aufgabe für Einrichtungen behinderter Kinder im Vorschulbereich"

(Erstveröffentlichung). Nohfelden, 23.-25.11.1987

Gegen Ende der Modellversuche begann langsam die flächendeckende Verbreitung der gemeinsamen Bildung und Erziehung von Kindern mit und Kindern ohne Behinderung. Helmut Reiser verweist schon zu diesem Zeitpunkt auf die Gefahr, dass der Aufnahme eines Kindes mit Behinderung in einer Regeleinrichtung auch andere Motivationen zu Grunde liegen können als die der Integration oder Inklusion. Zum einen sieht er dadurch die optimale Betreuung und Förderung dieser Kinder gefährdet, zum anderen eine neue Sortierung von Kindern mit einer Beeinträchtigung in solche, die als ‚integrationsfähig' gelten und andere, schwerer beeinträchtigte Kinder, die weiterhin in Sondereinrichtungen separiert werden. Sein Votum zielt generell auf die optimale Förderung aller Kinder.

Wechselwirkungen der Öffnung im Verhältnis der Sonderkindertagesstätte nach außen (1987)

1. Wie die positive Reaktion auf das Fortbildungsangebot des Paritätischen Bildungswerkes und Ihre Teilnahme an dieser Tagung zeigt, haben die Sonderkindertagesstätten überraschend schnell und positiv den Gedanken zur Bildung integrativer Gruppen aufgegriffen. So richteten im Bundesland Hessen, das diesen Prozeß ideell und materiell förderte, bereits die Mehrheit der Sonderkindertagesstätten integrative Gruppen ein. und die Mehrheit integrativer Gruppen ist in Sonderkindertagesstätten angesiedelt.
   An dieser Entwicklung gibt es auch Kritik. Um die Einwände und Warnungen einschätzen zu können und um abschätzen zu können, was diese Entwicklung bedeuten kann
   - für die Versorgung der behinderten Kinder
   - für die Entwicklung im Kindertagesstättenbereich für alle Kinder

- und für die Funktion und Stellung der Sonderkindertagesstätten erscheint es uns erforderlich, in einem kurzen Rückblick auf die Impulse einzugehen, die zu dieser Entwicklung geführt haben.

2. Der Anstoß zur gemeinsamen Erziehung im Kindergartenalter ging in der Bundesrepublik und West-Berlin in den meisten Fällen von Elterninitiativen aus. Hier fanden sich Eltern zusammen, die zunächst aufgrund ihrer persönlichen Lebenseinstellung und ihrer Vorstellungen von einem befriedigenden Zusammenleben mit ihren behinderten und nichtbehinderten Kindern und ihrer Familie mit anderen Familien die Zusammenfassung von behinderten Kindern in Sondereinrichtungen für sich nicht wünschten.

   Ich betone, daß der Impuls zunächst ein Wunsch der persönlichen Lebensgestaltung mit den behinderten Kindern ist; gegenüber den früheren Elterninitiativen, die den Schutzraum und die Versorgungs- und Förderungsmöglichkeiten für behinderte Kinder durch den Aufbau der Sondereinrichtungen erst geschaffen haben, wird eine veränderte Einstellung wirksam; eine veränderte Einstellung dem Problem gegenüber, wie das Leben mit behinderten Kindern gestaltet wird. Während die früheren Elterninitiativen hierzu den Schutzraum dringend benötigten und schufen, wird jetzt der Versuch unternommen, mit den behinderten Kindern diesen Schutzraum durchlässiger zu machen und Lebensgestaltungen zu wagen an den Orten des alltäglichen, als normal geltenden Geschehens. |

   Da dies aber auch heute noch nicht ohne weiteres möglich ist und auch der Kreis der Eltern mit behinderten und nichtbehinderten Kindern, die dies wünschen, eine Minderheit ist, entstehen sogenannte „integrative Gruppen". Diese sind bereits ein Kompromiß zwischen einer vollständigen „Normalität" und einer besonderen Situation; denn vollständige Normalität würde ja bedeuten, daß die behinderten Kinder in den Regelkindergärten ihres Wohnbezirkes untergebracht wären.

3. Diese ersten Versuche förderten nun zutage, daß viele behinderte Kinder sich in dem so geschaffenen gemeinsamen Lebenszusammenhang mit nichtbehinderten Kindern überraschend gut entwickelten. Als ich selbst vor 10 Jahren einigermaßen skeptisch begann, Entwicklungsverläufe behinderter Kinder in integrativen Gruppen zu beobachten, stellte ich fest, daß meine bisherigen Annahmen über die Entwicklungsmöglichkeiten der Kinder zu eingeschränkt waren. Das tägliche Zusammenleben mit nichtbehinderten Kinder bietet ihnen eine Fülle von Anregungen und Entwicklungsanreizen, zugleich die Chance, sich der eigenen Behinderung zu stellen und trotzdem selbstbewußt zu werden.

   Viele der Entwicklungsbeeinträchtigungen, die wir bei Behinderten kennen, erweisen sich nicht als unvermeidbare Folge einer organischen Schädigung, sondern als Folge einer frühzeitig eingeschränkten Lebensumwelt.

Die Sonderpädagogen und die Sonderpädagogik als Wissenschaft begannen umzulernen. Manchen fällt dieses Umlernen heute noch schwer. Ich muß immer wieder hören, daß manche Sonderpädagogen es einfach nicht glauben können, wenn sie z. B. in integrativen Schulklassen geistig behinderte Kinder sehen, die überhaupt nicht dem Bild entsprechen, das sie von geistig behinderten Kinder dieses Alters gewohnt sind.

4. Zugleich veränderten sich in der Bevölkerung die starken Vorurteile gegenüber Behinderten, langsam aber doch merklich. Heute antworten auf die Frage: „Sind Sie dafür, daß behinderte und nichtbehinderte Kinder gemeinsam unterrichtet werden?“ die Mehrheit der Befragten mit „Ja“. Sicher mögen dabei vor allem die Körperbehinderten im Vordergrund stehen, die in den letzten Jahren vehement für ihr Recht der Teilnahme eintreten.
   Schwer mehrfachbehinderte und viele andere Menschen mit seelischen Störungen werden sicher noch sehr stark abgelehnt. Aber es ist nicht zu leugnen, daß auf den verschiedensten Ebenen, z. B. Schulwesen, psychiatrische Versorgung, Öffentliches Leben wie z. B. Verkehrsmittel, das grundsätzliche Recht der behinderten Menschen, so zu leben wie die anderen Menschen auch und teilzunehmen an den öffentlichen Einrichtungen, immer häufiger eingefordert und auch zugestanden wird.
   Alle diese positiven Entwicklungen bauen auf dem Stand auf, den die sonderpädagogischen Einrichtungen in der Bundesrepublik und West-Berlin erreicht haben. Anerkennung des Rechts auf Bildung, Förderungsmöglichkeiten, Selbstbewußtsein und Abbau der Tabus sind **hier** errungen worden. Wenn es manchmal so aussieht, als würden die neueren Tendenzen im Gegensatz zu den bisherigen Leistungen der sonderpädagogischen Einrichtungen stehen, so ist dies eine falsche Sicht. Die Weiterentwicklung der Sonderpädagogik führt aus dem Schutzraum für behinderte Menschen heraus. an die Orte des alltäglichen Lebens.
   Die Sonderpädagogik soll die Hilfe dorthin bringen, wo das behinderte Kind lebt, und nicht das behinderte Kind dorthin, wo die sonderpädagogischen Hilfen einmal zentralisiert worden sind. Nicht von der Sonderpädagogik heißt es Abschied zu nehmen, sondern von der Vorstellung, die einmal eingerichteten Sonderkindertagesstätten, Heime und Sonderschulen könnten unverändert so weiterarbeiten, wie es noch vor wenigen Jahren gut und richtig war.
5. Zusätzlich zu den hier angedeuteten Veränderungen, die von den Eltern, dem Selbstverständnis der Sonderpädagogik und den Einstellungen der Bevölkerung ausgingen, trat in den letzten Jahren eine Entwicklung hinzu, die auf anderen Motiven beruht. Durch den Geburtenrückgang waren in manchen Einrichtungen weniger Kinder vorhanden als noch vor wenigen Jahren. Dies bedeutete manchmal die Notwendigkeit, Einrichtungen zu verkleinern.

Unter derartigen Vorzeichen steigt nun die Bereitschaft der Sondereinrichtungen nichtbehinderte Kinder aufzunehmen wie die Bereitschaft von Regeleinrichtungen, behinderte Kinder aufzunehmen.
In manchen Gegenden konnte es zu einer Konkurrenz zwischen Kindertagesstätten kommen, welche Einrichtung sich als die attraktivere, mit dem ansprecherenden Konzept erweisen würde und sich somit erhalten könnte, wobei dann ein Konzept der gemeinsamen Erziehung behinderter und nichtbehinderter Kinder sich sowohl als moderner und attraktiver erweist, wie auch mehr Kinder bei sich aufnehmen kann. Konkurrenz soll ja das Geschäft beleben, wie eine Alltagsweisheit meint. Nur bleibt auf dem sozialpädagogischen Sektor offen, ob durch eine Geschäftsbelebung auch eine sachgerechte Versorgung aller Menschen gesichert werden kann.
Ich bezweifle, daß durch den Marktmechanismus ohne eine verantwortliche übergeordnete Planung die optimale Betreuung behinderter Kinder sichergestellt werden kann.
Ich zeige im folgenden auf, wie eine Entwicklung aussehen kann, die allein nach Konkurrenzgesichtspunkten verläuft.

6. Als quasi naturwüchsiger, d. h. nicht gesteuerter Trend, kann festgestellt werden, daß immer mehr Eltern mit behinderten Kindern wünschen, daß diese in dem Regelkindergarten ihres Wohngebiets untergebracht werden. Dieser Wunsch ist von ihrer Seite berechtigt und leuchtet meist auch anderen Eltern, dem Personal der Regelkindergärten und den Trägern ein. Bei sinkenden Belegungszahlen des angefragten Kindergartens einerseits sowie einer bewußteren und positiven Einstellung gegenüber behinderten Kindern andererseits wächst die Bereitschaft, diesem Wunsch entgegenzukommen.
   Uns wurden z. B. 1985 in Hessen bei einer Rücklaufquote von ca. 50 % ca. 250 Kinder in hessischen Regelkindergärten genannt, die im Sinne des BSHG „behindert" sind; wir können also z. B. in Hessen von über 500 behinderten Kindern in Regelkindergärten ausgehen.
   Ich nehme an, daß dieser Trend weiter ansteigt. Diese Einzelunterbringung behinderter Kinder in Regelkindergärten verwirklicht den Grundsatz der **Regionalisierung**, der seinerseits wieder ein Grundpfeiler der Herstellung von „**Normalität**" ist; d. h., daß es zur Normalität wird, daß behinderte Menschen zu allen Einrichtungen Zugang haben.
   Andererseits ist es beim gegenwärtigen Stand der Entwicklung nicht gewährleistet, daß die aufnehmenden Regelkindergärten das behinderte Kind auch optimal betreuen können.
   Unter dem Prinzip des freien Marktes können sich daher zwei Selektionsmechanismen durchsetzen:
   a) Es werden eher Kinder mit leichten Behinderungen eine Chance haben, aufgenommen zu werden, als Kinder mit schweren.

b) Es werden eher Kinder von Eltern aufgenommen, die sich für ihre Kinder einsetzten und die zusätzliche Förderung, Betreuung, Therapie selbst organisieren können, als Kinder von Eltern, die dies nicht können.
   Für die Gesamtversorgung könnte unter der Herrschaft von Konkurrenz zwischen den Einrichtungen die Situation entstehen, daß die Regelkindergärten die relativ „pflegeleichteren“ Kinder und die Kinder besser gestellter Eltern abschöpfen, während die schwerer behinderten Kinder und Kinder von Eltern in schwierigen Lebensumständen von dieser Integration nicht erfaßt werden.

Diese Kinder bleiben angewiesen auf die Sonderkindertagesstätten.

7. Die Sonderkindertagesstätten geraten dadurch in eine schwierige Situation. Als zentralisierte Einrichtungen können sie in der Frage der Wohnortnähe nicht konkurrieren. Dagegen können sie ihre Qualifikation zur bestmöglichen Förderung behinderter Kinder vorweisen. Ihnen obliegt auch weiterhin die flächendeckende Versorgung behinderter Kinder. Aber es besteht für sie die Gefahr der Auszehrung: Die Kinder, die zu ihnen kommen, sind durch die zwei zuvor geschilderten Mechanismen negativ ausgelesen; die Arbeit wird schwieriger und die Kinderzahlen sinken; die Transportwege würden dann noch länger, wenn aus Kostengründen einzelne Sonderkindertagesstätten aufgelöst werden müßten.
   Doch hierzu kommt es nicht.
   Aus dem anfangs geschilderten Impuls des Umdenkens in der Sonderpädagogik in Verbindung mit dem Motiv der Selbsterhaltung kommt es zur Einrichtung integrativer Gruppen in den Sonderkindertagesstätten. Und siehe da: Bei Einrichtung integrativer Gruppen steigen wieder die Anmeldezahlen. Einerseits sind es Eltern, die behinderte Kinder jetzt erst anmelden, weil ihnen zuvor die reine Sondereinrichtung nicht attraktiv genug war, andererseits sind es Eltern, deren Kinder zwar nicht offiziell behindert sind, für die die Eltern jedoch eine intensivere Förderung wünschen. Als dritte Gruppe sind es nichtbehinderte Kinder, deren Eltern die gemeinsame Erziehung wünschen oder denen die integrative Gruppe aus anderen Gründen – z. B. Lage, Ausstattung, Ganztagsbetreuung – attraktiv erscheint.
   Mit der 2. Gruppe, nämlich mit den Kindern, die zwar nicht offensichtlich behindert sind, aber irgendwelche Entwicklungsauffälligkeiten aufweisen, ergibt sich eine Ausweitung der Sonderpädagogik auf die sog. „Grenzfallkinder“.
8. Nach den Gesetzen des Marktes könnte nun jede Frau, jedermann zufrieden sein, wenn sich jede Einrichtung ihren Bestand und eine unverzichtbare Aufgabe gesichert hat.
   Doch glücklicherweise denken Erzieherinnen und Erzieher nicht ausschließlich nach dem Marktprinzip. Das Resultat einer solchen Entwicklung ist nämlich alles andere als zufriedenstellend: Es findet eine Teilung der behinderten

Kinder statt in privilegierte Kinder, die mit weniger Aufwand in Regelkindergärten betreut werden und in unterprivilegierte, die mit mehr Aufwand in Sonderkindertagesstätten gefördert werden.
Die einen erhalten nach dem **Regionalisierungsprinzip** mehr Wohnortnähe, die anderen nach dem **Förderprinzip** qualifizierte Betreuung.
Regionalisierungsprinzip und **Förderprinzip** dürfen jedoch nicht gegeneinander ausgespielt werden. Vielmehr ist eine Entwicklung anzustreben, in der diese beiden Grundsätze immer mehr und besser gleichzeitig verwirklicht werden können.
Die flächendeckende Versorgung lastet bei einer solchen Entwicklung nach wie vor auf den Sonderkindertagesstätten. Auch die Ausweitung der sonderpädagogischen Betreuung auf die sogenannten Grenzfallkinder halte ich für sehr bedenklich, wenn – und dies ist ja der Fall! – wenn damit eine Einvernahme dieser Kinder in den Kreis der „Behinderten“ geschieht, wenn also der Personenkreis der als behindert Geltenden ausgeweitet wird, weil es nur für offiziell „Behinderte“ auch die besseren Förderungsmöglichkeiten gibt.
Es erweist sich als ein Kern des Versorgungsproblems, daß die Mittel für die sonderpädagogische Betreuung und die therapeutischen Maßnahmen gegeben werden pro Kopf eines behinderten Kindes, nicht als strukturell gesicherte Versorgungsleistung für eine Region.
Wenn die Entwicklung zur gemeinsamen Erziehung im Elementarbereich auf diesem Stand stecken bleibt, dann bleiben die Sonderkindertagesstätten Besondere Einrichtungen, zwar modernisiert und um nichtbehinderte Kinder angereichert, aber **strukturell** in einer Außenseiterposition mit einer vorwiegend **negativ selektierten** Population und schwierigen Arbeitsbedingungen.
Die Prämie dafür ist die bessere Ausstattung und die gesellschaftliche Anerkennung als „Schwerarbeiter“, Schwerarbeiter bekommen Erschwerniszulage. Und vor allen Dingen: Es bleibt bei einer Polarisierung und Konkurrenz zwischen den verschiedenen Wegen der Förderung behinderter Kinder. **Integrative Gruppen in Regelkindergärten** konkurrieren dann mit **integrativen Gruppen in Sonderkindergärten** und mit der **Einzelintegration**.
Die Idee eines optimalen Angebots für alle Kinder bleibt auf der Strecke.

9. Ich hoffe, daß ich Sie davon überzeugt habe – falls das überhaupt nötig war – daß diese Konkurrenz und der ideologische Grabenkrieg, der manchmal geführt wurde, schädlich ist.
   Es kann bei dieser Fortbildungsmaßnahme also keinesfalls darum gehen, daß die Sonderkindertagesstätten konkurrenzfähiger gemacht werden, damit sie sich in modernisierter Form als Sondereinrichtungen erhalten können. Dies wäre eine Sackgasse.

Es muß im Gegenteil darum gehen, daß die Qualifikationen und die optimalen Förderbedingungen des Sonderkindergartens für eine Weiterentwicklung der pädagogischen Versorgung **aller Kinder** genutzt werden.
Es muß also auch um die Frage gehen, welche Aufgaben der Sonderkindergarten in seinem Einzugsgebiet wahrnimmt, in welchem Verhältnis er steht zu den Regelkindergärten, die auch behinderte Kinder aufnehmen, welche Aufgaben er übernimmt, die über die Unterbringung im eigenen Haus hinausgehen!
Können verschiedene Einrichtungen, verschiedene Träger in einem Einzugsgebiet sich klarmachen, daß sie eine **gemeinsame Verantwortung** für die behinderten Kinder in diesem Gebiet tragen, daß es nicht angeht, um die Betreuung zu konkurrieren?
Mit der Integration hat sich die einfache Zuteilung: „Wir übernehmen die behinderten Kinder, Ihr die nichtbehinderten" aufgelöst. Aber es geht jetzt nicht um neue Zuteilungsquoten. Es geht um eine **gemeinsame Entwicklung**, an deren Ende **ein neues Versorgungssystem stehen sollte**, das die Grundsätze der **Wohnortnähe** und der **optimalen Förderung** für **alle** Kinder zugleich verwirklicht.
Dazu ist es notwendig

- daß in den Sondertagesstätten nachgedacht wird über die Verbindung zu Frühförderstellen, Ambulanzen und darüber, wie die sonderpädagogische Kompetenz auch in die Regelkindergärten gebracht werden kann
- daß Kontakt aufgenommen wird zu allen Einrichtungen innerhalb des Versorgungsgebietes
- daß innerhalb der Sonderkindertagesstätten ein Wandlungsprozeß der eigenen Einrichtung offen und ohne Tabus in Angriff genommen wird.

H. Reiser

(1990)

Integration – ein Weg zu einer pädagogischen Reform?

Überarbeitete Fassung eines Vortrags anlässlich der Abschlusstagung des Projekts „Integration im Primarbereich"

(Erstveröffentlichung). München, 12.11.1990. Deutsches Jugendinstitut

Die gemeinsame Bildung und Erziehung von Kindern mit und Kindern ohne Beeinträchtigung etablierte sich allmählich. Helmut Reiser diskutiert die Zukunftsperspektive dieser Gemeinsamkeit. Als Kern des Paradigmas der Integration sieht er das Miteinander des Verschiedenen, darin das Spannungsverhältnis von Gleichheit und Differenz, expliziert in der Theorie Integrativer Prozesse. Dieses Spannungsverhältnis – in den Worten Ruth Cohns: Autonomie in der Verbundenheit – findet sich in den Entwicklungsprozessen der Kinder, im pädagogischen Lehrprozess, im gesellschaftlichen Leben. In der pädagogischen Praxis hat die Anerkennung dieses Spannungsverhältnisses eine revolutionäre Sprengkraft. Helmut Reiser diskutiert die daraus folgenden reformerischen Konsequenzen und Widersprüche für den Unterricht, zudem die Widersprüche, die sich aus der pädagogischen und soziologischen Perspektive auf Integration ergeben.

Integration – ein Weg zu einer pädagogischen Reform?

1 Zur Fragestellung

> „Es ist die Aufgabe des Lehrers, eine von Druck, Angst und Konkurrenzneid freie und eine den schwachen Schüler stützende Atmosphäre zu schaffen. Die Rede, daß die Rücksichtnahme auf schwächere Schüler zu Lasten der Spitzengruppe gehe, stimmt nur bei einem undifferenzierten Frontalunterricht. In einem arbeitsteiligen Gruppenunterricht bieten sich hingegen genügend Differenzierungsmöglichkeiten, um jeden Schüler zu seinem Recht kommen zu lassen."

Diese programmatische Aussage veröffentlichte Gerd Iben bereits 1971 in seinem Buch „Randgruppen der Gesellschaft"[1], als in der Bundesrepublik die Integration behinderter Kinder in allgemeine Schulen noch undenkbar schien. Die Ergebnisse der Untersuchungen in Integrationsklassen, die in den letzten Jahren durchgeführt worden sind, haben Ibens optimistische Einschätzung voll bestätigt.
Dennoch ist die Frage zu diskutieren, ob diese Ergebnisse auch dann Bestand haben werden, wenn die integrative Pädagogik aus dem Stadium von Versuchen heraustritt und regelhaft, flächendeckend eingesetzt wird: Wird sich dann die In-

1 Iben, G., 1971: Randgruppen der Gesellschaft, München, S. 48.

tegration als ein Weg zu einer pädagogischen Reform erweisen, oder wird sie an den verfestigten Funktionen und Strukturen des Bildungswesens scheitern?
Um diese Frage zu diskutieren, muß zuvor geklärt werden, was unter „Integration" verstanden werden soll. Im allgemeinen Sprachgebrauch wird damit zumeist eine Organisationsform bezeichnet, die mit den Begriffen „gemeinsame Erziehung" oder „gemeinsamer Unterricht" m. E. besser beschrieben wird. Der Begriff Integration ist darüber hinaus ideologisch stärker aufgeladen und wird manchmal als Zielbegriff, manchmal als Schlüsselbegriff für ein bestimmtes Verständnis von Erziehungsprozessen verwendet. Es scheint mir hilfreich, beide Aspekte bei der Diskussion zu trennen. Ich nenne die eine Seite „Integration als Paradigma", die andere Seite „Integration als Praxis".

2 Integration als Paradigma

Als Paradigma können wir im Anschluß an die Wissenschaftstheorie von Kuhn[2] einen Zusammenhang von Fragestellungen bezeichnen, den eine Gemeinschaft von Wissenschaftlern teilt, mit dem bestimmte Probleme betrachtet werden und der bereits auch bestimmte Lösungen präjudiziert. Gemeint ist eine neue Denkweise, die sowohl auf die wissenschaftliche Ebene wie auch auf die Alltagsebene ausstrahlen kann, und die umreißt, wie die Welt gesehen und geordnet wird. In diesem Sinn kann Integration als Schlüsselwort für ein Paradigma gesehen werden, dessen Kern mit dem Begriff „Miteinander des Verschiedenen" ausgedrückt ist. Im Prinzip ist das die Neuformulierung eines pädagogischen Kernproblems.
Denn in der Pädagogik hat man immer damit zu tun, daß die Menschen unterschiedlich sind und daß eine Gleichheit hergestellt werden soll oder daß die Menschen gleich sind und sich durch pädagogische Einwirkungen eine Differenz heraus bildet. Gleichheit und Differenz sind zwei Dimensionen der pädagogischen Tätigkeit, die aufeinander angewiesen sind und die in einem Spannungsverhältnis stehen. „Integration als Paradigma" formuliert dieses Kernproblem neu und greift in dieser Neuformulierung darauf zurück, daß es auch in anderen Bereichen um Gleichheit und Differenz geht, um die Heterogenität z. B. bei Kulturdifferenzen, wie bei der Integration von Kindern aus anderen Kulturen und z. B. bei der Geschlechterdifferenz, obwohl es sich hierbei um ganz andere unvergleichbare Differenzen handelt. Eine Differenz, die pädagogisch außerordentlich bedeutsam ist, fehlt stets bei diesen Hinweisen in der Literatur, nämlich die Differenz der Generationen, die uns immer mehr beschäftigen wird, wenn die Generationen im Zuge der Veränderungen der Lebensbedingungen immer mehr auseinanderdriften. Eine weitere Differenz, die diskutiert wird und auf die auch in der Literatur immer hingewiesen wird, ist die Differenz zwischen Mensch und Natur, wobei auch diese immer gesehen wird unter der Fragestellung: Wie kann ein Miteinander hergestellt

2 vgl. Prengel, A., 1990, in: Deppe-Wolfinger, H./Prengel, A./Reiser, H.: Integrative Pädagogik in der Grundschule, München, S. 273 ff.

werden? Die Vertreter der pädagogischen Integrationsbewegung berufen sich oft auf ein generelles Kernproblem, das dann nicht nur als ein pädagogisches, sondern als ein anthropologisches, philosophisches, soziologisches Kernproblem verstanden wird, bei dem das Miteinander des Verschiedenen herausgestellt wird.
Das Problem von Gleichheit und Differenz findet sich bereits bei Comenius[3]. Seine Position zeigt einen klassischen pädagogischen Optimismus. Sie besagt, es wäre möglich, mit den geeigneten Methoden allen alles zur gleichen Zeit zu lehren: Gleichheit sei herzustellen über die Gleichheit des Lernvorgangs, über die Gleichheit der Lehrmethoden, über die Gleichheit der Behandlung der Lernenden. Wenn wir heute sehen, welche gegensätzlichen Positionen es gibt, dann finden wir eine klassische pessimistische Lösung im selektiven Schulsystem. So in Äußerungen von Bildungspolitikern, die zwar auf die Notwendigkeit der Individualisierung abheben, aber daraus schließen, daß es notwendig sei, selektierende Schulsysteme anzubieten, z. B. vier-, fünf- oder sechsgliedrige Systeme. Diese Extreme bezeichne ich als klassische pessimistische und optimistische Positionen. Jede nimmt natürlich für sich in Anspruch, die realistische zu sein. Auf dieser pragmatischen Ebene erscheint das Problem von Gleichheit und Differenz als ein lehrtechnisches Problem. Wenn man genauer hinschaut, was im Lehrprozeß vor sich geht, sieht man, daß es nicht nur darum geht, daß irgendwelche Stoffe gelehrt werden, sondern daß jeder Lehrprozeß eine Einführung in die Kultur ist und zugleich eine Einführung in die allgemeinen Grundlagen des menschlichen Zusammenlebens, nicht nur des einzelnen Kindes, sondern der Gattung und der Kultur, in der sie gelebt wird. Dann sieht man, daß dieses Problem eine Grundlage sowohl im individuellen wie im gattungsbezogenen Entwicklungsprozeß hat. Es geht darum, daß ich gleich sein will mit anderen und auch verschieden sein will von anderen, in der Formulierung von Ruth C. Cohn: interdependent sein und autonom sein[4]. Und damit ist es kein lehrtechnisches Problem mehr, sondern eine Bildungsaufgabe.
Dieses Problem spitzt sich in den postindustriellen Gesellschaften besonders zu, von denen ja heute in der soziologischen Theoriebildung gesagt wird, daß sie sich durch ein hohes Maß an Individualisierung auszeichnen. Das Individualisierungstheorem kann ja als ein Kernstück der neueren Sozialisationstheorien bezeichnet werden. Wenn man in die Diskurse der verschiedenen Wissenschaften, die sich mit den Menschen beschäftigen, blickt, sieht man, daß das Problem von Autonomie und Interdependenz immer wieder auftaucht. Es taucht auf in der Entwicklungspsychologie, sowohl in der genetischen wie auch in der Psychoanalyse, wo es um Individuation und Abhängigkeit geht. Es taucht auf in der neuesten Entwicklung, die in alle Wissenschaftsgebiete ein greift, nämlich in der System-

3 Comenius, J. A., 1982 in: Flitner, A. (Hrsg.), Große Didaktik, Stuttgart.
4 Cohn, R. C., 1984, in: Farau, A./Cohn, R. C.: Gelebte Geschichte der Psychotherapie, Stuttgart, S. 352 ff.

theorie. Hier geht es um die Selbstreferenz der lebenden Systeme und um ihre Austauschprozesse mit der Umwelt[5]. Diese Denkweise hängt damit zusammen, daß die ökologische Sichtweise immer mehr in den Mittelpunkt rückt. Dieses Problem ist ja gerade das generelle Thema der Ökologie.
Ich berufe mich auf die nach meiner Ansicht prägnante Formulierung von Ruth Cohn, die das anthropologische Axiom so ausdrückt: Ich bin umso autonomer je mehr ich mir meiner Interdependenz bewußt bin und ich bin umso verbundener, je autonomer ich entscheiden kann. Es dreht sich in diesen Austauschprozessen um die Entwicklung der Gleichheit im Verschiedenen. Eine Formulierung der Ethnopsychoanalyse spricht in Bezug auf fremde Kulturen von der Entdeckung des Selbst im Spiegel des Fremden. Auch bei diesem Gedanken bin ich darauf gestoßen, daß es sich lediglich um eine Neuformulierung handelt, nicht um eine grundsätzlich neue anthropologische Sichtweise. 1797 hat Schiller in den „Votivtafeln" formuliert:

> „willst du dich selber erkennen,
> so sieh, wie es die anderen treiben,
> willst du die ander'n versteh'n,
> so blick in dein eigenes Herz".

Neu am Gedanken der Integration ist, daß diese Aussage der Verbundenheit und der Entwicklung von Autonomie in der Verbundenheit ohne Einschränkung für jede menschliche Individualität gelten soll, also auch für Behinderte, d.h. ohne Ausschluß. Das ist das eigentlich Neue. Meiner Meinung nach handelt es sich nicht um ein neues Paradigma, sondern um eine Generalisierung im Zuge der Geschichte. Im historischen Prozeß treten zwar Spezialisierung und Individualisierung sowie die Ausdifferenzierung unterschiedlicher Lebenswelten auf, aber auf der anderen Seite entwickelt sich eine Generalisierung, nämlich der Anspruch des Humanen für alle und das Modell einer egalitären Weltgesellschaft. Neu ist, daß alle Menschen in die Austauschprozesse einbezogen werden sollen und zwar auch solche, die bei den klassischen Formulierungen des Humanen nicht im Blick waren, wie z.B. bei Wilhelm von Humboldt, der die proportionierliche Bildung aller Kräfte zu einem Ganzen als den wahren Zweck des Menschen bezeichnet und damit das Ideal einer Vollendung der Menschheit vor Augen rückt. Was heute neu hinzukommt, ist die Akzeptanz der Unvollkommenheit des Menschen und der prinzipiellen Ergänzungsbedürftigkeit des Menschen. Erst unter dieser Prämisse wird es möglich, daß der humane Anspruch generalisiert wird. Der Mensch wird erst in der Verbundenheit mit anderen ganz, kann nie allein in seiner Persönlichkeit ganz sein. Aber auch dieser Gedanke ist nicht gänzlich neu, sondern nur eine Zuspitzung, denn schon bei Humboldt ist die Rede von den mannigfaltigen

5 Siehe Stierlin, H., 1989: Individuation und Familie, Frankfurt, S. 31ff. und S. 93ff.

Formen des Menschen und davon, daß das Ideal der Menschheit nie anders erscheinen kann, als in der Totalität der Individuen[6].
Das eigentlich Neue besteht darin, daß wir alle Menschen in diese Totalität einbeziehen. In der pädagogischen Praxis sieht man, daß dieses Einbeziehen aller Menschen eine revolutionäre Sprengkraft hat.

3 Integration als Praxis

Diese Einbeziehung aller Menschen in Austauschprozesse stößt in der Praxis auf Probleme. Es wird immer im Hinblick auf bestimmte Gruppen und Situationen eingewendet, ob das nicht zu anspruchlich sei, ob das nicht eingeschränkt werden soll, ob das nicht abgehoben sei von der Praxis gesellschaftlicher Verhältnisse. Diese Fragen sind berechtigt, denn dieses pädagogisch-philosophisch formulierte Ideal hat ja nie völlig oder auch nur teilweise der Erziehungspraxis entsprochen. Aus Wilhelm von Humboldts Überlegungen ist das Gymnasium geworden mit dem Ausschluß einer ganzen Personengruppe. Das waren ja Bildungsveranstaltungen für Männer, und die andere, weibliche Hälfte der Menschheit war ja nicht einbegriffen. Wenn man betrachtet, wie die Einheit und Gleichheit der Gesellschaft hergestellt wird, sieht man die faktische Gegenkraft zu diesem Ideal. Es ist ja seit Durkheim bekannt, daß die Integration von Gesellschaften durch Ausschluß erfolgt, nicht durch Einschluß, d. h. die Integration der Gesellschaft erfolgt durch Normen; wenn diese Normen verletzt werden, ruft dies Sanktionen hervor, z. B. Ausschlüsse; jeder Ausschluß als Sanktion konstituiert die Norm und damit die Gesellschaft, so daß der soziologische Integrationsbegriff eigentlich das Gegenteil von dem aussagt, was als Integrationsgedanke in der Pädagogik formuliert wird. Wenn ich Integration empirisch betrachte, nicht als Gedankengebäude, so müssen wir in der Tat einen doppelten Befund feststellen.
Einerseits kann man feststellen, daß die Gemeinsamkeit aller Kinder herstellbar ist, und daß aus pädagogischer Sicht Differenzierungen nach behindert oder nichtbehindert obsolet werden. Andererseits ist festzustellen, daß überall da, wo gemeinsame Erziehung geschieht, sie kontrafaktisch gegen die gesellschaftlichen Rahmenbedingungen der Institutionen geschieht. Dies nenne ich einen doppelten Befund.
Wir haben in unseren Untersuchungen integrativer Prozesse in Kindergartengruppen[7] festgestellt, wie Kinder miteinander interagieren und wie heterogene Gruppen im Kindergarten gestaltet werden können. Wir haben andererseits den Prozeß verfolgen können, in dem gesellschaftliche Normierung wirksam wird. Jüngere Kinder, die mit Behinderung konfrontiert werden, nehmen zunächst

6 Humbold, W. v., Plan einer vergleichenden Anthropologie, Werke Bd. 1, 1960, hrsg. V. Flitner, A. u. Kiel, G., Darmstadt, S, 339

7 Klein, G./Kreie, G./Kron, M./Reiser, H., 1987: Integrative Prozesse in Kindergartengruppen, München.

nicht das Element der Behinderung an anderen Menschen wahr, sondern verschiedene Eigenschaften der anderen. Die persönlichen Eigenschaften und Verhaltensweisen anderer Kinder gewinnen Bedeutungen, die sich in Prozessen von Identifizierungen, Projektionen und Abwehrhaltungen entwickeln. Die Erscheinungen, die wir als Behinderungen identifizieren, sind hier keine Ausnahme. Sie tauchen in bestimmten Themen für die Kinder auf wie Wachstum oder Stagnation von Wachstum, Krankheit, Einschränkung von Möglichkeiten, Tüchtigkeit. Das wird aber nicht unter dem Begriff Behinderung registriert, sondern geht in die Austauschprozesse mit eigenen individuellen Bedeutungen ein. Diese Austauschprozesse wirken für die Kinder entwicklungsfördernd, da sie sich in den anderen Kindern wechselseitig sehen und im Spiegel der anderen ihre eigenen Probleme verarbeiten. Wir haben auch beschrieben, wie man im Kindergarten diese Austauschprozesse fördern kann.

Doch wenn die Kinder älter werden, wird es deutlich, daß der gesellschaftliche Begriff von Behinderung, der abwertende Konnotationen hat, zu wirken beginnt. Es ist nicht so, daß der gesellschaftliche Begriff von Behinderung von außen eindringt, von irgendeiner Außeninstanz, die dann in diese pädagogische Idylle das Gift der Selektion oder der Stigmatisierung streut. Dem ist nicht so, denn bei psychischen Prozessen wirkt nichts eindeutig von außen oder von innen; es sind also nicht die Eltern oder die gesellschaftlichen Mächte; vielmehr entstehen im Formationsprozeß der Persönlichkeiten Kräfte der Abgrenzung, Konkurrenz und Selektion. Bei Kindern entwickeln sich diese im Zusammenhang mit Tüchtigkeitsvorstellungen. Es ist nicht möglich, innerhalb dieser Gesellschaft Persönlichkeitsformierungen wachsen zu lassen, die nicht in diesen Zwiespalt hineingeraten.

Noch deutlicher wird es im Bereich der Schule. Ich will zunächst beschreiben, was Integration als Praxis in der Schule bedeutet. Ich will dann im nächsten Teil auf notwendige Widersprüche und die Widersprüchlichkeiten dieses Wegs zu einer pädagogischen Reform eingehen.

Aus einer Befragung, die wir in den ersten Regelschulen mit Integration in der Bundesrepublik durchgeführt haben[8], geht hervor, daß aus dieser Heterogenität der Klassenzusammensetzung tatsächlich weitreichende Folgen im Sinne einer pädagogischen Reform erwachsen. In der Didaktik stellten wir fest, daß alle diese Klassen mit flexiblen Differenzierungen arbeiten und didaktische Strukturen verwenden, bei denen Handlungsorientierung, Selbständigkeit und Flexibilität hervorstechende Kriterien des Ablaufs sind, bei denen freie Arbeiten, projektorientierte Arbeiten, individualisierte und differenzierte Unterrichtsformen zur Regel werden, bei der sehr viele gemeinsame Aktivitäten und gemeinsame Themen stattfinden. Wir haben festgestellt, daß eigentlich der Kern dieser didaktischen

8 Deppe-Wolfinger, H./Prengel, A./Reiser, H., 1990: Integrative Pädagogik in der Grundschule, München.

Konzeption in der Flexibilität liegt, in der Flexibilität, wie individualisiert wird und wie in gemeinsamen Aktionen zusammengearbeitet wird. Wenn man diese Projekte verfolgt, kann man auch feststellen, daß in all diesen Projekten eine andere Definition von Schule um sich greift. Vor allem interessant waren die Aussagen von den Schulverwaltungsbeamten, die nicht aus eigener Neigung, sondern weil sie dafür zuständig waren, diese Projekte betreuten und die alle davon sprachen, daß sie persönliche Lernprozesse gemacht haben. Innerhalb dieser Projekte sind Diskussions- und Abstimmungsprozesse erforderlich: die Schule läßt sich nicht mehr rein administrativ verwalten, weil die individuelle Berücksichtigung jedes einzelnen Kindes je einzelne Fallentscheidungen notwendig macht: als weitere Komponente kommt die ausgedehntere Mitwirkung der Eltern hinzu. Die Eltern haben einen größeren Stellenwert, nicht nur in der ersten Generation der Projekte, wo sie oft den Anstoß gaben, sondern auch in den weiteren Generationen. Es werden in allen Integrationsprojekten nach unseren Beobachtungen auch unter Erwachsenen vermehrt Austauschprozesse angeregt. Es wird in der Schule häufiger und intensiver gesprochen über die Entwicklung der Kinder, über die Unterrichtsgestaltung, über die Aufgabe der Schule. Themen wie Leiden und die Bewältigung schmerzlicher Erfahrungen werden bedeutsam. Auch die Probleme von Kindern, die in sozialen Schwierigkeiten oder in psychischer Not leben, treten deutlicher ins Bewußtsein. In einer Mehrheit der Klassen wird im Zusammenhang mit der Integration auch die Geschlechterfrage problematisiert, eben gerade wenn Mädchen typische Helferrollen gegenüber Behinderten einnehmen. Typisch in all diesen Klassen ist, daß zwei oder mehr Erwachsene gemeinsam in diesen Austauschprozessen mit Kindern stehen. Dadurch wird die Kooperation zum Hauptproblem. Dies wird von außen oft so diskutiert, als wäre dies ein besonderes Erschwernis oder Negatives. Ich sehe gerade hierin einen Weg zu einer pädagogischen Reform, denn hier treten Erwachsene zusammen in einen pädagogischen Arbeitszusammenhang.

In der Mehrzahl der Fälle, die wir beobachten konnten, gab es freiwillige Veränderungen in der Teamzusammensetzung. Damit gelangt ein weiteres Element in die Schulorganisation, das von der bürokratischen Struktur der Schule her sehr schwierig erscheint, nämlich das Moment der Freiwilligkeit in den Klassenzusammensetzungen und in den Teamzusammensetzungen. Das Element der Freiwilligkeit steht in einem starken Gegensatz zu der Vorstellung einer administrativ möglichst reibungsarm verwalteten Schule. Die Projekte haben gezeigt, daß ein gewisses Element von Freiwilligkeit auch innerhalb der bestehenden Schulgesetze und Schulverwaltungen zu realisieren ist. Es erfordert längere Diskussionsprozesse, längere Vorbereitungsprozesse, längere Prozesse des Austausches und eine Flexibilität im Lehrereinsatz. Pädagogische Verhältnisse beginnen die alten administrativen Verhältnisse anzukratzen, die Administration muß Rücksicht nehmen auf pädagogische Verhältnisse. Die vorherrschende Meinung in den Schulprojekten ist, daß Integration eine konkrete und radikale Schulreform darstellt und daß damit begonnen werden kann, auch wenn noch gar keine behinderten Kinder vorhanden sind. Dies ist der eigentliche Punkt, der nun die These belegt, daß diese Praxis, die hier in der gemeinsamen Erziehung behinderter und nichtbehinderter Kinder stattgefunden hat, nicht nur eine punktuelle Organisationsveränderung ist, sondern tatsächlich einen pädagogischen Neuanfang setzt. Im Zentrum dieser Überlegungen stehen immer wieder neu herzustellende Fassungen von Verhältnisformen: der Einzelne zur Gruppe; der vorgegebene Stoff zum selbstbestimmten Lernen; die Förderung im Vergleich zur Akzeptanz des Soseins des Kindes: die Differenzierung zu gemeinschaftsstiftenden Aufgaben. So er zwingt die Heterogenität der Lerngruppe, daß die pädagogische Kernfrage neu artikuliert wird, und in diesem Zusammenhang wird die Verwaltung des Bildungssystems vor eine neue Aufgabe gestellt. Hier liegt der Reformansatz, der durch die Integration in Gang gebracht wird.

4 Notwendige Widersprüche

Wir wissen aber, daß die Funktionen des Schulsystems eben nicht pädagogisch bestimmt sind. Wir sprechen im allgemeinen von drei Funktionen, von der legitimatorischen, der qualifikatorischen und der allokatorischen oder selektiven. Mit der qualifikatorischen ist gemeint, daß die Schulen die personalen Eigenschaften und Qualitäten herausbilden, die später im Wirtschaftssystem gebraucht werden. Diese Eigenschaften, diese Qualitäten, diese Wissensbestände, die notwendig sind, müssen nicht unbedingt auf diese Weise hergestellt werden, daß homogene Gruppen sie gleichmäßig erreichen; es ist durchaus möglich, daß die qualifikatorische Funktion durch Individualisierung befriedigt wird, und daß in einem Lernzusammenhang verschiedene Lernstufen erreicht werden, so wie es in integrativen Klassen angelegt ist. Das Schulsystem ist nicht darauf angewiesen, eine Vier- oder Fünfgliedrigkeit oder irgendeine Gliedrigkeit zu behalten, um die qualifikatorische Funktion zu befriedigen. Man kann sich im Gegenteil vorstellen, daß die notwendigen Qualifikationen in modernen Gesellschaften so differenziert und so verstreut sind, daß sie sowieso nicht in ganzen Paketen hergestellt werden können, sondern daß sie individualisiert, also einzeln abgefragt werden können. Qualifikation ist also kein Grund, um weiterhin homogene Lerngruppen einzurichten, die gleiche Stoffe bewältigen und zu gleichen Abschlüssen kommen.

Schwieriger ist es mit den beiden anderen Funktionen. Die allokatorische Funktion legt aufgrund der Schulleistungen fest, welchen Startplatz der Jugendliche später in der Gesellschaft einnehmen wird. Es dreht sich um den Startplatz, und mit diesem Startplatz ist natürlich bedingt, daß der Jugendliche in einen Zustand versetzt wird, daß er aus eigenem Willen in den Wettbewerb geht. Durch diesen Startplatz entwickelt er einen Tüchtigkeitsbegriff von sich, der auch der Konkurrenz standhält; mit dieser Funktion ist auch die dritte, die legitimatorische

Funktion verknüpft, daß das Schulsystem zur Aufgabe hat, Persönlichkeitsstrukturen herzustellen und zu stabilisieren, die geeignet und gewillt sind, sich in die Konkurrenz zu begeben.

Wenn das so nüchtern formuliert wird, klingt das unter Pädagogen immer so, als wäre das teuflisch oder übel, und würde die ganze Pädagogik zerstören. Das ist natürlich nicht so ganz richtig, wenn wir unsere eigenen Lebenswege betrachten, die durch Konkurrenzsituationen geführt haben. Die Illusion, daß der Leistungsbegriff von Konkurrenzanteilen bereinigt werden sollte, halte ich für ein wenig blauäugig; wir müssen uns nämlich fragen, was die gesellschaftliche Definition des Leistungsbegriffs eigentlich leistet. Sie leistet soziologisch die Aufrechterhaltung und die Aufrichtung [Ausrichtung!?] des Wettbewerbswillens der Bevölkerung, und das ist die Kernmentalität unseres Wirtschafssystems. Das brauche ich nicht weiter anführen, daß die Bereitschaft, in die Konkurrenz zu gehen, für unser aller Wohlstand notwendig scheint, und daß wohl niemand ernsthaft bereit wäre, ein Bildungssystem aufzubauen, in dem die Individuen keinen Wettbewerbswillen entwickeln. Das ist die soziologische Seite. Und was leistet in unserer Gesellschaft der Konkurrenzbegriff psychologisch? Er leistet in der Entwicklung die Umlenkung der kindlichen Rivalitätsgefühle in der Familie auf erwachsene Konkurrenzfähigkeit. Er leistet, daß ödipale Konfliktsituationen, die in der Familie vorherrschen, die Rivalität um Liebe, um Gunst, um den Platz an der Sonne, umgelenkt werden in internalisierte Tüchtigkeitsvorstellungen. Die öffentlichen Bildungseinrichtungen haben ja gerade darin ihren Auftrag, weswegen die Funktionsbeschreibung des Kindergartens als einer famlienergänzenden Maßnahme nicht ausreicht. Bei der Schule ist es klar, daß sie nicht mehr ergänzt, sondern daß sie etwas anderes setzt, nämlich Enkulturation. Durch die Enkulturation wird der intime Rivalitätsbegriff in den öffentlichen Konkurrenzbegriff übergeleitet; die familiäre Sphäre wird verlassen in Richtung der kulturellen Sphäre, die durch die Internalisierung von Normen konstitutiert wird.

Der Widerspruch dieser beiden Definitionen von Integration, der pädagogischen und der soziologischen, und der Widerspruch dieser beiden Verhältnisformen von Gleichheit und Differenz ist nicht zu leugnen; er ist auch durch Bildungsreformen nicht hinweg zu radieren und ist für die Pädagogik nicht zu überspringen. Mit diesen Widersprüchen müssen wir leben.

Bereits im Bereich der Frühförderung stoßen wir als erstes Symptom dieses Widerspruchs auf den Begriff „Behinderung“. Der Begriff „Behinderung“ zieht sich durch alle unsere Projekte. Man kann natürlich von Problemkindern sprechen, von Gutachtenkindern, von Kindern mit Problemen, aber der Begriff „Behinderte Kinder“ taucht immer wieder auf. Eindeutig ist, daß in der Praxis des Elementarbereichs der Behinderungsbegriff für die pädagogische Arbeit obsolet geworden ist, d. h. nichtssagend, ja sogar kontraproduktiv, und daß es dem Integrationsideal

widerspricht, die Menschheit zu teilen in behinderte und nichtbehinderte Menschen. Das ist die pädagogische Seite des Problems.
Ich möchte aber auch sehen, was der Behinderungsbegriff leistet, Wenn der Begriff der Behinderung oder ein gleichrangiger Begriff, der eine Lebensperspektive mit Beinträchtigung ausdrückt, in der Beratung von Eltern von Kindern mit schweren organischen Beeinträchtigungen vermieden wird, ist das ein schwerwiegendes Versäumnis. Das heißt, hier muß die Feststellung der Differenz erfolgen, es muß ausgesprochen werden, daß dieses Kind different ist zu anderen Kindern aus dem und dem Grund, und daß es wahrscheinlich eine bestimmte Lebensperspektive hat. Wie sehen bei den Entwicklungen bei verschiedenen Beeinträchtigungsformen im Kindergarten, daß die Verhältnisse für die Kinder umso eher zu bewältigen sind, je mehr eine klare Perspektive und Diagnose möglich ist. Warum sind die Kinder mit Downsyndrom so beliebt und sind die Stars der Integration im Kindergarten, und warum ist es bei Kindern mit diffusen Entwicklungsretardierungen meistens so schwer für die Eltern? Weil es den Eltern nicht möglich ist, sich auf diesen Fakt einzustellen, solange die Diagnose verschwommen bleibt. Der Behinderungsbegriff ist auch administrativ notwendig. So kommen z. B. Richtlinien für integrative Gruppen im Kindergarten überhaupt nicht aus ohne die entsprechenden Paragraphen des BSHG und ohne diesen wunderlichen Akt, daß zunächst eine Etikettierung erfolgen muß, bis dann zusätzliche Mittel bereitstehen. Hier sieht man genau den Widerspruch zwischen der gesellschaftlichen und der pädagogischen Auffassung dieses Problems, wobei hier durch die Sozialpolitik ein Korrektiv greift, also nicht nur Selektion.
Ein zweites Beispiel nehme ich aus der Schule. In der Schule spielt ja der Behinderungsbegriff, wie ich ihn jetzt ausgeführt habe nach dem BSHG, keine Rolle mehr, sondern Behinderung wird über nicht hinreichende schulische Förderung definiert. Hier greift praktisch etwas anderes, nämlich das Ziel standardisierter Schulabschlüsse. Wie wir die Sache auch drehen und wenden, auch integrative Klassen haben standardisierte Schulabschlüsse zum Ziel: Eignung zum Besuch weiterführender Schulen, Abschluß der Lernbehindertenschule, Abschluß der Hauptschule, der Realschule, des Gymnasiums. Für die praktische pädagogische Arbeit in integrativen Klassen wären diese Abschlußziele völlig unerheblich, wenn alle Qualifikationen nur individualisiert nachgefragt und abgeprüft werden würden. Aber so ist es nicht. Wir haben jetzt in unserem letzten Projekt[9] Integrative Klassen begleitet vom Kindergarten bis in die vierten Klassen herein. Wir mußten feststellen, daß mit ansteigendem Jahrgang Unterrichtsformen mehr an Gewicht gewinnen, bereits in der Grundschule, die auf standardisierte Schulabschlüsse hinzielen. Unterrichtsformen, die eine besondere integrative Wirkung haben,

9 Reiser, H./Deppe-Wolfinger, H./Cowlan, G./Kreie, G./Kron, M., 1990: Wissenschaftliche Begleitung integrativer Grundschulklassen in Hessen, Manuskript, Frankfurt/M.

sind beispielsweise die Rahmenhandlungen, die den Unterricht begleiten, wie Morgenkreise, Begrüßungen, Spiele, musische Aktivitäten. Dann sind es projektorientierte Teile, so wie Georg Feuser[10] das beschreibt: Arbeit am gemeinsamen Gegenstand. Dann sind es Gespräche und Arbeiten an gemeinsamen Themen, die die Kinder beschäftigen. Neben diesen integrativen Unterrichtsformen gibt es individualisierende, wie freie Arbeit und Wochenplan, bei denen jedes Kind an seinem eigenen Stoff arbeitet. Im zweiten und dritten Schuljahr gibt es bereits passagere Leistungsgruppen, Z. B. eine Gruppe von Kindern,
die auf dem gleichen Leistungsstand im Rechnen unterrichtet wird. Es kann auch vorkommen, daß die Individualisierung sich so durchsetzt, daß intern bereits nach den angezielten Abschlüssen differenziert wird. Dies kann so weit gehen, daß sie so verläuft, wie eine in den Klassenraum verlegte Außendifferenzierung. Im Laufe der Schuljahre nehmen die integrativen Unterrichtsformen an Zeit und Bedeutung ab und die individualisierenden und differenzierenden gewinnen. Diese Veränderungen der Unterrichtsstruktur sind solange nicht schädlich für den integrativen Zusammenhang der Klasse, solange die Gemeinsamkeit ein wesentliches Gewicht hat, nicht nur zeitlich, sondern auch im Bewußtsein der Kinder. Wenn der gemeinsame Unterricht ausgeweitet werden soll, müssen die Lehrerinnen und Lehrer ein Bewußtsein dafür entwickeln, daß hier ein unvermeidlicher Widerspruch vorliegt, der es erforderlich macht, immer wieder neue Verhältnisformen zu finden zwischen Abgrenzung und Gemeinsamkeit, zwischen persönlichkeitsorientierten und normorientierten Leistungszielen, zwischen Gleichheit und Differenz.

5 Konsequenzen für die integrative Erziehung

Wenn ich auf diese Widersprüche im Bildungssystem hinweise, geschieht es nur leider recht häufig, daß meine Hinweise auf Realitäten mißverstanden werden als Argumente gegen Integration. Das Gegenteil ist der Fall. Hier handelt es sich um Widersprüche im Bildungsprozeß selbst, in jedwedem Bildungsprozeß, die natürlich auch in der integrativen Erziehung zutage treten, aber nun mit besonderer Deutlichkeit.

Nur wenn wir die Möglichkeiten der integrativen Erziehung realistisch einschätzen, haben wir eine Chance, mit der Reform voranzukommen. Nur wenn wir sehen, was Pädagogik leisten kann, und wo gegenwärtig die Grenzen der Autonomie der Pädagogik sind, haben wir eine Chance, diese Grenzen zu verschieben.

Die integrative Erziehung hat heute den Humanitätsanspruch radikal generalisiert und neue Sichtweisen eröffnet. Sie ist – dies versuchte ich zu Beginn zu belegen – gleichermaßen „wertkonservativ“ wie „revolutionär“. Sie liegt einerseits

10 Feuser, G., Integration – die gemeinsame Tätigkeit am gemeinsamen Gegenstand, 1982, in: Behindertenpädagogik, 21. Jg., Heft 2, S. 86-105.

quer zum Trend steigender Konkurrenz-Erziehung, andererseits im Trend der Individualisierung.
Ich denke, daß sie eine Organisationsform der Zukunft ist, da die postindustriellen Gesellschaften die Vermittlung von Qualifikation notwendigerweise individualisieren müssen. Auch die Legitimationsbasis der Schule wird sich ändern müssen. Um die Basiskompetenz dieser Gesellschaft zu sichern, wird es notwendig sein, die kulturelle Zusammenarbeit einzuüben und der psychischen Stabilität der Individuen Priorität einzuräumen. Solidarität wird ein wichtiges Ziel der Öffentlichen Erziehung werden, wichtiger. jeden falls als Selektion.
Ich denke aber, daß dieser Prozeß langsam vor sich gehen wird und auch nicht über das ganze Bildungssystem auf einmal. Wahrscheinlich werden zuerst einzelne Sektoren aus der Verklammerung der legitimatorischen und allokatorischen Funktionen entlassen werden. Ich denke, daß Integration in dem Maße voranschreiten wird, wie die gesellschaftlichen Veränderungen, die Solidarität erzwingen, voranschreiten. Ich denke, daß die Integrationsbewegung einerseits ein Reflex auf einen Modernitätsrückstand des Bildungssystems ist, und daß das Bildungssystem wiederum ein Reflex ist auf gesellschaftliche Veränderungen. In welcher Geschwindigkeit dieser Prozeß voranschreitet, weiß man nicht, welche Verwerfungen und Widersprüchlichkeiten auf uns warten, wissen wir nicht, aber ich denke, Integration ist einerseits ein Symptom für diese Entwicklung und andererseits auch bereits ein Baustein.

Helmut Reiser

Implikationen für Profession und Kooperation; systemtheoretische Ausformulierungen

„Als wenn Integration ein Vorgang sein könnte, der von einem Lehrer an einem Kind ausgeübt werden könnte" (Reiser 2001, 20)

*Die Theorie Integrativer Prozesse ist keine Technik oder Methode zur Herstellung von Integration oder Inklusion. Es wurde in den vorhergehenden Beiträgen deutlich, wie sehr Auseinandersetzungsprozesse angesprochen werden – mit sich selbst in der Welt, mit anderen Personen und Phänomenen in der Welt und mit den Prozessen eigener Vorortungen dazu und darin. Die Theorie Integrativer Prozesse ist als Kommunikationsmodell auf mehreren Ebenen angelegt. Die folgenden Texte geben einen Eindruck. Es wird deutlich, dass Inklusion (hier Integration) nicht ohne Veränderung und Veränderungsbereitschaft der Akteur*innen auf unterschiedlichen Ebenen funktioniert und dass es nicht mit ergänzenden Maßnahmen getan sein kann. Dabei werden auch Einflussfaktoren der Herstellung von Differenz durch professionelle Funktionen und Zuständigkeiten thematisiert.*

H. Reiser
(undatiert; verfasst anfangs der 1990er Jahre)

Zur Balance von Gleichheit und Differenz im Integrativen Unterricht

(Erstveröffentlichung)

Dem uns vorliegenden Text fehlt ein Schaubild, auf das Helmut Reiser verweist. Uns erschienen die Ausführungen aber dennoch gut nachvollziehbar und so markant, dass wir den Beitrag hier publizieren. Näheres dazu ergibt sich aus der entsprechenden Stelle des Textes.

Das in vorhergehenden Texten dargelegte Verständnis eines Spannungsbogens von Gleichheit und Differenz wird in dem hier folgenden Beitrag fortgeführt als neue Perspektive auf den Bildungsprozess, auf Unterricht und auf didaktische Fragestellungen. Helmut Reiser weist explizit darauf hin, dass es um alle Formen von Verschiedenheit in den Gruppen bzw. Klassen geht. Er ordnet den Beitrag der Theorie Integrativer Prozesse im Sinne einer umfassenden Veränderung des Unterrichtsgeschehens und im Zusammenspiel mit anderen Arbeiten von Georg Feuser, Wolfgang Klafki oder Ruth Cohn ein.

Zur Balance von Gleichheit und Differenz im integrativen Unterricht (undatiert)

1 Das paradigmatische Selbstverständnis des integrativen Unterrichts

In integrativen Klassen werden Kinder mit und ohne Behinderungen gemeinsam beschult (Anmerkung 1). Für den Unterricht hat dies zwei unmittelbare Auswirkungen.

Einerseits muß auf die große Streubreite der Leistungsmöglichkeiten Rücksicht genommen werden. Die integrative Klasse umfaßt auch Kinder, die bei Beschulung in Sonderschulen nach dem Curriculum der Schule für Lernbehinderte oder Geistigbehinderte unterrichtet würden, sei es in diesen Sonderschulformen oder in den entsprechenden Klassen von Sinnes- oder Körperbehindertenschulen. Dennoch besteht der Anspruch eines gemeinsamen Unterrichts. Eine innerhalb des Klassenverbandes weitgehend getrennte Unterrichtung nach den Curricula der verschiedenen. Schulformen, selbst wenn durch musische und soziale Aktivitäten ein verbindender Rahmen geschaffen würde, entspräche nicht diesem Anspruch (Feuser 1988, 5.174).

Andererseits beanspruchen soziale und psychische Bedürfnisse von Kindern verstärkt die Aufmerksamkeit der LehrerInnen. Bedürfnisse, für die sich die Regelschulen vor der Integration als nicht zuständig erklärten und die sie an die besondere Beschulung weiterverweisen konnte, werden nun zum Regelfall und sehr bald auch als Regelfall bei den nicht-behinderten Kindern entdeckt. So tauchen „Verhaltensstörungen" in den integrativen Klassen nur in Extremformen unter dem Stichwort „behinderte Kinder" auf, während psychosoziale Notlagen von Kindern breit thematisiert werden (Deppe-Wolfinger/Prengel/Reiser 1990 S. 237ff., Reiser 1988, S. 251f.).

Das Leitziel „gemeinsames Lernen" behauptet die Möglichkeit, interaktive („gemeinsame") Lernprozesse gestalten zu können, die unterschiedlichen Bedürfnissen gerecht werden und zu differenten Lernzielen führen. Schlagworte wie „Vielfalt in der Gleichheit" oder „Alle sind gleich und alle sind verschieden" umreißen den Anspruch auf eine „neue Sicht" des Bildungsprozesses. Diese Sicht ist durchaus nicht begrenzt auf das Thema Behinderung oder Leistungsdifferenzen, sondern erstreckt sich auf alle Formen der Heterogenität in Lerngruppen, z.B. auf die interkulturellen Differenzen und auf die Geschlechterdifferenz, „Die integrative Pädagogik ist in Zusammenhang mit weiteren pädagogischen Richtungen zu sehen als Ansatz einer paradigmatisch neuen Offenheit für Heterogenität, in der universelle Gleichheitsrechte und partikular besondere Qualitäten miteinander vermittelt werden" (Prengel 1988, 5.73, siehe auch Schley in Schley/Boban/Hinz 1989, 8.23 und Hinz ebenda S. 49-74).

Gleichheit und Differenz werden dialektisch als Gegensatzeinheit verstanden; die VertreterInnen dieses Ansatzes sehen sich in der Tradition einer Bildungstheorie, die dem universellen Gleichheitsbegriff entspricht (so z.B. Prengel unter Berufung auf Klafki 1985, 5.17(1988, S. 71)) und fordern ein Allgemeinbildungskonzept, das die partikularen Interessen aller Schülerinnen- und Schülergruppen aufnehmen kann (Prengel 1988, S. 73). Aus der Dialektik von Gleichheitsprinzip und Differenzprinzip folgt als weiteres Moment der „neuen Sichtweise" eine Betonung der Entwicklung von subjektiver Identität. Sich erleben und definieren zu können, sowohl als gleich wie als verschieden von anderen Menschen, wird zu einem primären Entwicklungsziel. (Anm. 2)

Eine Auswertung der Publikationen aus den ersten Integrationsprojekten in der Bundesrepublik und Westberlin in den Jahren 1976-1986 und von Interviews mit 16 LehrerInnen aus 8 Teams der ersten integrativen Klassen, die im Schuljahr 1985/86 im zweiten Schuljahr waren, ergab folgendes Bild der didaktischen Orientierungen (Deppe-Wolfinger/Prengel/Reiser 1990):

„Alle pädagogischen Konzepte der von uns befragten Lehrkräfte basieren auf Vorstellungen von Individualisierung und Differenzierung, offenem Unterricht, Freiarbeit mit Tages- oder Wochenplänen, Projekten und Gesprächskreisen. Die Arbeitsformen Einzelarbeit, Partnerarbeit, Gruppenarbeit, Kreisgespräche und Frontalunterricht wechseln dabei ab" (Prengel, ebenda S. 161).

„Als eine tiefgreifende Folge des gemeinsamen Unterrichts … und der Freiraum lassenden Didaktik erscheint in den Interview-Aussagen die Wahrnehmung schmerzlicher Tatsachen (Behinderung, Krankheit, psychische und materielle Not) und die Notwendigkeit von Trauerarbeit. Als wesentliches Merkmal aller integrativen Klassen kann eine Verdichtung der Interaktionen angesehen werden, die durch diese Notwendigkeit angestoßen wird. (Reiser ebenda, S. 264).

2 Problemstellungen der Didaktik und Thesen dieses Beitrags

Aus den Zielen und den Selbstbeschreibungen des integrativen Unterrichts ergeben sich folgende Problemstellungen für die Didaktik in heterogenen Lerngruppen:

1. Wie ist es möglich, Sachthemen im Unterricht so zu bearbeiten, daß sich Kinder auf sehr unterschiedlichen Niveaustufen der Entwicklung beteiligen können (Differenzierung bei Sachthemen)?
2. Wie ist es möglich, die Interaktionsthemen, die durch die Heterogenität der Kinder ausgelöst werden, im Unterricht aufzugreifen und zu bearbeiten (Bearbeitung der Interaktionsthemen)? Beim gemeinsamen Unterricht mit nichtbehinderten und behinderten Kindern kreisen diese Themen um Behinderung, Störung, Tüchtigkeit, Selbstwert, Krankheit, Gleichheit und Unterschiedlichkeit zwischen Menschen usf.
3. Wie ist es möglich, zugleich Leistungsentwicklung, bezogen auf normorientierte Curricula, zu optimieren (Leistungsdifferenzierung)?
4. Wie ist es möglich, diese Aufgaben im Unterrichtsverlauf so miteinander zu verbinden, daß sowohl individuelle Förderung wie Gemeinsamkeit und Zusammenarbeit aller Schülerinnen und Schüler entsteht (Prozeßmodell der Balance zwischen Gleichheit und Differenz)?

Der unter 3 genannte Punkt wurde zu Beginn der Integrationsprojekte vor allem von Skeptikern ins Feld geführt, bis sich herausstellte, daß – nachgewiesen bislang für den Bereich der Grundschule (Wocken 1988) – die an Normen meßbare Leistung in integrativen Klassen zumindest so hoch ist wie in Vergleichsklassen. Durch Differenzierung und Individualisierung gilt dieses Problem als lösbar; allerdings kollidiert diese Lösung unter Umständen mit dem unter Punkt 4 genannten Ziel. Zum Problem eines Prozeßmodells, mit dessen Hilfe Verläufe in integrativen Klassen reflektiert und geplant werden können, existieren bislang Berichte von Unterrichtseinheiten sowie Beschreibungen der Elemente einer integrativen Unterrichtsgestaltung. Die Differenzierung bei der Bearbeitung von Sachthemen (Punkt 1) wurde in der Integrationsdiskussion ausführlich behandelt, die Frage, wie Interaktionsthemen zu Unterrichtsthemen gemacht werden können (Punkt 2) bisher eher stiefmütterlich.
Ich führe im folgenden vier Thesen aus:

1. Diese Problemstellungen sind in der Allgemeinen Didaktik, insbesondere bei Wolfgang Klafki und Wolfgang Schulz, bereits angelegt, aber nicht hinreichend bearbeitet.
2. Sie werden in den Konzepten des integrativen Unterrichts, insbesondere durch Georg Feuser und Richard Meier/Peter Heyer weitergeführt. Es bleiben Lücken bei der Problemstellung 2 (Bearbeitung von Interaktionsthemen) und Problemstellung 4 (Prozeßmodell).
3. Durch Längsschnittuntersuchungen der Verläufe von integrativem Unterricht ist es möglich, den Problempunkt 4 zu analysieren.
4. Ein praktikables Modell, das auch den Problempunkt 2 der Lösung näher bringt, und das in der Praxis die Unterrichtsverläufe reflektieren und planen hilft, steht noch aus. Dies ist eine Aufgabe der allgemeinen Didaktik. Ich suche die Lösung in einer Umsetzung des Systems der Themenzentrierten Interaktion nach Ruth C. Cohn in den Unterricht.

3 Rekurs auf die allgemeine Didaktik

3.1 Bildungstheoretische Überlegungen bei Wolfgang Klafki

Klafkis Studie über innere Differenzierung aus dem Jahre 1976 (zit. nach Klafki 1985), kann exemplarisch stehen für die Behandlung des Differenzierungsproblems in der allgemeinen Didaktik. Er schlüsselt die Differenzierungsmöglichkeiten im einzelnen auf und führt dabei bereits die Stufen des Aneignungsprozesses nach Leontjew und Galperin ein. Er beachtet sowohl die Leistungsdifferenzierung wie auch die Analyse eines Unterrichtsthemas nach verschiedenen Bearbeitungsmöglichkeiten. Mit der Frage, wie in einer Gesamtstruktur unterrichtlicher Abläufe Differenzierung und Gemeinsamkeit verbunden werden können, beschäftigt er sich aber nur am Rande unter der Fragestellung „zeitliche Konstanz oder Variabilität der Gruppenbildungen" (ebenda S. 146 f.). Diederich bemerkt hierzu, daß „die Frage, wie das in diesen Phasen Gelernte wieder für die ganze Klasse fruchtbar gemacht werden könne, … ins Hintertreffen (gerät)" (Diederich 1988, S. 246). Die im integrativen Unterricht vorhandene Möglichkeit der radikalen Individualisierung von Lernzielen und das daraus erwachsende Erfordernisse der Zusammenfügung in einer Gesamtstruktur ist noch nicht im Blick. (Anm. 3)
Zum Verhältnis von Interaktions- zu Unterrichtsthemen bietet Klafki in der Studie „Grundlinien kritisch-konstruktiver Didaktik" (1985) grundsätzliche Überlegungen. Mit der Bestimmung des Zusammenhangs von Lehren und Lernen als Interaktionsprozeß rücken Themen ins Blickfeld, die „erst oder vorwiegend in der unterrichtlichen Interaktion selbst hervorgebracht werden" (ebenda 8.73, Hervorhebg. i. Orig.). Konflikte und Störungen, Kontakte und Kompromisse, Übertragungen und Abwehrreaktionen werden als soziale Erfahrungen immer wieder als Themen des Unterrichts erörtert werden müssen (ebenda). Der Begriff des Themas wird unterschieden vom Begriff des Gegenstands (ebenda S. 66 f.) und

präzisiert unter der Forderung, daß gegenstandsorientiertes und soziales Lernen in Übereinstimmung zu bringen sei (ebenda S. 76f.).
Noch nicht eingelöst, aber begründet ist in dieser Studie die Forderung nach „Entwicklung eines flexiblen Modells für einen offenen, problem- und schülerorientierten Unterricht“ (ebenda S. 85).
So sind bei Klafki bereits sämtliche Problempunkte des integrativen Unterrichts in heterogenen Lerngruppen zumindest angesprochen.
Zwischen der Erstfassung der Studie über Innere Differenzierung und den beiden letztgenannten Studien liegen 7 bzw. 9 Jahre, in denen u.a. der Neu-Entwurf von Wolfgang Schulz mit dem Titel „Unterrichtsplanung“ (1980) erschienen ist und eine Annäherung zwischen beiden Autoren stattgefunden hat (siehe Klafki in Gudjons u.a. 1980, zit.n. 4. Aufl. 1987, S. 108).
Schulz verwendet in seiner Konzeption das System der Themenzentrierten Interaktion (TZI) nach Ruth C. Cohn. Die Bestimmung des Unterrichts als Interaktion und die Präzisierung des Begriffs Thema finden in der TZI eine Vorlage, die von Schulz rezipiert worden ist.

3.2 Die Rezeption der Themenzentrierten Interaktion (TZI) bei Wolfgang Schulz

Schulz übernimmt aus der TZI den im Prozeßmodell der TZI zentralen Begriff der „dynamischen Balance“. In der TZI hat dieser Begriff vielfältige Dimensionen und bezieht sich u.a. einerseits auf die Themaentwicklung, andererseits auf die Strukturentwicklung von Gruppenprozessen. Zentral ist er im „ersten Axiom“ der TZI angelegt, das von einer Gegensatzeinheit zwischen Autonomie und Interdependenz ausgeht, die zueinander in einem dialektischen Verhältnis stehen; diese Gegensatzeinheit entspricht den Begriffspaaren Gleichheit und Differenz bzw. Annäherung und Abgrenzung, wie sie in der integrativen Pädagogik, teilweise in bewußter Anlehnung an TZI (Anm. 4), verwendet werden.
In der TZI findet sich die Synthese dieser Gegensatzeinheit in zwei Postulaten: Im ersten Postulat: „Sei die Chairperson deiner selbst“ als Forderung der gegenseitigen Durchdringung von Autonomie und Interdependenz; im zweiten Postulat: „Störungen haben Vorrang“ als eine mögliche Realität des Mißlingens des Balanceprozesses. Auf der Themenprozeßebene beschreibt die dynamische Balance die Gleichwertigkeit von Aspekten der Einzel-Persönlichkeiten („Ich“), der Gruppe („Wir“), der Sachanforderung („Es“) und der die Gruppe umgebenden Realität („Globe“), die im Thema immer wieder neu hergestellt werden soll. Auf der Strukturprozeßebene beschreibt sie das Zusammenspiel von sichernden Strukturen und öffnenden Prozessen in einer Entwicklung zu größerem Vertrauen in die eigenen Fähigkeiten und das Wechselspiel von Themen, die individuell, in wechselnden Kleingruppen und in der Gesamtgruppe bearbeitet werden. (Cohn 1984, S. 352ff., Kroeger 1985, Matzdorf 1985, Raguse 1987, Reiser 1987, Schutz 1987).

Metatheoretisch betrachtet verbindet TZI normative Aussagen („Axiome“ und „Postulate“) mit systemischen und psychoanalytischen Analysen von Gruppenprozessen und darauf aufbauenden Reflexionsregeln, hat also eine den didaktischen Theorien analoge Theoriestruktur (vgl. Peterssen 1983, S. 26).
Schulz übernimmt Teilaspekte dieses Systems mit Einschränkungen. Die Figur der dynamischen Balance wird für die Auspegelung der Interaktion zwischen den drei Polen thematischer Aspekt, personaler Aspekt und Soziierungsaspekt eingeführt und taucht wieder auf in der Verbindung von Sacherfahrung, Gefühlserfahrung und Sozialerfahrung. Das axiomatische Begriffspaar Autonomie und Interdependenz wird umgewandelt in eine dreipolige Fassung der Intentionalität mit „Autonomie“, „Solidarität“ und „Kompetenz“. Hier wird der mehrdeutige Begriff Interdependenz, der sowohl Verbundenheit wie auch Abhängigkeit bezeichnen kann, ersetzt durch den politischen Begriff „Solidarität“. Das Chairperson-Postulat wird durch die Operationalisierung auf „Kompetenz“ entradikalisiert, und die Störungsprioritätsregel fällt der Entschärfung zum Opfer. Dem Planungsmodell von Schulz gelingt es, Themen und Strukturen des Unterrichts in der Interaktion mit den Betroffenen zu entwickeln, und zwar vornehmlich durch rationale Metakommunikation. Die Unterrichtsplanung wird damit zum interaktionellen Prozeß nach dem Prinzip der dynamischen Balance. Die unbewußten Prozesse des Unterrichtsverlaufs selbst, die Klafki anspricht, werden dabei jedoch weitgehend ausgeklammert. Schulz scheut vor einer „zu therapeutischen“ Auffassung des Unterrichts zurück und beschränkt damit sein Prozeßmodell exakt an den Punkten, die im integrativen Unterricht tragende Bedeutung haben: Die „Bejahung der eigenen Person „(Schulz 1980,8S. 149), die für Schulz bei TZI zu weitgehend ist, und die Anerkennung der Priorität von Störungen. Der Aspekt der dynamischen Balance in der Strukturierung von Abläufen, bei der Einzelaufgaben, Kleingruppenarbeiten und Gesamtgruppenaktivitäten nach dem Prinzip der „Chairpersonship“ und der Priorität der Störungsbearheitung wechseln, wird dadurch nicht so deutlich herausgearbeitet wie in der Themenzentrierten Interaktion (Anm. 5).

4 Konzepte integrativen Unterrichts: Georg Feuser und Richard Meier

Für die Fragestellung der Balance zwischen Gleichheit und Differenz sind aus der Grundschulpraxis zwei Konzeptualisierungen integrativen Unterrichts interessant: Die didaktischen Vorschläge von Georg Feuser (Feuser/Meyer 1987, Feuser 1988) schließen direkt an Klafki an (Anm. 6). Der Beitrag von Richard Meier und Peter Heyer beschreibt die Arbeitsformen des individualisierenden Grundschulunterrichts und bemüht sich um die Gesamtstrukturierung von Abläufen im Sinne einer Balance einzelner Elemente.

Aus der Sekundarstufe I liegt eine eindrückliche Beschreibung von Marianne Poppe vor (in Schley/Boban/Hinz 1989, S. 165 -181), die sich an die didaktischen Strukturen anlehnt, die Hilbert Meyer entwickelt hat.
Feuser artikuliert ebenso kategorisch wie kategorial einen Identifikationskern für integrative Erziehung. Der Schwerpunkt seiner Überlegungen liegt bei der Frage, wie Unterrichtsinhalte ausgewählt, präzisiert und zubereitet werden können. Sie beinhalten eine Zuspitzung des exemplarischen Prinzips auf eine individualisierte innere Differenzierung des Exemplums. Aufgrund seiner zentralen Kategorie Kooperation, hinter der ein historisch-materialistischer Arbeitsbegriff steckt, erhebt Feuser die innere Differenzierung und Wiederzusammenführung des Exemplums zum Kriterium der Humanität und spielt dies vor allem an naturwissenschaftlichen Gegenständen durch. Interaktionsthemen beachtet er weniger.
Er warnt davor, daß „innere Differenzierung" ohne Kooperation an gemeinsamen Gegenständen in äußere Differenzierung kippt und so zu einem segregierenden Nebeneinander verkommt (1988, 3.176). Die Möglichkeit, Handlungssequenzen zu planen, bei denen Kinder auf verschiedenen Wahrnehmungs-, Denk- und Handlungsniveaus kooperieren, eröffnet ihm der „didaktische Dreischritt": Sachstrukturanalyse auf der Objektseite und Tätigkeitsstrukturanalyse auf der Subjektseite (in der Schule von Leontjew und Galperin) führen in einer Verknüpfung von Handlungskompetenz und Sachanforderungen zur Handlungsstrukturanalyse (Feuser/Meyer 1987, S. 34 ff., Feuser 1988. S. 174 ff.). Projektorientierte Unterrichtssequenzen sollen so strukturiert werden, daß jedes Kind sich an Handlungen so beteiligt, daß es durch die Handlung die Zone der nächsten Entwicklung erreicht. Der gemeinsame Gegenstand ist nach Feuser im Projekt „Ernährung" beim Zubereiten einer Gemüsesuppe nicht das Gemüse oder die fertige Suppe, sondern der Prozeß des Kochens, der auf den verschiedenen Abbildniveaus von der unmittelbar-sinnlichen Erfahrung von Wärme bis zur Abstraktion der Thermodynamik erfaßt werden kann (Feuser 1988, 8.177). Auf diese Weise ist es theoretisch unbegrenzt möglich, Kooperationen zu konstruieren, die größte Heterogenität der Kooperierenden zulassen. Integration wird zu einer Frage der Kunstfertigkeit didaktischer Planungen.
Die Konzeption von Meier und Heyer (1988, S. 179 ff.) geht aus von den Zielen und Erfahrungen der Grundschulreform und setzt bei den spontanen Prozessen der Kinder an, bei ihren sozialen Bedürfnissen und der Förderung von Neugier, Lernbereitschaft, Selbständigkeit, Risikobereitschaft. Ziel ist es, offene Handlungsspielräume zu schaffen. Der Klassenunterricht hat mehr den Charakter einer Werkstatt, in der zu gleicher Zeit an gemeinsamen Vorhaben oder auch an verschiedenen Aufgaben gearbeitet wird. Um dies zu ermöglichen, muß eine Arbeitsbasis aufgebaut werden, die auf dem Erlernen von Arbeitstechniken und der Stabilisierung einer positiven Gruppen-Arbeitsatmosphäre beruht.

In der Strukturierung der Abläufe spielen deshalb wiederkehrende Komponenten eine Rolle; diese sind: Rituale, gemeinsamer Anfang, gemeinsames Ende, Singen und Spielen, Besprechungen, gebundene Aufgaben, individuelle Arbeit, gemeinsame Arbeit an Vorhaben. Im methodischen Repertoire sind besonders wichtig die sozialen Rahmenhandlungen, die individualisierten Lernaufgaben und die Vorhaben. „Wenn Vorhaben einen wesentlichen Teil des Unterrichts ausmachen, wenn gemeinsam geplant und mit verschiedenen Aufgaben und Möglichkeiten an einer Sache oder Situation gearbeitet wird, die auch gemeinsam genutzt und erlebt wird, dann entsteht integrativer Unterricht von selbst" (Meier/Heyer 1988, S. 187).

Im „Vorhaben" bzw. „Projekt" treffen sich beide Konzepte. Während Feuser jedoch die gezielte Planung betont und die Kooperation am gemeinsamen Gegenstand zum einzigen Indikator für integrative Wirksamkeit erhebt, setzt Meier auf Selbständigkeit und offene Handlungsspielräume und beschreibt einen rhythmisierten Unterrichtsablauf, der in seiner Gesamtheit integrative Wirkung erreicht. Als Selbstbeschreibung trifft sein Konzept das Selbstverständnis reformorientierter (Grundschul-) LehrerInnen mit Vorstellungen wie prozeßorientiert, schülerorientiert, offen… [*Kleine Lücke im Manuskript*]

„Vorhaben" wie „Projekte" zielen auf eine handlungsorientierte Umwelterfassung; eine Selbstthematisierung des Unterrichts als Interaktionsprozeß ist nicht vorgesehen.

In dem Bericht aus der Sekundarstufe I wird die Aufgabe der Selbstthematisierung übernommen vom „Klassenrat als Motor für integrative Prozesse" (Dahmke/Poppe in Schley/Boban/Hinz 1989, S. 203-212). Der Bericht (Poppe, ebenda S. 165-181) problematisiert, wie sich die drei Säulen des Unterrichts: lehrgangsmäßiger Unterricht, Wochenplanunterricht und Projektunterricht zueinander verhalten und welche Handlungsmuster und Sozialformen integrative Wirkung haben.

Als Idealvorstellung umreißen die Berichte und Konzepte das Ziel, verschiedene individuelle Lernvorgänge zu organisieren, entweder innerhalb eines gemeinsamen Lernvorgangs oder auch innerhalb von zeitlich abgewogenen, inhaltlich verknüpften und durch Strukturelemente verbundenen Wechseln zwischen mehr gemeinsamen und mehr individualisierten Tätigkeiten. Für die Entscheidungen, wie die einzelnen Elemente des ‚Unterrichts angeordnet werden sollen, wann welche Elemente eingeführt, modifiziert oder abgelöst werden sollen, stehen jedoch noch keine Kriterien zur Verfügung. Sie fallen in der Praxis nach Erfahrung und lokal-zufälligen Einflüssen, nicht nach einem Prozeßmodell. Sowohl auf der thematischen wie auf der strukturellen Entscheidungsebene sind Reflexionen des Gruppenprozesses ebenso notwendig wie Reflexionen über die Entwicklung der einzelnen Kinder, wenn Gemeinsamkeit und Individualisierung des Lernens in ein optimales Verhältnis gebracht werden sollen.

5 Beobachtungen von Verlaufsstrukturen

Bei der wissenschaftlichen Begleitung integrativer Grundschulklassen in Hessen konnten wir (Cowlan/Deppe-Wolfinger/Kreie/Kron/Reiser) vier Jahre lang in fünf integrativen Grundschulklassen die Verlaufsstrukturen beobachten. (Anm. 7) Wir entwickelten dazu die Methode für Langzeitstudien weiter, die wir für die Erfassung und Analyse integrativer Prozesse in Kindergartengruppen entworfen und angewendet haben (Klein/Kreie/Kron/Reiser 1987).
In jeder Klasse führte eine geschulte Beobachterin 2 x monatlich eine teilnehmende Beobachtung eines ganzen Schultags durch und notierte signifikante Szenen der Unterrichtsgestaltung. Als signifikant gelten die Gestaltungen der möglichen Sozial- und Arbeitsformen und die Übergänge in verschiedene Gesamtanordnungen der Arbeits- und Sozialformen im Klassenunterricht. Im Anschluß an die Beobachtungen führten die Untersucherinnen mit den LehrerInnen nondirektive Gespräche, in denen sie ihre Beobachtungen mitteilten und Kommentare der LehrerInnen einholten. In einem halbstandardisierten Interview wurde anschließend erhoben, an welchen Themen und in welchen Arbeitsformen in den letzten 14 Tagen unterrichtet worden war. In jeder Klasse wurde zusätzlich eine Studie der Entwicklung eines nichtbehinderten und eines behinderten Kindes erstellt.
Bei der Analyse der Verlaufsstrukturen des Unterrichts erwies sich die Betrachtung von Umschlagpunkten, in denen ein Wechsel von Gestaltungen eintrat, als ergiebig. Es kann angenommen werden, daß sich nach jeder Veränderung von Unterrichtselementen Gleichheit und Differenz im Unterrichtssystem in einer neuen Verhältnisform einpegeln werden.
Die unterrichtliche Interaktion wird dabei betrachtet als ein selbstreferentielles System, in dem sich die Relationen gleich erhalten, wenn die Elemente Veränderungen unterworfen sind. Veränderungen treten ein durch die Rollenbestimmung und Zusammenarbeit der LehrerInnen, durch neue unterrichtliche Anforderungen, durch Entwicklungen von Kindern, durch Anstöße von außen; insbesondere die in den einzelnen Schuljahren unterschiedlich ausgeprägten Erfordernisse der Sicherstellung und Zensierung von Leistungen, die auf abschlußbezogene Curricula zielen, erweisen sich als wesentliche Impulse von außen, die im Widerspruch zu den Selbstbeschreibungen des Unterrichtssystems stehen.
In der Auswertung wurden die vorhandenen Informationen zunächst von den Beobachterinnen in einer längeren Darstellung der in der Klasse behandelten Unterrichtsthemen, der angewendeten Arbeits- und Sozialformen und der Beteiligung der LehrerInnen und der Kinder zusammengefaßt und dann komprimiert. Aus dem Vergleich der einzelnen Verläufe wurden spezifische intervenierende Variablen deutlich sowie eine Bandbreite der möglichen Anpassungen und Verschiebungen innerhalb des Unterrichtssystems.

Als Beispiel stelle ich Ausschnitte aus dem Verlauf der unterrichtlichen Gestaltungen in einer integrative Grundschulklasse vor, deren Zusammensetzung zuerst als sehr problematisch empfunden wurde. In ihr sind 17 Kinder untergebracht, von denen 3 Kinder deutliche Behinderungen aufweisen und 2 weitere Kinder Lern- und Verhaltensstörungen zeigen. Von den drei behinderten Kindern ist ein Mädchen (Marga) blind, ein Mädchen (Cornelia) liegt in der herkömmlichen Klassifikation an der Grenze zwischen Lernbehinderung und geistiger Behinderung und hat Verhaltensschwierigkeiten, ein Junge (Thomas) hat auf dem Boden einer leichten spastischen Beeinträchtigung gravierende emotionale Störungen, die zu eingeschränkten Kommunikationsmöglichkeiten, Wahrnehmungsverzerrungen und massiven Entwicklungsretardierungen führten. Das Problem von Thomas entzieht sich jeder sonderschultypischen Klassifikation. Er benötigt stets eine eigene Bezugsperson.

Unterrichtet wird die Klasse von einer Grundschullehrerin und einer Sonderschullehrerin in durchgehender Doppelbesetzung. Für die Betreuung von Thomas tritt auch im Unterricht ein Zivildienstleistender hinzu.

Bericht: Zu Beginn des ersten Schuljahres teilen die Lehrerinnen die Klasse in zwei Halbgruppen, die nur in einer Überschneidungsphase gemeinsam unterrichtet werden, wobei sie bei der Gruppeneinteilung auf gleiche Verteilung von Mädchen und Jungen und Kindern mit und ohne Behinderungen achten.

In den ersten Wochen hat der Unterrichtstag folgenden Ablauf: Für die erste Halbgruppe freie Tätigkeit (erst Spiel, dann zunehmend Arbeitsaufgaben)/Stuhlkreis (Erzählen, Planen des Tags)/Lesen, Schreiben oder Rechnen/Pause und Frühstück/Weiterarbeit, bis die zweite Halbgruppe eintrifft; in der nun folgenden Überschneidungsphase: ein musisches Angebot (Singen, Geschichtenhören und Nachspielen, Basteln) oder Sachkunde oder Turnen; während die erste Halbgruppe nach Hause geht, folgt für die zweite Halbgruppe: eine Arbeitsphase (Lesen/Schreiben oder Rechnen mit dem gleichen Pensum)/Stuhlkreis.

In dieser Phase wird nur bei den Arbeitsaufträgen differenziert. Obwohl die Lehrerinnnen den Unterricht gemeinsam vorbereiten, erteilt die Grundschullehrerin den Klassen- bzw. Gruppen-Unterricht, während die Sonderschullehrerin Kindern, die Schwierigkeiten haben, individuell hilft.

Kommentar: Diese Anfangsstruktur ist ganz auf die Reduktion der Differenz und die Herstellung von größtmöglicher Gleichheit gerichtet, die den Lehrerinnen am besten in einer Halbgruppe herstellbar erscheint. Die Struktur strebt nach Übersichtlichkeit und Beruhigung. Die SchülerInnen gewöhnen sich in Halbgruppen und Kleingruppen an den Umgang miteinander und mit den Lehrerinnen; vor allem beim Singen, Spielen und Basteln in der Klassengruppe können sich alle Kinder – mithilfe weniger einfacher Hilfsmittel auch die behinderten – beteiligen, es entsteht ein Gefühl der Zusammengehörigkeit; alle SchülerInnen sollen in die Schülerrolle, die durch Arbeit anstelle von Spiel gekennzeichnet ist, eingeführt

werden. Bereits nach drei Monaten setzen Veränderungen ein, die bis Ende des ersten Schuljahres andere Strukturen schaffen.
Bericht: Die Sonderschullehrerin übernimmt den Unterricht in Mathematik. Beide Lehrerinnen wenden sich jetzt gleichmäßig den behinderten Kindern zu. Gegen Ende des ersten Schuljahres hat sich die Zusammenarbeit der beiden Lehrerinnen so eingespielt, daß sie abwechselnd unterrichten, ohne sich die Fächer aufzuteilen. Eine neue Differenzierung im personellen Angebot tritt durch einen Blindenlehrer hinzu, der stundenweise beteiligt wird.
Zugleich wird die Trennung in feste Halbgruppen abgelöst durch Unterricht in der Klassengruppe. Der Unterrichtstag beginnt mit einem Morgenkreis, in dem vor allem kurze Geschichten vorgelesen und im Rollenspiel gespielt werden und Lieder gelernt und gesungen werden. Marga und Cornelia singen gerne und gut und sind hier Stützen des Geschehens, und auch Thomas macht gerne mit. Danach folgt eine Einführungsphase (frontal) oder Übungsphase (individualisiert) in den Fächern Deutsch, Mathematik oder Sachkunde. Nach der Pause findet ein Frühstück statt, nach dem sich jetzt Freie Arbeit anschließt. Das Angebot, aus dem ausgewählt werden kann, wird durch Symbole für die Aufgabenarten und für alle in der Klasse vorhandenen Niveaustufen differenziert präsentiert.
Cornelia erlebt Schwierigkeiten an dem Punkt, an dem die Grundschulkinder ihr deutlich vorauseilen und sie andere Aufgabenstellungen benötigt. Erst nach Einführung der Freien Arbeit, in der alle Kinder individuelle Aufgaben erhalten, kann sie dies akzeptieren. Thomas verweigert lehrgangsspezifische Lernaufgaben und beteiligt sich bei sachkundlichen Themen zumeist aus der Distanz der halben Länge des Klassenzimmers, scheinbar unbeteiligt und doch genau beobachtend. Marga kann durch Blinden-Hilfsmittel inhaltsgleich am Unterricht teilnehmen, benötigt aber in Mathematik individualisierte Lernsequenzen.
Die Stunde nach der zweiten Pause wird für musische Angebote genutzt. In der letzten Stunde bleibt jeweils eine Halbgruppe für eine intensive Übungsphase mit den zwei Lehrerinnen in der Schule, während die anderen Kinder nach Hause gehen.
Kommentar: Die starre berufsspezifische Differenzierung wird zugunsten einer situationsspezifischen, flexiblen Differenzierung aufgegeben. Das Singen und Rollenspiel in Morgenkreis fördert die Gemeinsamkeit. Neben den musischen Angeboten erweisen sich sachkundliche Themen als Kern des gemeinsamen Unterrichts. Diese Angebote können so geplant werden, daß sich jedes Kind nach seinen Fähigkeiten beteiligen kann. Bei den Kulturtechniken ist eine dauerhafte Differenzierung eingetreten, die von der Freien Arbeit und. den Übungsphasen in Kleingruppen aufgefangen wird und die in den noch gemeinsamen frontalen Einführungsphasen verdeckt bleibt.
Derartige Gesamtstrukturierungen sind in den ersten drei Grundschuljahren häufig zu beobachten. In der hier beschriebenen Klasse hält sich diese Gesamtgestaltung nicht bis zum Ende des zweiten Schuljahres.

Bericht: Im Verlauf des zweiten Schuljahres werden die Einführungs- und Übungsphasen in Mathematik und Deutsch individualisiert und differenziert durch die Einführung zweier methodischer Strukturen: der Wochenplanarbeit und der leistungsspezifischen Differenzierungsgruppen. Dies hat eine erneute Veränderung in der Rollenverteilung der Lehrerinnen zur Folge: Wieder ist es die Grundschullehrerin, die sich mehr dem Klassenunterricht der leistungsstärkeren Kinder widmet, während die Sonderschullehrerin Kleinstgruppen mit den schwächeren Kindern betreut. Aus dem Sachkundeunterricht wachsen projektorientierte Arbeiten, die größeren Raum einnehmen. Hier bemühen sich beide Lehrerinnen um Themen, die ein Allgemeines repräsentieren, und um Strukturen, die allen Kindern die Beteiligung ermöglichen. Der Morgenkreis verändert seine Inhalte und wird zum Erzähl- und Vorlese-Kreis.

Kommentar: Die in der zweiten Hälfte des zweiten Schuljahres erfolgten Veränderungen können zusammenhängen mit der internalisierten Vorschrift, daß mit dem Ende des zweiten Schuljahres für GrundschülerInnen der Leselehrgang abgeschlossen sein müsse, was in der Regel sowohl einen Schub in Richtung Leistungsorientierung wie auch in Differenzierung auslöst. Hier wird die, auch durch die erneute berufsspezifische Rollenverteilung der Lehrerinnen markierte, Verschiebung der Balance aufgefangen durch die stärkere Bedeutung des projektorientierten Unterrichts. Ab hier und in den nächsten Schuljahren findet Malen und Basteln vorwiegend in den projektorientierten Unterrichtsphasen statt, da diese Aktivitäten eine Einbindung aller Kinder am ehesten erlauben.

Bericht: Im dritten Schuljahr verändern die Lehrerinnen die Struktur des Morgenkreises durch ein Umstellen der Sitzordnung. Sie stellen die Tische im Viereck auf, sodaß die Stühle nicht mehr speziell für den Morgenkreis im Kreis gestellt werden müssen. Die Tische vor den Kindern verändern den Charakter des Morgenkreises, der zu einer regelmäßigen gemeinsamen Gesprächsrunde wird. In der Regel werden jetzt gemeinsame Themen aus den Projekten diskutiert, Vorhaben besprochen, Arbeitsergebnisse vorgestellt und der Tag geplant.

Während einer Wochenplanarbeitsphase werden die Kinder mit Lernbehinderungen von der Sonderschullehrerin zu einer Kleingruppe zusammengefaßt. Erstmals beteiligt sich auch Thomas an einer lehrgangsbezogenen Arbeit; er lernt lesen. Für die übrigen Kinder wird wöchentlich einmal Deutschunterricht nach drei Leistungsgruppen differenziert unterrichtet, die verschiedene Themen haben. Über freie Arbeiten werden Themen des projektorientierten Unterrichts vor allem mit dem Deutschunterricht verbunden.

In Mathematik tritt ein Lehrerwechsel ein: Die Sonderschullehrerin übernimmt in der Schule stundenweise andere Aufgaben, während ein Lehrer in der hier beschriebenen Klasse Mathematik unterrichtet. Er arbeitet mit frontalen Einführungsphasen und differenzierten Übungsphasen. Thomas und Cornelia werden in dieser Zeit parallel allein betreut.

Kommentar: Im dritten Schuljahr ist bei Lehrerinnen und SchülerInnen der Ablauf des Unterrichts gut eingespielt. Die Veränderungen, die im 3. Schuljahr vorgenommen wurden, stellen einerseits eine größere formale Gleichheit her: der Morgenkreis und die Besprechungsphasen, die Einführungsstunden in den Projekten und in Mathematik, die Präsentation der Arbeitsergebnisse werden frontal und lediglich differenziert durch Materialhilfen für Cornelia und Marga und Personalstützen für Thomas unterrichtet, wobei in Kauf genommen wird, daß einzelne behinderte Kinder vorübergehend nur körperlich dabei sind oder parallel unterrichtet werden. Auf der anderen Seite erfolgt eine kontinuierliche Individualisierung durch die Freie Arbeit und den Wochenplan, sowie wechselnde Kleingruppendifferenzierung in sowohl leistungs-homogenen wie -heretogenen Gruppen. Vorhaben, z. B. in Form von Wochenthemen, sind ein wesentlicher Teil des Unterrichts und bieten eine Fülle gemeinsamer Themen und Aktivitäten sowie einen Bezugspunkt für die Einzel- und Kleingruppenarbeit. Dieses System stellt sich in der zweiten Hälfte des dritten Schuljahres ein und zeigt eine hohe Stabilität, gepaart mit Arbeitszufriedenheit der Lehrerinnen.

Diskussion der Verlaufsschilderung:

Das geschilderte Beispiel ist eines unter mehreren verschiedenen Verläufen. Die in diesem Beispiel wiederholt aufgetretene Rollenverteilung, in der die Sonderschullehrerin besonders die behinderten Kinder betreute, ist für unsere Beobachtungsklassen untypisch und widerspricht dem Selbstverständnis integrativer Kooperation (Kreie 1985). In allen von uns untersuchten Klassen entwickelte sich eine spätestens im vierten Schuljahr eingeschliffene Ablaufform, in der Arbeiten an gemeinsamen Vorhaben und gemeinsame soziale und musisch-kreative Aktivitäten abwechselten mit individualisierten Lernsequenzen und Differenzierungsgruppen. Die Anbindung der Einzel- und Kleingruppenarbeit an die gemeinsamen Themen und Aktivitäten im Klassenzimmer wurde stets angestrebt, gelang, aber in unterschiedlicher Intensität.

Interaktionsthemen blieben meist unterhalb der Schwelle offizieller Unterrichtsthemen. Reflektiert wurden zumeist die einzelnen Elemente im Hinblick auf die Lernmöglichkeiten der Kinder, nicht aber der Gesamtzusammenhang, der sich ungeplant entwickelte. Mitunter blieb deshalb die Unterrichtsgestaltung, obwohl eine berechtigte Zufriedenheit mit der Arbeitsatmosphäre und den Lernergebnissen der Kinder herrschte, hinter den eigenen Idealvorstellungen zurück, die aus der Leitidee „gemeinsam Lernen" abgeleitet wurden.

Die Tatsache, daß sich das an normierten Leistungszielen orientierte lehrgangsmäßige Lernen auch in der Form der Individualisierung immer wieder von gemeinsamen Lernprozessen abzukoppeln und einen zu großen Raum einzunehmen droht, verweist auf die Begrenztheit der relativen Autonomie pädagogischer Vorstellungen. Im Schulsystem, das nach normierten, gestuften Abschlüssen ausgerichtet ist und Kinder in Jahrgangsklassen zusammenfaßt, steht der integrative Gedanke stets im

Widerspruch zu übergeordneten Leitlinien der Institution Schule. Dieser Widerspruch ist in einer reflexiven Praxis mit zu bedenken. Was hierzu benötigt wird, sind Instrumente zur Reflexion und Steuerung der unterrichtlichen Prozesse.

6 Impulse für die Didaktik in heterogenen Lerngruppen

Aus den Selbstbeschreibungen, den Berichten und Konzepten und den Verlaufsbeobachtungen läßt sich folgendes Schaubild der Arbeitsformen des integrativen Unterrichts in der Balance von Gleichheit und Differenz herausfiltern.

[*Hier fehlt eine Seite in dem Manuskript. Das fehlende Schaubild lässt sich nur in seinen Umrissen rekonstruieren:*

Helmut Reisers Notizen ist zu entnehmen, dass die Spalten jeweils Elemente/Arbeitsformen enthalten, die aus den gemeinsamen Themen und Aktivitäten herausführen und differenzierende, vom Allgemeinen abgegrenzte individuelle Situationen darstellen, die in Form eines Kreislaufs wieder in das Allgemeine zurückfließen sollen. Konkretes zu diesen Arbeitsformen findet sich im Fortgang des Textes]

Der in der ersten Spalte sichtbare Kreislauf betrifft die gemeinsamen Rahmenhandlungen des Unterrichtsverlaufs wie Morgenkreise, Abschlußkreise, Phasen mit Gemeinschaftsspielen oder andere Rituale, die aus den individuellen Beiträgen gespeist sein müssen. Wenn sie zu Abläufen erstarren, die nur noch routinemäßig abgehalten werden, zeigt sich dies durch das Zurückgehen der individuellen Beiträge und das Auftreten von Störungen. Dann ist es Zeit, sie zu modifizieren oder abzulösen.
Der zweite Kreislauf in der Mitte beschreibt die Kooperation am gemeinsamen Gegenstand im Sinne von Feuser als Kern des integrativen Unterrichts. Kooperation an Sachthemen ist jedoch nicht die einzige Thematik des integrativen Unterrichts. Ebenso wichtig ist die Thematisierung der sozialen Erfahrungen in der Klasse durch das Aufgreifen der in den spontanen Kontakten auftretenden Interaktionsthemen.
In der Praxis treten die lehrgangsorientierten Sequenzen in Form der Individualisierung in Freier Arbeit und Wochenplänen hinzu. Dieses Element ist determiniert durch die Orientierung der Schullaufbahnen auf genormte Abschlüsse. Es kann nicht ausgeschaltet werden, weil der intervenierende Faktor nicht nur „von außen" kommt, vom Schulsystem oder den Eltern, sondern ebenso „von innen", von den Tüchtigkeitsvorstellungen der Kinder und LehrerInnen, die an den gesellschaftlichen Normen orientiert sind. Es muß dennoch nicht das integrative System sprengen, wenn es durch den Ablauf der Arbeitsformen, durch die aus gemeinsamen Themen gewonnene Motivation für bestimmte Inhalte und de-

ren Rückspeisung in den Interaktionsprozeß eingebunden bleibt. Ein Bindeglied können hier auch Neigungs- und Interessegruppen in wechselnden heterogenen Kleingruppen darstellen.

Für den [.. oben ..]dargestellten Zusammenhang des integrativen Unterrichts formuliere ich die folgenden Reflexions- und Steuerungskriterien in Anlehnung an die TZI:

1. Das Prinzip der dynamischen Balance von Autonomie und Interdependenz. Alle Mitglieder der Gruppe – Kinder wie LehrerInnen – müssen sich sowohl erfahren können als Teil der Gruppe wie auch als unabhängige einzelne. Die Angebote müssen so gestaltet werden, daß die für jeden einzelnen unterschiedliche Passung des Verhältnisses von Gemeinsamkeit und Alleinsein individuell gefunden werden kann. Dies erfordert offene Unterrichtsformen und -angebote und verbietet zu starke Gängelung durch spezielle Förderung und Planung,
2. Das Chairperson-Prinzip. Dies zielt darauf ab, daß jedes Mitglied möglichst viele Situationen als Möglichkeit der persönlichen Entscheidung begreifen kann. Der Respekt vor der Entscheidungsfähigkeit des Kindes verbietet es, Kinder zu sozialen Kontakten zu nötigen, auch nicht durch Überredung oder moralischen Druck. Im Lernbereich gilt es, die sozialen Erfordernisse und Realitäten aufzuzeigen und auf anstehende Entscheidungen hinzuweisen, ohne zum Lernen zu zwingen. Dies erfordert Sequenzen der individuellen Lernplanung wie Freie Arbeit und Wochenplan.
3. Das Prinzip des Vorrangs von Störungen. Individuelles Gestörtsein bei Kindern und LehrerInnen darf nicht übersehen werden. Es muß wahrgenommen und bedacht werden, auch wenn es mit peinlichen oder verpönten Regungen zu tun hat. Dies heißt nicht, daß individuelle Störungen den Ablauf dominieren sollen. Individuelle Störungen sind sehr oft Signale für Disbalancen im Gruppenprozeß. Dann müssen sie aufgegriffen werden, entweder, indem sie zu Gesprächsthemen gemacht werden oder indem die LehrerInnen sie interpretieren und adäquat durch Änderungen von Strukturen und Themen darauf reagieren.
4. Das Prinzip der Themenbalance. Sachthemen dominieren traditionell den Unterricht. Die heterogenen Bedürfnisse und Äußerungsformen in der integrativen Klasse erzwingen es, daß Themen auf ganz individuelle Anteile hin untersucht und ausgewählt werden. Themen, die in der spontanen Interaktion auftauchen, sind sehr oft Gruppenthemen, um die sich kollektive Phantasien und Vorstellungen ranken. Während einer Fortbildung mit LehrerInnen aus integrativen Klassen stießen wir z. B. auf den Umstand, daß zwischen Kindern ständig das Thema „Behinderung" verhandelt wurde, aber als Unterrichtsthema weitgehend vermieden wurde. Grund war ein bei den LehrerInnen vorherrschendes Tabu vor der angeblich diskriminierenden Wirkung dieses Themas. Nach der Bewußtwerdung dieser Abwehr wurde die didaktische Phantasie für die Möglichkeiten frei, dieses wichtige Thema aufzugreifen.

5. Das Prinzip der Balance von Struktur und Prozeß im Ablauf des Unterrichts. Ziel dieser Balance ist die Entwicklung von Vertrauen in den Rahmen, die Gruppe, die eigene Person. Feste Strukturen, z. B. Rhythmisierungen, wiederkehrende Elemente, nicht diskutierbare Vorgaben sind nötig, um Sicherheit und Halt zu geben. Sie untergraben jedoch das Vertrauen in die eigene Entscheidungs- und Leistungsfähigkeit, wenn sie keinen Prozeß zulassen. Offene Strukturen laden ein zu Entwicklungen selbstbestimmten Kontakts, individuellen Interesses und von Gruppen-Phantasien und Aktionen. Die Gesamtstruktur muß so angelegt sein, daß sie einen spiralförmigen Verlauf nimmt, bei dem das Vertrauen in die eigenen Kräfte zunimmt: Aus festigenden Strukturen sollen prozeßhafte Elemente entwickelt werden, die eine neue Form von Sicherheit geben. Phasen von Verunsicherung und Aufbrüchen wechseln ab mit Phasen von Festigung und Beruhigung. Kriterium einer positiven Gruppenentwicklung ist die zunehmende Mitbestimmung und selbständigere Lernweise der Gruppenmitglieder.

[In den lehrgangsorientierten Sequenzen] sind diejenigen Elemente des Unterrichts zu sehen, die sich schwerlich in einen solchen integrativen Prozeß einbringen lassen. Kurze Frontal- Unterrichtsphasen, bei denen sich nicht alle Kinder beteiligen können, sowie Leistungsdifferenzierungen in passageren Gruppierungen sind in integrativen Klassen oft zu beobachten und liegen nach meinem Urteil in einer noch hinzunehmenden Zone der Disbalance, sofern sie im Unterricht nicht sehr gewichtig sind. Eine dauerhafte Deformierung ergibt sich jedoch, wenn wesentliche Strecken des Unterrichts entweder frontal oder in konstanten Leistungsgruppen unterrichtet werden. Im Auseinanderdriften von Gleichheitsprinzip und Differenzprinzip sind beide nicht mehr aufeinander bezogen, sondern – in einer nicht mehr dialektischen, sondern nur noch polaren Sichtweise – nur noch abwechselnd angeordnet. In den Frontalunterrichtsphasen greift statt Gleichheit Egalisierung, in den nur noch individualisierenden Instruktionen Atomisierung. Der Anschein der Integration wird dann durch gemeinsame Rahmenhandlungen und soziale Begleitaktivitäten aufrecht erhalten. Es wäre in diesem Falle günstiger, nicht von integrativem Unterricht zu sprechen.
Das vorgestellte didaktische Konzept für integrativen Unterricht nach der TZI baut auf der Fähigkeit von LehrerInnen auf, Entwicklungen bei den Kindern, im Gruppenprozeß und bei sich selbst wahrzunehmen und zu reflektieren. Es kann aus diesem Grund nicht wie ein Unterrichtsrezept angewendet werden. Den Königsweg zu einer inneren Reform des Unterrichts sehe ich hier wie überhaupt in einer Kombination von persönlichkeitsorientierten Fortbildungen der LehrerInnen, praxisbegleitenden Supervisionen und kollegialen Besprechungen konkreter Unterrichtsplanungen.

Für den theoretischen Rahmen ist zudem eine Weiterentwicklung der allgemeinen Didaktik erforderlich, die die Ergebnisse und die hier knapp angerissenen Konzeptionen des integrativen Unterrichts aufgreift, konkretisiert und diskutiert.

Anmerkungen

1) Die Klassenfrequenzen schwanken zwischen 15 und 20 Kindern, wobei bei den kleineren Frequenzen zumeist 3-5 behinderte Kinder aufgenommen werden, bei größeren Frequenzen 1-2. Bei über 3 behinderten Kindern wird meist mit durchgehender Doppelbesetzung (meist Grundschul- und SonderschullehrerIn, oder auch GrundschulehrerIn und ErzieherIn) gearbeitet, bei der oberen Grenze von 20 Kindern und nur einem oder zwei behinderten Kindern mit der stundenweisen Zuordnung von SonderschullehrerInnen.
2) Von der Frankfurter Forschungsgruppe (siehe Reiser in Deppe-Wolfinger/Prengel/Reiser 1990, 8.30 f£.) werden integrative Prozesse beschrieben als dialektische Prozesse der Annäherung und Abgrenzung auf der innerpsychischen, der interaktiven, der kooperativen, der situativ-ökologischen, der institutionellen, der gesellschaftlichen und der transzendierenden Ebene; durch den unmittelbaren Umgang mit Behinderung und Krankheit rücken existentielle Erfahrungen in die Wahrnehmung von LehrerInnen und Kindern.
3) Die Nichtbeachtung behinderter Kinder zeigt sich 1976 auch in der von Feuser monierten Bemerkung Klafkis, die Grundschule sei das erste Modell einer Gesamtschule gewesen (ebenda S. 121), wie in der Reduktion des Problems der Lernzieldifferenz auf Fundamentum und Additum (ebenda 5.129). 7 Jahre später in der Studie „Konturen eines neuen Allgemeinbildungskonzepts“ (1983, zit. n. Klafki 1985) taucht als eines von 18 „Schlüsselproblemstellungen“ das Problem auf: „Behinderte und Nichtbehinderte“ (S. 21).
4) In den Arbeiten der Frankfurter Forschungsgruppe (Reiser/Deppe-Wolfinger, Cowlan/Kreie/Kron/Prengel) und in den auf sie aufbauenden Arbeiten wird TZI als eine wichtige Grundlage der Erfassung und Strukturierung von Interaktionsprozessen in Gruppen herangezogen.
5) In einer Anmerkung findet sich bei Schulz (1980, S. 148, Anm. 104) ein Hinweis auf einen möglichen Grund der Eingeschränktheit der Rezeption. Er gibt an, seine Leitgedanken entwickelt zu haben „in Auseinandersetzung vor allem mit Kap. 8,9 und 13“ von Ruth Cohn 1978. Die Literaturbasis war zu diesem Zeitpunkt zu schmal, um das System der TZI aus schriftlichen Quellen vollständig erfahren zu können.
6) Aus den Bezügen Feusers auf Klafki (v. a. Feuser/Meyer 1987, S. 32-39) wird deutlich, daß er das bei Klafki „zaghaft“ Anskizzierte (1989, 5.176) konsequent weiterführen will.
7) Nähere Ausführungen in unserem Zwischenbericht der wiss. Begleitung integrativer Grundschulklassen in Hessen (Cowlan/Deppe-Wolfinger/Kreie/Kron/Reiser 1990) und im Endbericht, der 1991 erscheinen wird.

Literatur

Birmelin, R. u. a.(Hrsg.): Erfahrungen lebendigen Lernens, Mainz 1985

Cohn, R. C.: Von der Psychoanalyse zur Themenzentrierten Interaktion, Stuttgart 1975

Cohn, R. C.: Buch II, in: FARAU, A./Cohn, R. C.: Gelebte Geschichte der Psychotherapie, Stuttgart 1984, S. 199-651

Cowlan, G./Deppe-Wolfinger, H./Kreie, G./Kron, M./Reiser, H.: Zwischenbericht der wissenschaftlichen Begleitung von Klassen mit behinderten und nichtbehinderten Kindern in der Primarstufe (Heft 5 der Schriftenreihe „Lernziel Integration“, Hrsg.:Ev. franz.-ref. Gemeinde Frankfurt/M.), Bonn 1990

Deppe-Wolfinger, H./Prengel, A./Reiser, H.: Integrative Pädagogik in der Grundschule, München. 1990

Diederich, J.: Didaktisches Denken, München 1988

Eberwein, H. (Hrsg.) Behinderte und Nichtbehinderte leben gemeinsam. Handbuch der Integrationspädagogik, Weinheim/Basel 1988
Feuser, G./Meyer, H.: Integrativer Unterricht in der Grundschule, Oberbiel 1987
Feuser, G.: Aspekte einer integrativen Didaktik unter Berücksichtigung tätigkeitstheoretischer und entwicklungspsychologischer Erkenntnisse, in: Eberwein, H. a. a. 0. S. 17o-179
Gudions, H./Teske, R./Winkel, R.: Didaktische Theorien, Hamburg 1987
Hahn, K. u. a.(Hrsg.): Gruppenarbeit: themenzentriert, Mainz 1987
Klafkt, W.: Neue Studien zur Bildungstheorie und Didaktik, Weinheim/Basel 1985
Klein, G./Kreie, G./Kron, M./Reiser, H.: Integrative Prozesse in Kindergartengruppen, München 1987
Kreie, G.: Integrative Kooperation, Weinheim 1985
Kroeger, M.: Profile der Themenzentrierten Interaktion, in: Birmelin, R. u. a. (Hrsg.), S. 23-47
Matzdorf, P.: Die humanistischen Axiome der TZI. Grundlagen und Perspektiven für pädagogisches, therapeutisches und politisches Handeln, in: Birmelin, R. u. a. (Hrsg.) a. a. 0., S. 48-58
Meier, R./Heyer, P.: Grundschule – Schule für alle Kinder. Voraussetzungen und Prozesse zur Entwicklung integrativer Arbeit, in: Eberwein, H. a. a. 0. S. 179-189
Peterssen, W.: Lehrbuch Allgemeine Didaktik, 2. Aufl. München 1983
Prengel, A.: Zur Dialektik von Gleichheit und Differenz in der Integrationspädagogik, in: Eberwein, H. (Hrsg.), a. a. 0.,8,70-74
Raguse, H.: Was ist Themenzentrierte Interaktion, in: Hahn, K. u. a. (Hrsg.), a. a. 0., S. 117-143
Reiser, H. u. a.: Integration als Prozeß, in: Sonderpädagogik 16. Jg. (3/1986), S. 115-122 und 16. Jg. (4/1986) S. 153-160
Reiser, H.: Ruth Cohn und Martin Buber, in: Hahn, K. u. a. (Hrsg.), a. a. 0., 5. 38-46
Reiser, H.: Beziehung und Technik in der psychoanalytisch orientierten themenzentrierten Gruppenarbeit, in: Reiser, H./Trescher H. G. (Hrsg.), Wer braucht Erziehung? Impulse der psychoanalytischen Pädagogik, Mainz 1987, S. 181-196
Reiser, H.: Nichtaussonderung bei Lern- und Verhaltensbeeinträchtigungen – eine Zwischenbilanz bisheriger Integrationsversuche, in: Eberwein, H. (Hrsg.), a. a. 0. S. 248-255
Schulz, K.: TZI zwischen Gruppendynamik, Guppenpädagogik und Gruppentherapie, in Hahn, K. u. a.(Hrsg.) a. a. 0,
Schulz, W.: Unterrichtsplanung, München/Wien/Baltimore 1980
Schley, W./Boban, I./Hinz, A.: Integrationsklassen in Hamburger Gesamtschulen, Hamburg 1989
Wocken, H.: Schulleistungen in heterogenen Lerngruppen, in Eberwein, H. (Hrsg.) a. a. 0. S. 255-260

Abstract

The balance of equality and difference in integrative education
Integrative education operates by the principles of dynamic balance of equality and difference. In its self-concept it includes all forms of heterogeneous groups. The teaching concepts work out the cooperation on a common topic (Feuser) and recurrent methodical elements (Meyer). For describing and planing themes and structures of integrative processes it is necessary to use the theory of „Kategoriale Bildung" (Klafki) and the Theme-Centered Interaction (TCI, Cohn).

H. Reiser
(undatiert; verfasst anfangs der 1990er Jahre)

Thesen zur bildungspolitischen Bedeutung der Integrationsbewegung

(Erstveröffentlichung)

Die Grundgedanken des vorausgehenden Beitrags gießt Helmut Reiser in prägnante Thesen und hebt sie auf die bildungs- und gesellschaftspolitische Ebene. In der kurz- und mittelfristigen Perspektive, die er in seiner letzten These formuliert, kommen der Stand gesellschaftlich verbreiteter Auffassungen jener Zeit bzgl. der gemeinsamen Erziehung ebenso zum Ausdruck wie die kontroversen Positionen im Fachdiskurs.

Thesen

Zur bildungspolitischen Bedeutung der Integrationsbewegung

1. Die Frage, ob und wie Kinder mit besonderem Förderbedarf unterrichtet werden können, wird immer wieder als angebliche Randfrage vergessen, verschoben, ausgeklammert.
2. Die Frage nach dem Unterricht für Kinder mit besonderem Förderbedarf ist jedoch keine Spezial- oder Randfrage; vielmehr wird an ihr die grundsätzliche Legitimation des Bildungssystems brüchig. Sie erschüttert die zentralen Grundannahmen von Aufgaben und Form von Schule, die alternativlos und bewußtlos unser Denken bestimmen und definieren.
3. In der deutschen Schulgeschichte hat sich eine Vorstellung von Schule durchgesetzt, die das pädagogische Grundproblem von Gleichheit und Unterschiedlichkeit der Menschen auf das Kriterium der Verwertung im Arbeitsprozeß verkürzt; dadurch wird eine Unterschiedlichkeit der Menschen nach ihrer Einteilung in Verwertungsklassen hergestellt.
4. Dagegen fordert die Gegensatzeinheit von Gleichheit und Unterschiedlichkeit nach dem Gedanken der Integration die Anerkennung der gleichen Grundbedürfnisse, der gleichen Freiheitsrechte und des gleichen Zugangs zu allen gesellschaftlichen Angeboten für alle Menschen und die Anerkennung der individuellen Entfaltung, der nicht-normierbaren Unterschiedlichkeit aller Menschen innerhalb des Gleichheitsprinzips.
5. Die Praxis der Integration behinderter Kinder in Kindergarten und Schule hat aufgezeigt, daß nach diesem Prinzip Lebensräume, Lernarrangements und Lernangebote verwirklicht werden können, durch die sich alle Kinder in heterogenen Gruppen ohne Selektion optimal entwickeln können.

6. Ansätze der klassischen Reformpädagogik gehen zumeist von einem gesunden, neugierigen, aktiven, lebensfrohen Kind aus. Ebenso wie die traditionelle Pädagogik verleugnen sie die Tatsachen von Beeinträchtigung, Leid und Tod. Sie sind gefangen in einem individualistischen Begriff der „Ganzheit" der Person, der die Austauschprozesse der Person mit seiner Umwelt, in denen „Ganzheit" erst geahnt werden kann, zu gering veranschlagt.
7. Erforderlich ist ein epochales Umdenken über Erziehungs- und Bildungsprozesse und eine radikale Reform der öffentlichen Erziehung. Der angelbliche Randbereich „Behinderte", erweist sich als ein Angelpunkt für langfristige Prozesse des Umdenkens in der Frage, wie Gleichheit der Rechte und Verschiedenheit der Menschen (so auch in Geschlecht, Nation, Kultur, Schicht) in der Schule behandelt werden.
8. Diese radikale Schulreform ist aus Gründen der erforderlichen Grundqualifikationen für die zukünftige Lebenswelt auch für eine systemimmanente Modernisierung des Schulsystems erforderlich.
9. Sie steht in direktem, innigen Zusammenhangmit den Überlebensfragen der Menschheit: dem Umgang mit der natürlichen Umwelt und mit der Ungleichverteilung der Lebensgrundlagen.
10. Die erforderliche radikale Schulreform kollidiert mit reaktonären Bewältigungsversuchen der gesamtgesellschaftlichen Krise, die an einem selektierenden Schulsystem als ordnungspolitischem Fundament der gesellschaftlichen Ungleichverteilung festhalten.
11. Dagegen kann sich die Schulreformtendenz auf konservative Kräfte dort stützen, wo diese aus ethischen und religiösen Grundannahmen einen positiven Sinn der öffentlichen Erziehung zu bewahren suchen. Mit diesen Kräften muß ein Bündnis angestrebt werden.
12. Eine bildungspolitische Strategie muß von den Wünschen der Betroffenen ausgehen und versuchen, die Grenzen des gesellschaftlich Erreichbaren zu erweitern. Dabei kann es zu Widersprüchen zwischen Reformanspruch, individuellen Wünschen und gesellschaftlicher Realität kommen.
13. Bildungsreformen sind nur mit mehrheitsfähigen Strategien durchsetzbar. Von daher wie von den unterschiedlichen Wünschen der Betroffenen ist die Forderung nach Abschaffung aller Sonderschulen kurz- und mittelfristig unsinnig und schädlich. Vielmehr gilt es, eine Strategie zum Umbau der Sonderschulpädagogik in eine Sonderpädagogik an allgemeinen Schulen parallel zur Reform der Allgemeinen Schule zu entwickeln.

H. Reiser
(2001)

Die Pädagogische Beziehung in den alten und den neuen Arbeitsformen der Sonderpädagogik

Sonderpädagogik in Schleswig-Holstein 2001 (1), 19-29

*Mit der integrativen Bildung und Erziehung von Kindern mit zugeschriebener Behinderung und ohne Zuschreibung diese rückt auch die Kooperation von Pädagog*innen der Sonderpädagogik, der Sozialpädagogik und der allgemeinen –, der Regelpädagogik in den Fokus. Auf Grund der traditionell unterschiedlichen Arbeitsweisen der Professionen bleiben Verunsicherungen, Unzufriedenheit und Friktionen nicht aus, Situationen, die sich bis heute fortsetzen. Dies galt und gilt erst recht, wenn die sonderpädagogische Unterstützung mehr in einer beraterischen denn in einer erzieherischen Funktion erforderlich ist. Helmut Reiser widmet sich in dem folgen Beitrag eingehend dieser Thematik. Bilanzierend weist er auf die Grundqualifikation zur professionellen Erziehung und Beratung hin, nämlich ein dialogisches Verhältnis mit dem Gegenüber entwickeln zu können. Er sieht darin die Möglichkeit, darauf ein neues Professionsverständnis und neue, kooperationsaffine Arbeitsweisen aufzubauen.*

Die pädagogische Beziehung in den alten und in den neuen Arbeitsformen der Sonderpädagogik (2001)

0. Fragestellung

Das Thema dieses Vortrags reagiert auf Erfahrungen, die ich in den letzten Jahren im Gespräch mit Sonderschullehrerinnen und Sonderschullehrern gemacht habe, die sich mit den sogenannten neuen Arbeitsformen der Sonderpädagogik auseinandergesetzt haben, also mit der Mitarbeit in allgemeinen Schulen in der Form der Ambulanz, der Kooperation, der Beratung.
Was mich veranlasst hat, die pädagogische Beziehung in der sonderpädagogischen Arbeit zu thematisieren, umreiße ich mit drei Punkten:

1. Ich machte die Beobachtung, dass viele Sonderpädagoginnen und Sonderpädagogen, die in den neuen Arbeitsformen eingesetzt wurden, sich deshalb übermäßig schwer taten, weil sie eine Arbeitsweise beibehalten und auf die neuen Arbeitsfelder übertragen hatten, die sie von der Arbeit in der Sonderklasse her gewohnt waren. Diese Arbeitsweise ist verbunden mit einer Zentrierung auf die Beziehung zu Kindern und einer bestimmten Vorstellung einer guten pädagogischen Beziehung.
2. Vor allem von Kolleginnen und Kollegen, die noch keine oder unbefriedigende Erfahrungen in den neuen Arbeitsformen gesammelt hatten, hörte ich sehr oft

den Einwand, dass ihnen die Beziehung zu Kindern bei den neuen Arbeitsfeldern zu wenig intensiv, zu distanziert sei.

3. Es wird immer wieder von Sonderpädagoginnen und Sonderpädagogen, auch von solchen, die erfolgreich in den neuen Arbeitsfeldern tätig sind, vorgetragen, sie seien für Beratung nicht ausgebildet. Im Gegensatz dazu stehen die Aussagen z. B. von Grundschullehrerinnen und Grundschullehrern, die mit Sonderpädagoginnen zusammenarbeiten, die Sonderpädagogen könnten besser als sie selbst beraten und moderieren oder in anderen Formulierungen: die Sonderpädagoginnen und Sonderpädagogen wiesen Kommunikationsfähigkeit, Einfühlungsvermögen und sachliche Kompetenz auf (Reiser/Loeken/Dlugosch 1995 S. 65 ff.). Die Differenz zwischen Selbst- und Fremdeinschätzung ist eklatant.

Die durch diese drei Punkte aufgeworfenen Fragen werde ich in diesem Vortrag behandeln. Ich werde zunächst über die Anforderungen in den neuen und in den alten Arbeitsformen der Sonderpädagogik sprechen, dann über die Qualität der Beziehung in verschiedenen pädagogischen Verhältnisformen und zum Schluss über die Verbindung von erzieherischer und beraterischer Beziehung im Handlungsfeld der Sonderpädagogik.

1 Alte und neue Arbeitsformen der Sonderpädagogik

Seit zwei Jahrzehnten ist die Rede von neuen sonderpädagogischen Arbeitsformen, die vor allem durch die Begriffe Kooperation und Beratung gekennzeichnet sind. Im internationalen Trend verschiebt sich das Aufgabenspektrum der Lehrer für Sonderpädagogik; Sonderpädagogen übernehmen neben der klassischen Kernaufgabe des Unterrichts in Sonderklassen weitere Aufgaben in der Kooperation, Koordination, Beratung mit anderen Erziehungs- und Lehrkräften. In dem Maße, in dem den Regelschulen die Zuständigkeit für den Unterricht von Kindern mit besonderen Förderbedürfnissen zugesprochen wird und die Regelschulen befähigt werden sollen, diesen Förderbedürfnissen zu genügen, wuchsen die Aufgaben der Konsultation, d. h. der Fachbesprechung zwischen Lehrern mit unterschiedlichen Spezialisierungen, und der Koordination der sonderpädagogischen Dienste in einer Schule. Für die letztgenannte Aufgabe wurde in England ein eigenes Aufgabenprofil mit dem Special Education Coordinator (SENCO) (Dyson/Linn/Millward 1997)) herausgearbeitet, international wuchsen die Modelle und Beschreibungen der Special Education Consultation.

Die Integrationsbewegung in den alten Bundesländern der Bundesrepublik Deutschland nahm lange Zeit die fundamentalen Verschiebungen im Aufgabenprofil und in der Rolle der Sonderpädagogen, die in solchen Servicesystemen arbeiten, nicht hinreichend wahr. Die Integrationsbewegung, die aus den integrativen Kindergartengruppen auf Druck der Eltern entstand, entwickelte das Modell der integrativen Klasse in Doppelbesetzung, bei der zwar das Element einer ständigen Kooperation zwischen Regelschullehrern und Sonderschullehrern hinzutrat, aber die unterrichtliche Rolle und der Aufgabenbereich des Sonderschullehrers als Lehrer unverändert blieb. Das Ideal der doppelbesetzten integrativen Klasse, das vor allem aus der Arbeit mit körper- und sinnesbehinderten Kindern und Kindern mit geistigen Behinderungen abgeleitet wurde, setzte unrealistische Erwartungen an den Umbau der Sonderpädagogik, wenn es um den Großteil der Schülerschaft in Sonderschulen, den Schülern in Schulen für Lernhilfe und Erziehungshilfe, ging.

Welche fundamentalen Änderungen in der Berufsauffassung des sonderpädagogischen Lehramts erforderlich sind, um eine Unterstützung der integrativen Erziehung in der Regelklasse erfolgreich gestalten zu können, wurde mir besonders deutlich vor 10 Jahren, als das hessische Schulgesetz erstmals die Möglichkeit vorsah, Kinder mit sonderpädagogischem Förderbedarf, also auch solche mit Beeinträchtigungen im Lernen und im Verhalten, vom ersten Schuljahr an in Regelklassen zu unterrichten, wobei eine bestimmte Stundenanzahl von Sonderschullehrerstunden, im Durchschnitt vier Stunden in der Woche, einem solchen Versuch zugeordnet wurden. Im Zuge dieser Schulgesetzänderungen ereignete sich eine Öffnung vieler Grundschulen für Kinder mit Lernbeeinträchtigungen und mit Verhaltensstörungen. Die hierzu nötigen Sonderschullehrerstunden wurden auf freiwilliger Basis von Sonderschulen abgezogen und es entstanden die reisenden Betreuungslehrer, die neben ihrer Unterrichtstätigkeit in der Sonderschule verschiedene Grundschulklassen aufsuchten, um dort, wie es so missverständlich und unzutreffend hieß, lernbehinderte, verhaltensgestörte und anderweitig behinderte Kinder zu integrieren. Als wenn Integration ein Vorgang sein könnte, der von einem Lehrer an einem Kind ausgeübt werden könnte.

Ein Teil dieser Lehrer kam mit dieser Aufgabe gut zurecht, ein großer Teil jedoch, auch Kollegen die diese Aufgabe zunächst freudig übernommen hatten, führten nach kurzer Zeit übereinstimmend eine große Klage. Vier Stunden in der Woche würden nicht genügen, die Zeit sei zu kurz, das Kind genügend zu fördern. Wenn man bei diesen Kollegen genau nachfragte, traten neben verständlichen arbeitsorganisatorischen Gründen, die in der weiteren Umsetzung des Schulgesetzes auch beseitigt werden konnten, vor allem folgende Elemente zu Tage:

Die Kolleginnen und Kollegen orientierten sich am Ideal der doppelbesetzten integrativen Klasse. Sie kamen in die Grundschulklassen, in denen Kinder mit besonderem Förderbedarf etikettiert worden waren, und nahmen zu diesen Kindern zum Zwecke der Diagnostik eine intensive Einzelbeziehung auf. Da sie als modern ausgebildete Sonderpädagogen ihre diagnostische Aufmerksamkeit in Richtung der Förderdiagnostik entwickelt hatten, folgte auf diese diagnostische Phase mit einer verstärkten Beziehungsaufnahme zu dem Kind ein individuell angelegter Förderversuch, um die Schwierigkeiten des Kindes zu minimieren.

Es gibt verschiedene Gründe die auf der Hand liegen, dass ein solcher Versuch nicht gelingen kann. Wir wissen, dass durch eine individuelle schulische Förderung gravierende Schwierigkeiten von Kindern im Lernen und Verhalten nicht beseitigt werden können. Viele dieser Kinder, auch wenn sie in Sonderschulen unterrichtet werden, bleiben auf längere Zeit oder gar auf Dauer hinter den Leistungs- und den Verhaltensmöglichkeiten von Kindern in Regelschulen zurück. Das Ziel einer solchen Förderung kann also nicht sein, die grundlegenden Probleme dieser Kinder im Lern- und im Verhaltensbereich zu reparieren. Diese Zielsetzung stellte sich bei manchen engagierten Kolleginnen und Kollegen aber dadurch ein, dass sie im ständigen Vergleich mit den in der allgemeinen Schule als normal geltenden Erwartungen mit den Instrumenten arbeiteten, die sie in der Sonderschule erprobt hatten, nämlich mit einer möglichst intensiven Beziehung zu dem Kind und individuell auf das Kind abgestimmten Förderangeboten,
Zur gleichen Zeit hatte ich auch Lehrer in Supervision, die mit der Aufgabe, mit wenigen Förderstunden die Integration eines Kindes in eine Regelklasse zu begleiten, sehr gut zurecht kamen. Ein Kollege aus der Blindenschule benutzte seine Förderstunden zum größten Teil zu Gesprächen mit dem Klassenlehrer und mit den Eltern. Wenn er selbst im Unterricht der Klasse, in der das blinde Mädchen eingebunden war, anwesend war, dann nur zur Beobachtung, wie die Arbeitsmöglichkeiten und die sozialen Bedingungen des Kindes in der Klasse waren, um anschließend mit dem Lehrer Möglichkeiten der Verbesserung zu erörtern. Auch Besuche im Elternhaus gehörten zu diesem Konzept, um die Möglichkeiten der Isolation oder des Anschlusses des behinderten Kindes an das Leben seiner Altersgefährten im Auge zu behalten.
Der Vergleich der Erzählungen der Lehrer, die mit dem stundenweisen Einsatz „in der Integration“, wie es verkürzt damals hieß, unzufrieden waren mit den Erzählungen derjenigen Lehrer, die nach eigener Einschätzung zufrieden und erfolgreich waren, zeigte regelmäßig, dass die Letzteren eine entscheidende Veränderung ihres Arbeitsschwerpunktes vollzogen hatten. Diese Veränderung nannte ich damals: Von der Arbeit mit dem Kind zur Arbeit für das Kind. Die Arbeit für das Kind konzentriert sich auf die Herstellung geeigneter Förderbedingungen für dieses Kind, auf die Befähigung aller Beteiligten, die jeweils angemessenen Lösungen zu finden, auf die Zusammenarbeit der Beteiligten und auf die Chancen des Kindes, sich in der Regelschule zurechtzufinden.
Selbstverständlich ist der Einwand gerechtfertigt, dass die wenigen Stunden des Sonderschullehrers nicht genügen, um das Kind hinreichend zu fördern. Bei diesem Einwand wird aber stillschweigend davon ausgegangen, dass sämtliche Förderung von den Sonderpädagogen zu leisten sei. Nach der Schwerpunktverschiebung zur integrativen Erziehung geht der Sonderpädagoge jedoch davon aus, dass die nötige Förderung auch auf andere Weise und von anderen Personen geleistet werden kann. Die sonderpädagogische Intervention ist dann erfolgreich, wenn

die Regelschule in Kooperation mit den Eltern und evtl. sozialpädagogischen und beratenden Diensten die Förderung des Kindes auf zufriedenstellende Weise allein bewältigen kann. Die Statistik einer niedersächsischen Schule für Erziehungshilfe, die ambulante Beratung in Regelschulen anbietet, weist z. B. aus, dass für Fälle, bei denen ohne Beratung vermutlich Überweisungen in eine Schule für Erziehungshilfe in Frage gekommen wäre, durchschnittlich sieben längere Beratungstermine ausreichten, um die Schule zu befähigen, das Problem aus eigenen Mitteln zu lösen. Als Problem, das gelöst werden kann, wird hier natürlich nicht die umfassende Veränderung des Kindes oder seiner Lebenssituation verstanden, sondern das Problem der Schule, mit bestimmten Verhaltensweisen eines Kindes so umzugehen, dass die anderen Kinder und das betroffene Kind selbst sich optimal entwickeln können. Dem Kind wird geholfen, wenn Arrangements hergestellt werden können, damit es in der Regelschule erfolgreich lernen kann. Bei der Integration eines sehbehinderten oder eines blinden Kindes wird ja auch nicht davon ausgegangen, dass durch die sonderpädagogische Förderung die Sehbehinderung oder die Blindheit beseitigt werden kann. Die sonderpädagogische Intervention zielt vielmehr auf eine Lösung der Folgeprobleme einer Beeinträchtigung, damit das Kind mit besonderer Unterstützung in der Regelschule unterrichtet werden kann. Diese besondere Unterstützung kann in vielen Fällen von der Regelschule selbst geleistet werden.

An dieser Stelle ist natürlich darauf hinzuweisen, dass die Schwierigkeit, eine solche Verlagerung des Schwerpunkts der sonderpädagogischen Tätigkeit vorzunehmen, nicht alleine aus der traditionellen Arbeitsweise der hinzugezogenen Sonderpädagogen stammt, sondern vor allem aus der Erwartungshaltung vieler Regelschulen und den Aufgaben, die sie den hinzugezogenen Sonderpädagogen zuweisen. Wenn die Regelschule bei der nicht ausgesprochenen Auffassung bleibt, dass sie für Folgeprobleme von Beeinträchtigungen nicht zuständig ist und sie diese Zuständigkeit den Sonderpädagogen zuweist, dann erhalten die Sonderpädagogen die Verantwortung für die ganzheitliche Entwicklung des Kindes in der Schule.

Diese Verantwortung pflegen sie im allgemeinen mit der Aufnahme einer engen Beziehung zu dem förderbedürftigen Kind zu beantworten. Die Arbeit für das Kind erfordert jedoch, eine solche Zuständigkeitszuweisung zurückzuweisen. Der Gewinn dieser Zurückweisung liegt für die kooperierenden Pädagoginnen und Pädagogen darin, dass die sonderpädagogische Lehrkraft ihre Probleme und Interessen genauso im Auge hat, wie die des Kindes, d. h. auf eine einseitige Parteilichkeit zugunsten des Kindes verzichtet. Die Regelpädagogen behalten die Verantwortung für die pädagogische Förderung und kommen ebenso wie die Eltern in den Genuss einer Beratung, die ihre pädagogischen Möglichkeiten erweitert.

Die Sonderpädagogin bzw. der Sonderpädagoge wirkt an der Suche nach Lösungen mit als eine Expertin bzw. ein Experte „für die Interaktion mit gestörten und behinderten Kindern. Sein Aufgabenfeld liegt in der Schule überall da, wo diese Interaktion stattfindet, und seine Aufgabe ist es, auf Interaktionen mit gestörten und behinderten Kindern in einer Weise einzuwirken, dass diese bessere Möglichkeiten zur Selbstdurchsetzung, zur Selbstverwirklichung und zum solidarischen Handeln mit Personen gleichen Interesses erhalten" (Aab/Pfeifer/Reiser/Rockemer 1974, S. 118).

Die Einstellungsänderung, die dazu erforderlich ist (und die ich seit nunmehr 27 Jahren propagiere), beginnt mit der diagnostischen Haltung.

Die Diagnostik, die erforderlich ist, um einen solchen Prozess der Zusammenarbeit einzuleiten, muss vor allem auf das Interaktionsgeschehen gerichtet sein, das sich um das Kind herum abspielt. Eine klassische diagnostische Orientierung ist darauf gerichtet, scheinbar objektive Förderbedürfnisse, die in der Person des Kindes vorhanden sein sollen, festzustellen. Wir wissen jedoch inzwischen, dass in der Person des Kindes keine objektiven Förderbedürfnisse festgemacht werden können, sondern dass die diagnostizierende Person bei ihrer Beschäftigung mit dem Kinde Konstrukte bildet, die es ihr als Person ermöglichen, die Förderung dieses Kindes an seine psychische Struktur anzuschließen. D. h. der oder die Diagnostikerin findet einen subjektiven Ansatzpunkt, von der aus sie oder er eine Förderung mit diesem Kind beginnen kann.

Förderdiagnostik in diesem Sinne ist verbunden mit einer auf weiteren Kontakt angelegten Beziehungsaufnahmen mit dem Kind. Die Ergebnisse einer solchen Diagnostik lassen sich nicht ohne weiteres von einer Person auf die andere übertragen, d. h. was die diagnostizierende Person auf diese Art über das Kind erfahren hat, kann sie nicht ohne weiteres einer anderen Person vermitteln, damit diese die Förderung durchführt.

Die auf Beratung gerichtete Interaktionsdiagnostik bemüht sich hingegen im Interaktionsgeschehen um das Kind einen Ansatzpunkt zu finden, mit dem die Suche nach Ressourcen angestoßen wird.

Bereits im diagnostischen Prozess ist somit das Moment der Kooperation erkenntnisleitend. Die Umorientierung von der sonderpädagogischen Förderung zur integrativen Intervention beginnt mit der diagnostischen Haltung.

Eine Gruppe englischer Schulpsychologen, die ihre gesamte Tätigkeit auf systemische Konsultation umgestellt haben, berichtet, dass sie des öfteren gefragt würden, ob sie denn überhaupt noch individuelle Kinder sehen würden (Wagner 2000, 16). Da dieselbe Frage auch an beratende Sonderpädagoginnen und Sonderpädagogen gerichtet wird, ist auch die Antwort von Patsy Wagner interessant, die frei übersetzt lautet: Ja oft, im Klassenzimmer und anderswo. Es sei essentiell wichtig, einen Eindruck von dem Kind und seiner sozialen Umwelt und seiner Lernumwelt zu erhalten. Sie würde Kinder fragen: was sie tun; wie sie Hilfe bekommen, wenn sie Hilfe brauchen; wie sie herauskriegen, was sie als nächstes tun; warum sie da sitzen, wo sie jetzt sitzen; was die Klasse zusammen macht. Und sie schließt:

„Es ist überraschend, wieviel man in einem Klassenzimmer aus einer Haltung der Neugierde heraus erfahren kann“ (ebenda).

2 Die Qualität der Beziehung in verschiedenen pädagogischen Verhältnisformen

Diese Gedanken, die durch Beobachtung der Tätigkeit von Sonderpädagogen in neuen Arbeitsformen empirisch unterlegt sind, habe ich in den letzten Jahren an verschiedenen Stellen vor verschiedenen Personengruppen vorgetragen. Ein Einwand, den ich daraufhin öfters von Sonderpädagogen zu hören bekomme, meist auch in anschließenden Privatgesprächen, lautet folgendermaßen: Ich bin Sonderpädagoge geworden um mit Kindern zu arbeiten. In dieser neuen Arbeitsweise fehlt mir die Beziehung. Ich möchte den Kindern helfen und mit ihnen eine befriedigende Beziehung eingehen. In dem neuen Modell fällt die Beziehung zwischen dem Sonderpädagogen und dem Kind weitgehend weg, sie ist mir zu distanziert.

Hier kommt eine nicht hinterfragte Vorstellung zum Tragen, was eine gute Beziehung ausmacht. Gemeinhin wird darunter verstanden, dass die Beziehung eine gegenseitige Nähe aufweist, die nur in einem längeren gemeinsamen Tun entstehen kann. Es wird erwartet, dass das Kind zu seiner Lehrerin, zu seinem Lehrer eine mehr oder weniger stabile Bindung eingeht und dann „dem Lehrer zuliebe“ etwas tut. Der Aufbau einer solchen nahen, auf Bindung beruhenden Beziehung wird als wichtigstes Element der Erziehung verstanden und manchmal auch Beziehungsarbeit genannt, obwohl Beziehungsarbeit mehr ist und diese Art von Beziehung erst den Auftakt zur Arbeit an der Beziehung darstellen kann. Wie auch immer, die erzieherische Beziehung einer Sonderschullehrerin bzw. eines Sonderschullehrers zu den Kindern beruht offensichtlich auf einer Art von Bindung und wird häufig als besonders intensiv und auch angenehm erlebt.

Bevor ich nun diese spezifisch sonderpädagogische Ausprägung des Lehrer-Schüler-Verhältnisses genauer untersuche und kontrastiere mit der Beziehung im Beratungsverhältnis möchte ich zum Vergleich einen Blick auf das Eltern-Kind-Verhältnis werfen.

Die Beziehung zwischen Kind und Eltern ist auf eine lebenslängliche gegenseitige Verpflichtung angelegt. Es ist ein unbedingtes Verhältnis, wenngleich es durch gesellschaftliche Rollen bestimmt ist. Unbedingt, weil es nicht an die Erfüllung von Normen geknüpft ist. Es wird durch den Aufbau der grundlegenden Bindungsfähigkeit geprägt und ist durch Exklusivität der Familienbande gekennzeichnet. Auch wenn in manchen Fällen diese Kriterien nicht zutreffen, so bilden doch die Elemente Bindung – Kontinuität – Gegenseitigkeit und Exklusivität die stets mitgedachte Struktur der Konstruktion „Eltern-Kind-Verhältnis“.

Es ist die absoluteste Ausprägung des erzieherischen Verhältnisses. So wie Martin Buber es beschreibt: „Ich habe auf das Kind hingewiesen, das, halbgeschlossener

Augen daliegend, der Ansprache der Mutter entgegenharrt. Aber manche Kinder brauchen nicht zu harren: weil sie sich unablässig angesprochen wissen, in einer nie abreißenden Zwiesprache. Im Angesicht der einsamen Nacht, die einzudringen droht, liegen sie bewahrt und behütet, unverwundbar, in silbernem Panzerhemd des Vertrauens. Vertrauen, Vertrauen zur Welt, weil es diesen Menschen gibt – das ist das innerlichste Werk des erzieherischen Verhältnisses" (Buber 1925, S. 37).

Buber verwendet hier das Bild des Mutter-Kind-Verhältnisses, um den innersten Kern des erzieherischen Verhältnisses zu benennen: Vertrauen.

Vertrauen kann als Kern aller pädagogischen Verhältnisformen angenommen werden; nicht als Faktum, sondern als Ziel. Vertrauen muss aufgebaut und gefestigt werden, damit das Kind Vertrauen in die Welt und in die eigene Kraft entwickelt. Doch wir müssen unterscheiden zwischen unterschiedlichen Arten von pädagogischen Beziehungsverhältnissen. Das Eltern-Kind-Verhältnis ist ein nicht-professionelles Verhältnis. Die Elemente der Exklusivität und der dauerhaften gegenseitigen Bindung sind in professionellen Beziehungen nicht am Platze.

Bei den professionellen pädagogischen Beziehungen können wir unterscheiden zwischen der erzieherischen und der beraterischen Beziehung. Ich bin von der Vermutung mancher Kolleginnen und Kollegen ausgegangen, die beraterische Beziehung sei weniger intensiv als die erzieherische, weniger gegenseitig und weniger befriedigend.

In der Tat ist die Funktion des Beraters oder der Beraterin nicht auf Dauerhaftigkeit angelegt, sondern auf kurzfristige Lösungen. Mit der Lösung des Problems löst sich auch die Beziehung zur beratenden Person. Sie bleibt zwar in der Erinnerung, jedoch nicht als bleibender Faktor der Gegenwart. Die Lehrerin bzw. der Lehrer bleibt länger in der Beziehung. Aber ist die beraterische Beziehung deshalb weniger intensiv?

Nach unserem kurzen Blick auf die Elternrolle können wir den Begriff der Intensität übersetzen mit Vertrauen. Vertrauen ist nicht dasselbe wie Vertrautheit. Weil ich mit einem Kind vertraut bin, muss deshalb nicht größeres Vertrauen entstehen. Vertrauen ist in erster Linie etwas, was das Kind dem Erwachsenen entgegenbringt, nicht etwas was vom Erwachsenen erzeugt werden kann.

Die Erfahrungen in Beratungssituationen zeigen im Gegenteil, dass unvertrauten Beraterinnen und Beratern oft in relativ kurzer Zeit viel Vertrauen entgegengebracht wird und zwar sowohl von Erziehenden wie von Kindern. Dieses Vertrauen gründet sich auf die Erwartung, dieser Berater bzw. diese Beraterin wird – ohne mich zu manipulieren, ohne in meine Entscheidungen einzugreifen, ohne mich an irgendetwas zu binden – mir behilflich sein, mich zu artikulieren, meine Entscheidung zu finden. Es ist erstaunlich, was Kinder unter diesen Bedingungen manchmal selbst: nach kürzester Bekanntschaft mitteilen, und ebenso tun es auch Lehrkräfte in der Supervision.

Die beraterische Beziehung ist von hoher Intensität des Kontakts.

Wir können uns die rollenförmigen Beziehungsverhältnisse, von denen wir bis jetzt die Elternrolle, die Lehrerrolle und die Beraterrolle angesprochen haben, wie Rahmungen vorstellen, innerhalb derer der Kern der pädagogischen Beziehung sich ereignen kann, sich nicht ereignen muss, sich aber ereignen soll.
Der Kern innerhalb der verschiedenen rollenförmigen Rahmungen ist das dialogische Verhältnis, das durch die Begriffe Vertrauen und Begegnung angesprochen wird.
Buber beschreibt-den Vorgang des Dialogs mit dem Begriff Umfassung und betont, dass damit etwas anderes gemeint ist, als Einfühlung.

> „Es wäre verkehrt, das was hier gemeint ist, mit dem geläufigen, aber wenig sagenden Terminus der „Einfühlung" zusammenbringen zu wollen. Einfühlung bedeutet, wenn irgendetwas, mit dem eigenen Gefühl in die dynamische Struktur eines Gegenstands, einer Säule, eines Kristalls, eines Baumastes, wohl auch einer animalischen oder menschlichen Kreatur zu schlüpfen und sie gleichsam von innen abzulaufen, die Formung und Bewegtheit des Gegenstands mit den eigenen Muskelempfindungen verstehend, sich hinweg und hinein zu „versetzen". Sie bedeutet somit Ausschaltung der eigenen Konkretheit, Verlöschen der gelebten Situation, Aufgehen der Wirklichkeit, an der man teilhat, in purer Ästhetik. Umfassung ist das Gegenteil: Erweitung der eigenen Konkretheit, Erfüllung der gelebten Situation, vollkommne Präsenz der Wirklichkeit, an der-man teilhat. Ihre Elemente sind: erstens ein irgendwie geartetes Verhältnis zweier Personen zueinander, zweitens ein von beiden gemeinsam erfahrener Vorgang, an dem jedenfalls eine der beiden tätig partizipiert, drittens das Faktum, dass diese eine Person dem gemeinsamen Vorgang, ohne irgendetwas von der eingefühlten Realität ihres eigenen Tätigseins einzubüßen, zugleich von der andern aus erlebt. Ein Verhältnis zweier Personen, das in, geringerem oder höherem Maße von dem Element der Umfassung bestimmt ist, mögen wir ein Dialogisches nennen" (Buber, 1925, S. 34 f.).

In der Präsenz des Gegenüber, in seiner Konkretheit und Selbständigkeit liegt eine Voraussetzungen dafür, dass Vertrauen entgegengebracht werden kann; eine andere Voraussetzung liegt in der Klarheit der Rollenerwartungen: Was kann ich von diesem Menschen in seiner Funktion erwarten?
So verbinden sich in der Person des Gegenüber im Idealfall Transparenz der Rolle und Präsenz der Person. Dies sollte zutreffen für Erziehende wie für Beratende wie für Therapierende.
Das dialogische Verhältnis ist die Füllung und Erfüllung der nichtprofessionellen Eltern-Kind-Beziehung, die auf gegenseitige Umfassung angelegt ist, und sie ist die Füllung und Erfüllung der professionellen Rollenbeziehungen, die auf einseitiger Umfassung gründen.
Ohne die dialogische Ich – Du – Beziehung würden die rollenförmigen Beziehungen zu seelenlosen Techniken, ohne die rollenbestimmte Ich – Es – Beziehung bliebe die Beziehung diffus und unstrukturiert.

Die beraterische Beziehung ist im Vergleich zur erzieherischen keineswegs weniger intensiv. Sie ist weniger exklusiv auf das Kind gerichtet, weniger bindend; sie ist mehrparteilich im Kontakt mit allen beteiligten Personen, auch den Erwachsenen, in diesem Sinne also reichhaltiger. Sie ist kurzfristiger und in dieser Hinsicht distanzierter, dass sie für das Handeln anderer keine Verantwortung übernimmt und so den anderen mehr Verantwortung für sich selbst überlässt.
Warum sollte eine solche Beziehungsform weniger befriedigend sein, also die gewohnte sogenannte gute Beziehung, wie ich sie eingangs beschrieben habe?

3 Die Verbindung der erzieherischen und der beraterischen Beziehung im sonderpädagogischen Handeln

Im Verlaufe meiner Rede hat sich die anfängliche Vorstellung, in den neuen sonderpädagogischen Arbeitsfeldern würden völlig neue Qualifikationen erforderlich sein, verändert. Es hat sich herausgestellt, dass in der Beraterrolle ein von der Erzieherrolle unterschiedliches Rollenverhältnis eingegangen werden muss, dass jedoch die Grundqualifikation für beide Rollenverhältnisse dieselbe ist: Die Fähigkeit, ein dialogisches Verhältnis einzugehen.
Nun wird im Weiteren aufzuzeigen sein, dass in der sonderpädagogischen Lehrerolle, wie sie in der Führung einer Sonderklasse gefordert ist, beide Rollenverhältnisse von Bedeutung sind, das erzieherische und das beraterische gleichermaßen. Klaus Mollenhauer führte bereits 1965 aus, dass Beratung ein unverzichtbarer Bestandteil jedes Erziehungsprozesses ist.
Es ist erforderlich, dass der Erzieher bzw. die Erzieherin vorübergehend aus der Position des Erziehers gleichsam austritt um dem Kind in einer rein beratenden Haltung zu begegnen, das heißt zu verzichten auf Forderung und Förderung, auf Belehrung und Anregung, sondern einfach nur um zuzuhören, präsent zu sein, sich und das Kind gleichzeitig wahrzunehmen.
Dies ist eine psychohygienische Notwendigkeit, um die Lehrer- Schüler- Beziehung immer wieder neu einpendeln zu können. Gerade die ausgeprägt erzieherische Lehrer-Schüler-Beziehung in der Sonderpädagogik hat ihre Tücken. Sie neigt dazu, dass über die Elemente der Bindung und der Vertrautheit Elemente aus der Eltern-Kind-Beziehung in die Lehrer-Schüler-Beziehung einwandern und dort unbewusst umhergeistern. Wenn etwa die Beziehung exklusiv wird und andere Erziehende bei bestimmten Kindern oder Kindergruppen keine Chance mehr haben. Wenn die Lehrkraft eine Gegenseitigkeit der Beziehung ersehnt und eigene Beziehungsbedürfnisse in der Lehrer-Schüler-Beziehung stillt. Wenn die Beziehung unter der Hand privat wird ohne jeden Verweis auf die rollenförmige Verfasstheit der Beziehungsstruktur.

Dass dies geschieht, ist fast unvermeidbar. Das rollenförmige Lehrerhandeln, das von spezifischen benennbaren Funktionen gekennzeichnet ist, wird notwendigerweise in der Interaktion überlagert von unspezifischen diffusen Beziehungsstrukturen. Nach der Professionstheorie des Lehrerhandelns von Oevermann hat gerade diese unspezifische Seite des Lehrerhandelns eine große Bedeutung. Er charakterisiert sie als diffuse Sozialbeziehungen. Die rollenförmigen Anteile des Lehrerhandelns bestehen in der Wissensvermittlung und in der Normenvermittlung. (Oevermann 1996, S. 141 ff.). Er kritisiert die schulische Praxis als den Normalfall, der auf diese Seite des Lehrerhandelns nicht eingeht. „Im Normalfall hat das pädagogische Handeln sich tatsächlich auf diese beiden Funktionen der Wissens- und Normenvermittlung beschränkt. Und genau in dieser Beschränkung wird auch eine Professionalisierungsbedürftigkeit noch nicht thematisch" (S. 145). Im normalen Fall – und damit ist die normale Schulpädagogik gemeint – ist die dritte Funktion des pädagogischen Handelns nicht thematisiert, obwohl sie faktisch, ob es der Pädagoge will oder nicht, wahrgenommen wird (ebenda S. 146). Diese dritte Funktion des pädagogischen Handelns ist gekennzeichnet von diffusen Sozialbeziehungen, d. h. nicht von den spezifischen Funktionen der Normenvermittlung und der Wissensvermittlung, sondern von den Beziehungen von Person zu Person. Da diese besonders bedeutend sind für die „Entwicklung des Schülers als ganze Person" (ebenda S. 147), bezeichnet Oevermann diese dritte Funktion als die implizit therapeutische (ebenda S. 146). Diese implizit therapeutische Funktion hat ihre Gültigkeit sowohl für die elterliche Rolle wie für die Beraterrolle wie für die Lehrerrolle. Sie unterliegt als Notwendigkeit in der realen Interaktion zwischen Kindern und Erwachsenen allen gesellschaftlich verfassten Rollenverhältnissen und bildet die Grundlage, auf der überhaupt unterrichtet, erzogen, beraten, therapiert werden kann. Diese Dimension prägt die Intensität der jeweiligen Beziehungen.

Ich würde diese Dimension, die allen pädagogischen Rollenverhältnissen unterliegt, nicht gerne die therapeutische nennen. Ich würde in Anlehnung an Buber hierfür den Begriff der dialogischen Dimension bevorzugen. Die Begriffssysteme von Buber und Oevermann sind kaum vergleichbar und die Differenz ihrer Denkweisen kaum überbrückbar. Doch sie ähneln sich in einem Punkt: In der Feststellung, dass die Beziehung von Person zu Person in der Erziehung von besonderer Bedeutung ist. Nach Oevermann setzt sich diese Beziehung von Person zu Person ab von den spezifischen rollenförmigen Funktionen des Lehrerhandelns und ist der Garant für die ganzheitliche Wahrnehmung der Entwicklung der Person des oder der zu Erziehenden.

In der normativen Fassung von Buber erhebt sich das dialogische Verhältnis über alle Beschränktheiten der sachlich dominierten Rollen, die Beziehungen von Person zu Person erscheinen in einem positiven Licht. Wertfreier gedacht sind die rollenunspezifischen diffusen Sozialbeziehungen von anderen Rollenverhältnissen vorgeformt, die vor oder neben den Lehrer – Schüler – Rollen existieren. Die diffusen Sozialbeziehungen führen nicht unbedingt zu einem dialogischen Verhältnis und bereiten nicht selbstverständlich einer implizit therapeutischen Funktion des Lehrerhandelns den Weg. Vielmehr bieten sie die Einbruchstelle für familiäre Muster, kontraproduktive Anlehnungen an die Elternrolle, symbiotische Verstrickungen von Abhängigkeit und Gegenabhängigkeit oder aggressive Handlungsspiralen von Machtausübung und Gegenmacht.

Meine These ist, dass die erzieherische Beziehung, die mit der Bindung arbeitet und Macht ausübt, immer wieder unterbrochen werden muss von der beraterischen Beziehung, die eine größere Zurückhaltung des direkten Zugriffs, eine größere Zurücknahme der eigenen Person und den Verzicht auf Bindung beinhaltet. Die Lehrerrolle ist keine einheitliche, sondern sie wird in verschiedenen Situationen gestaltet und enthält verschiedene Elemente. Ohne das beraterische Element in ihr scheint mir eine dialogische Beziehung nicht möglich.

Die Unterbrechung der erzieherischen Einflussnahme durch beraterische Beziehungsstrukturen muss auf zwei Ebenen geschehen: Auf der Ebene der Interaktion mit dem Kind und der Ebene der professionellen Reflexion.

Es ist immer wieder notwendig, dass Lehrerinnen und Lehrer, die sehr stark erzieherisch arbeiten, emotional und gedanklich aus der Beziehung zu ihren Kindern heraustreten, sich aus der Bindung lösen, die Perspektiven wechseln, zum Beispiel, indem sie selbst Beratung suchen. Dies könnte in der Form der Supervision oder in der Form der Kollegialen Beratung unter Kollegen geleistet werden. Supervision und kollegiale Beratung sollten ein fester Bestandteil der pädagogischen Arbeit in Sonderschulen sein.

Gerade Sonderpädagogen müssen auch innerhalb der Lehrerrolle in der direkten Interaktion mit den Kindern immer wieder Situationen schaffen, in denen sie aus der einflussausübenden, fördernden und fordernden Position bewußt zurücktreten und sich konzentrieren auf das Zuhören und auf die ergebnisoffene Beratung. Dies immer öfter bewußt zu tun und zu üben, würde unserer Erziehungspraxis gut tun. Wir könnten den Kindern mit diesen Gesprächen die Gelegenheit geben, ihre Lebensprobleme anzusprechen, zu deren Lösung wir nicht berufen sind. Und es wäre der geeignete Weg, uns auf die sogenannten neuen sonderpädagogischen Arbeitsformen einzustellen. Die neuen sonderpädagogischen Arbeitsformen stellen an uns Anforderungen, die keineswegs neu sind, aber vielleicht nicht hinreichend bewußt.

Ich will nicht bagatellisieren, dass man Beratungstechniken lernen muss; die Basis jedoch, auf der Beratungstechniken erlernbar sind, sollte für Sonderpädagoginnen und Sonderpädagogen als Teil ihres Lehrerhandelns verfügbar sein.

Literatur

Aab, J./Pfeifer, Th./Reiser, H./Rockemer, H. G. 1975: Sonderschule zwischen Ideologie und Wirklichkeit. München (Juventa)

Buber, Martin 1926: Rede über das Erzieherische. 1925. Berlin

Dyson, A./Lin, M./Millward, A. 1997: The Role of the Special Educational Needs Cordinator in Schools: Analytical Report. Special Needs Research Centre, University of Newcastle upon Tyne

Mollenhauer, Klaus 1965: Das pädagogische Phänomen Beratung. In: Mollenhauer, K./Müller, C. W.: Führung und Beratung in pädagogischer Sicht. Heidelberg

Oevermann, Ulrich 1996: Theoretische Skizze einer revidierten Theorie professionalisierten Handelns. In: Combe, A./Helsper, W.: Pädagogische Professionalität. Frankfurt/M., S. 70-182

Reiser, Helmut 1996: Arbeitsplatzbeschreibungen – Veränderungen der sonderpädagogischen Berufsrolle. In: Zeitschrift für Heilpädagogik 47/1996, S. 178 -186)

Reiser, Helmut 1998: Sonderpädagogik als Service Leistung? Perspektiven der sonderpädagogischen Berufsrolle. Zur Professionalisierung der Hilfsschul- bzw. Sonderschullehrerinnen. In: Zeitschrift für Heilpädagogik 49/1998, S. 46-54

Reiser, H./Loeken, H./Dlugosch, A. 1995: Bedingungen der Wahrnehmung von Leistungsversagen in der Grundschule am Beispiel zweier hessischer Landkreise. Hessisches Institut für Bildungsplanung und Schulentwicklung. Wiesbaden

Reiser, H./Hüper, L./Urban, M./Willmann, M. 2000: Vorüberlegungen zu einer gegenstandsbegründeten Beratung von Lehrkräften zu Erziehungsproblemen in der Schule. In: Albrecht, F./Hinz, A./ Moser, V.: Perspektiven der Sonderpädagogik. Neuwied, S. 211-224

Wagner, Patsy 2000: Consultation: developing a comprehensive approach to service delivery. In: Educational Psychology in Practice. V. 16, No. 1, 2000, S. 9-18

H. Reiser

(2002)

Der Beitrag der Sonderpädagogik zu einer Schule für alle Kinder

Vierteljahresschrift für Behindertenpädagogik 41 (4), 402-417

Schwerpunkt dieses Artikels sind jene konkreten Entwicklungen der gemeinsamen Bildung und Erziehung von Kindern mit und ohne Zuschreibung von Behinderung, die Helmut Reiser großenteils als Fehlentwicklungen kritisiert. Er belässt es nicht bei diesem Befund, sondern analysiert Faktoren dieser Missstände auf gesellschaftlicher, schulpolitischer und professionstypischer Ebene. Vieles davon ist bedauerlicherweise auch heute noch aktuell. Rückblickend und selbstkritisch identifiziert der Autor auch ungünstige strategische Positionen und Irrtümer, an deren Behebung gearbeitet werden sollte. Sein Votum geht letztlich dahin, „nicht von der Einheit der Sonderpädagogik her zu denken, sondern von dem Unterstützungsbedarf einer Schule für alle Kinder" (Helmut Reiser in diesem Beitrag).

Der Beitrag der Sonderpädagogik zu einer Schule für alle Kinder (2002)

Vorbemerkung

Der folgende Text basiert auf einem frei gehaltenen Vortrag vor der Vertreterversammlung des vds – Fachverband für Behindertenpädagogik, Landesverband Hessen – am 16.11.2002 in Gießen-Kleinlinden, der darauf angelegt war, eine Diskussion auszulösen. Der erste Teil ist eine thesenartige Zusammenfassung des Vorgetragenen, der zweite Teil ein korrigierter Mitschnitt. Auf die bei wissenschaftlichen Artikeln erforderliche Ausarbeitung, z. B. Hinweise auf weitere Literatur, wird zugunsten des Wunsches nach einer raschen Veröffentlichung weitgehend verzichtet.

1. Ein neuer Begriff: Inklusive Erziehung

Wenn es um die Zielsetzung einer „Schule für alle Kinder" geht, taucht ein neuer Begriff auf: Inklusive Erziehung (inclusive education).

Autoren wie Hinz[1,2] oder Sander empfehlen, den Begriff Inklusion anstatt des Begriffs Integration zu verwenden. Dabei räumt Sander[3,4] ein, dass „inclusion" in den englischsprachigen Dokumenten synonym mit „integration" oder „mainstreaming" verwendet wird und nach wie vor in die anderen europäischen Sprachen mit Integration übersetzt wird.

Es müssen gewichtige Gründe für einen Begriffswandel bestehen, wenn Autoren wie Hinz und Sander, die den Begriff Integration mit entfaltet haben, dafür plädieren. Für Sander steht der Begriff Inklusion für eine „optimierte und erweiterte Integration".

Von der theoretischen Begriffsentwicklung in der deutschen Diskussion her ist dies zunächst überhaupt nicht einsichtig. Inklusion, die „Einbeziehung", zielt zunächst auf einen organisatorischen Akt, der in seiner kooperativen, interaktionellen, soziopsychischen, didaktischen und universellen Bedeutung nicht so entfaltet ist, wie dies mit dem Begriff Integration in der deutschsprachigen Diskussion geschehen ist. Ich erinnere an den Begriff des gemeinsamen Lernens am gemeinsamen Gegenstand als selbstverständliche Grundlage einer Allgemeinen Pädagogik nach Georg Feuser, an den Begriff der Integrativen Prozesse nach Helmut Reiser und Mitarbeiter, an die Pädagogik der Vielfalt nach Annedore Prengel. Und spätestens nach dem Buch von Deppe, Prengel und Reiser über Integrative Pädagogik in der Grundschule[5] von 1990 war in der Diskussion auch klar, dass Integration sinnvoll nur als Schulentwicklungsprozess der allgemeinen Schule verstanden und vorangetrieben werden kann. Schon damals zeigten sich in der Diskussion die enormen institutionellen Widerstände in Deutschland und in der Praxis die Gefahr von „Umformungsprozessen" (Reiser), wie sie jede Reform bedrohen, wobei ein Zielbegriff benutzt wird, seines Ziels entkleidet und in der Praxis bis in sein Gegenteil umgeformt wird. Feuser hat schon früh und vehement auf diesen Tatbestand hingewiesen.

Wenn der Terminus Inklusive Pädagogik benutzt wird, dann geht es offensichtlich nicht darum, sich von den postulierten und den in Modellversuchen praktisch

---

1 Hinz, A.: Sonderpädagogik im Rahmen von Pädagogik der Vielfalt und Inclusive Education. Überlegungen zu neuen paradigmatischen Orientierungen. In: Albrecht, F., Moser, V. (Hrsg.): Perspektiven der Sonderpädagogik. Neuwied 2000(a), S. 124-140

2 Hinz, A.: Vom halbvollen und halbleeren Glas der Integration – Gemeinsame Erziehung in der Bundesrepublik Deutschland. In: Hans, M., Ginnold, A.: Integration von Menschen mit Behinderung – Entwicklungen in Europa. Neuwied 2000(b), S. 230-237

3 Sander, A.: Von der integrativen zur inklusiven Bildung. Internationaler Stand und Konsequenzen für die sonderpädagogische Förderung in Deutschland 2001. Dokumentation herausgegeben von A. Hausotter, W. Boppel, H. Meschemoser 2002. In: www.european- agency.org

4 Sander, A.: Über die Dialogfähigkeit der Sonderpädagogik – Neue Anstöße durch Inklusive Pädagogik. In: Warzecha, B. (Hrsg.): Zur Relevanz des Dialogs in Erziehungswissenschaft, Behindertenpädagogik, Beratung und Therapie. Münster, Hamburg 2002, S. 59-68

5 Deppe-Wolfinger, Helga, Prengel, Annedore, Reiser, Helmut: Integrative Pädagogik in der Grundschule. München 1990.

erprobten und theoretisch fundierten Vorstellungen über Integration abzusetzen, sondern darum, einen missbrauchten Begriff durch einen frischen zu ersetzen.

2 Fehlformen der sogenannten Integration

Hinz (2000b, S. 230) verwendet den Begriff Inklusion so auch als einen theoretischen Reflex auf „eine konzeptionell verflachte und zunehmend problematische Praxisentwicklung".

Statt weiterer Umschreibungen dieser Entwicklung nenne ich Ihnen ein Beispiel: Eine moderne, in vielen Modellversuchen erprobte große Grundschule in einem nördlichen Bundesland entschloss sich nach kontrovers geführter Diskussion in der Gesamtkonferenz, an dem Modell einer Schule für alle Kinder, wie es vom Kultusministerium angeboten wurde, mitzumachen, und alle Kinder mit Lern-, Verhaltens- und Sprachproblemen mit Hilfe sonderpädagogischer Unterstützung in der Schule zu halten. Die daraus entstehenden konzeptionellen und didaktischen Konsequenzen wurden durch folgende kompromisshafte Realisierung dieses Beschlusses umgangen: Alle Kinder, die problembehaftet schienen, wurden vor der Einschulung als solche identifiziert und in eine der vier ersten Klassen eingeschult, in der eine Sonderpädagogin mitarbeitete. Ab dem zweiten Schuljahr wurden für die schulleistungsschwachen Kinder gesonderte Lerngruppen eingerichtet, die in Form der äußeren Differenzierung den Unterricht in der Klasse ersetzten; für die sprachbeeinträchtigten Kinder wurden Sprachfördergruppen eingerichtet. Diese Sondergruppen verschlangen die Arbeitszeit der Sonderschullehrer. Für den Kompromiss im Kollegium taugte dieses Arrangement bestens, da der Unterricht und die Konzeption der Schule insgesamt nicht verändert werden mussten; doch es traten massive Probleme im Verhalten einer größeren Anzahl von Kindern auf. Eine darauf einsetzende Schulentwicklungsbegleitung stand zunächst vor der Aufgabe, dieses Verständnis von Integration und den gefundenen Kompromiss des Kollegiums zu irritieren. Beispiele für Fehlformen gibt es im Inland wie im Ausland (siehe Boban 2002b[6]).

Der Begriff der Inklusion erneuert dagegen die Zielvorstellung einer völlig aussonderungsfreien integrativen Schule. Entscheidend dabei ist, dass die normalen Lehrer jedes Kind als „ihr" Kind annehmen, sich für jedes Kind zuständig betrachten und dafür die Unterstützung von Fachpersonal in Anspruch nehmen, nicht um die Verantwortung abzugeben, sondern um ihr gerecht werden zu können. Voraussetzung ist eine Unterrichtskultur der Ausbalancierung von Individualisierung und Gemeinsamkeit, wie sie in integrativen Schulen beobachtet werden kann[7]. Vergleicht man jedoch die Entwicklung in verschiedenen europäischen Ländern,

6 Boban, Ines: It's not inclusion … – Der Traum von einer Schule für alle Kinder. In: Hans, M., Ginnold, A.: Integration von Menschen mit Behinderung – Entwicklungen in Europa. Neuwied 2000(b), S. 238-247

7 In verschiedenen Ausprägungen beschrieben von G. Feuser, R. Meier, H. Reiser, H. Wocken

dann muss man feststellen, dass sich in Deutschland nicht nur Fehlformen entwickelt haben, sondern dass die schulische Integration von Kindern mit Beeinträchtigungen in der Praxis auch quantitativ stecken geblieben ist.

3 Das Steckenbleiben der Integration in Deutschland

Für das Steckenbleiben der Integration in Deutschland sprechen handfeste quantitative Belege. Die Sonderschulbesuchsquote in Deutschland sank in den letzten Jahren nicht, sondern sie stieg leicht und liegt um die 4,5%. Hinzu kommen nach offizieller Zählung[8] ca. (9) 0,6 % Schüler mit sonderpädagogischem Förderbedarf, die in allgemeinen Schulen gefördert werden. Diese Quote soll noch näher betrachtet werden. Im Vergleich zum europäischen Ausland[9] liegt Deutschland mit einer Segregationsquote von über 4% und einer geringen Integrationsquote in der Nachbarschaft weniger Länder wie Frankreich oder Belgien, während die Mehrheit der europäischen Länder unter 2% in segregierenden Settings aufweisen und hohe Quoten in integrierten Settings, ausgeprägt in Skandinavien, England, Irland, Norwegen, Portugal, aber auch in den deutschsprachigen Ländern mit derselben sonderpädagogischen Vergangenheit: die Schweiz und Österreich. Gerade im Vergleich zu diesen beiden Ländern hat dieses Ergebnis Deutschlands eine beklemmende Brisanz.
Ich erinnere an die Ergebnisse der PISA-Studie und den Befund, dass in deutschen Schulen die schwächeren Schüler nicht hinreichend gefördert werden. Nach meiner Ansicht gehört es nicht nur zum Befund, sondern zu den Ursachenkomplexen, dass über die parallelen Befunde zur Struktur der sonderpädagogischen Förderung in Deutschland überhaupt nicht gesprochen wird.
Innerhalb Deutschlands ist es interessant zwischen den Bundesländern zu differenzieren. Ich verweise hier auf meinen im Internet veröffentlichten Vortrag vor der European Agency for Development in Special Needs Education[10] und fasse hier zusammen:
Zunehmend geht es nicht nur um „behinderte Kinder" in allgemeinen Schulen, wobei anfänglich vor allem körperbehinderte, sinnesbehinderte und geistig behinderte Kinder gemeint waren, sondern um die inklusive Förderung aller Kinder, deren Entwicklung in der Schule beeinträchtigt ist. Einige Bundesländer haben hier erheblich investiert, wie z. B. Berlin, Bremen, Saarland, Schleswig-Holstein, Baden-Württemberg und Hessen, das bereits ein Drittel seiner Sonderschullehrer-Planstellen für

8 Konferenz der Kultusminister der Länder der BRD, siehe Reiser, H.: Perspektiven Sonderpädagogischer Förderung in Deutschland 2001. Dokumentation herausgegeben von A. Hausotter, W. Boppel, H. Meschenmoser 2002. In: www.european- agency.org

9 HAUSOTTER, Anette: Integration und Inclusion – Europa macht sich auf den Weg. In: Hans u. Ginnold (Hrsg.): siehe Anm. 2, S. 43-83

10 Reiser, H.: Perspektiven Sonderpädagogischer Förderung in Deutschland 2001. Dokumentation herausgegeben von A. Hausotter, W. Boppel, H. Meschenmoser 2002. In: www.european- agency.org

den integrativen Unterricht, Prävention oder ambulante Beratung einsetzt. Selbst Bayern, das offiziell immer noch die lernzieldifferente Integration ablehnt, vermehrt seine Anstrengungen im ambulanten Förderbereich durch den Ausbau der Mobilen Sonderpädagogischen Dienste (MSD). Doch selbst die Spitzenwerte für integrative Förderung einiger weniger deutscher Bundesländer liegen im europäischen Vergleich im untersten Bereich. Am untersten Ende der Skala der deutschen Bundesländer bewegt sich kaum etwas. Hier liegen Sachsen-Anhalt, Sachsen und Niedersachsen.
Die Rechnung, dass bei mehr integrativer Förderung die Quoten der Beschulung in Sonderschulen sinken, ist in Deutschland insgesamt nicht aufgegangen. Nur wenige Bundesländer, wie z. B. Schleswig-Holstein, bemühen sich derzeit ernsthaft um die Umkehr der Entwicklung hin zu integrativen Förderformen. Insgesamt findet mehr eine sehr langsame Ausweitung der sonderpädagogischen Förderung statt, anstelle der gewünschten Verlagerung der sonderpädagogischen Ressourcen in die allgemeinen Schulen.

4 Faktoren des Steckenbleibens der Integration in Deutschland

An der ungünstigen Entwicklung in Deutschland sind sicherlich verschiedene Faktoren beteiligt, die exakt nicht gegeneinander abgewogen werden können. Ich will nur kurz fünf Faktoren nennen:

4.1 Die Kopplung von Leistungsergebnis und sozialer Gruppierung

Bedingt durch das selektierende Schulsystem führt die Höhe der Schulleistung zur sozialen Eingruppierung. Dies bedeutet, dass eine geringere Schulleistung zum Ausschluss aus der existierenden sozialen Gruppe führt, z. B. durch Schulwechsel oder Sitzenbleiben. Das Skandalöse dieser Koppelung von Leistung und sozialer Einbeziehung ist nicht bewusst, da auch Lehrern diese Koppelung als naturhaft gegeben erscheint. In anderen europäischen Ländern mit Gesamtschulsystemen ohne Sitzenbleiben und Klassenwechsel können durch vergleichende Leistungstests die Schulleistungen ständig überprüft werden, ohne dass diese Ergebnisse zum sozialen Ausschluss von Schülern führen. Wenn hier gegen vergleichende Leistungstests argumentiert wird, dann meist in der stillschweigenden Annahme, schlechte Testleistungen würden sozialen Ausschluss nach sich ziehen. Auch dies zeigt, wie fest die Koppelung von Leistungshöhe und sozialer Inklusion bzw. Exklusion in Deutschland in den Köpfen verankert ist.
Bei der PISA-Diskussion wurde ja sofort die strukturelle Frage tabuisiert. Es sei der Handwerkskammer von Baden-Württemberg gedankt, dass sie dieses Tabu gebrochen hat und sich klar für ein Gesamtschulsystem ausgesprochen hat.

4.2 Der Mythos des Vorteils homogener Lerngruppen

Dieser Mythos schließt an die vorstehende Koppelung an und ist verbunden mit einer geringen handwerklichen Unterrichtskunst. Er scheint in Deutschland unausrottbar und wird auch in der Sonderschule geteilt. Ein Rektor einer Schule für

Erziehungshilfe begründete z. B. seine Vorstellung, eine Schule für Erziehungshilfe hätte mit 120 Schülern eine optimale Größe, damit, dass mit einer kleineren Anzahl nicht genügend in leistungsmäßig zusammenpassende Lerngruppen differenziert werden könne.

4.3 Die finanzielle Unterversorgung des Primarbereichs

Es mag sein, dass die Ausgaben für das Schulsystem insgesamt in Deutschland nicht niedriger sind als anderswo. Auf diese beruhigende Formel konnten sich die Kultusminister der Länder ja schnell einigen. Es bleibt aber Fakt, dass z. B. Dänemark für einen Schüler der Primarstufe doppelt so viel ausgibt wie Deutschland. Und ein erheblicher Teil dieses Geldes fließt in Dänemark in die frühe Förderung.

4.4 Hilflosigkeit,

wenn nicht gar Gleichgültigkeit gegenüber dem Bildungsbedarf von Kindern aus marginalisierten Gruppen der Gesellschaft, z. B. aus Migrationsfamilien und Armutsverhältnissen.

4.5 Eine mentale Unbeweglichkeit des pädagogischen Personals

Meine letzte Untersuchung in Hessen[11] hat erbracht, dass in einem reformfreudigen Umfeld nur ca. ein Drittel der Lehrerkollegien und Schulleitungen an Grundschulen Ansätze zu einer Konzeptentwicklung gegenüber dem Problem des Leistungsversagens zeigten.

Ein anderes Beispiel für die Tendenz zur Besitzstandswahrung: Als Sonderschullehrer erstmals auch in Regelschulen eingesetzt wurden, herrschte in manchen Sonderschulkollegien helle Empörung, dass damit „5 Minuten pro Unterrichtsstunde gestohlen" würden, denn in der Sonderschule betrug eine Unterrichtsstunde nur 40 Minuten, in der Regelschule dagegen 45 Minuten.

Spätestens hier muss ich deutlich machen, dass diese Aufzählung von Faktoren nicht als Bestandsaufnahme des Schulwesens in Deutschland gelten kann. Es zeigen sich doch in den letzten Jahren erhebliche Anstrengungen und auch Fortschritte in der Schulentwicklung. Daraus kann durchaus Hoffnung für die Zukunft geschöpft werden.

Wenn ich die vorstehenden Faktoren aufzähle, dann um deutlich zu machen, wie komplex das Bedingungsgefüge ist, das in den letzten Jahren das Steckenbleiben der Integration in Deutschland verursacht hat. Ich betrachte die Entwicklung der Integration als einen brauchbaren Indikator für tatsächliche und nicht nur auf Hochglanzbroschüren schöngeredete Schulentwicklung. Durch diesen Indikator trennt sich die Spreu sehr schnell vom Weizen.

---

11 Reiser, H., LOEKEN, Hiltrud, DLUGOSCH, Andrea: Bedingungen der Problemwahrnehmung von Leistungsversagen in der Grundschule, untersucht am Beispiel zweier Hessischer Landkreise. Wiesbaden 1995 (HKM).

Die genannten fünf Faktoren gipfeln in der Legitimation der allgemeinen Schule und ihrer Lehrer, sich mit Lernschwierigkeiten aller Art nicht befassen zu müssen. Schon allein die Existenz der Sonderschulen und deren Zuständigkeit für alles, was in die Kategorie behindert geschoben werden kann, führt in der Selbstdefinition vieler Lehrer zur Nicht-Zuständigkeit für Kinder mit Schulschwierigkeiten. Deutlich wird dies durch die Erwartung, auf welche Weise Sonderpädagogen Regelschullehrer unterstützen sollen, wenn Kinder mit Schulschwierigkeiten in der allgemeinen Schule verbleiben. Integrativ denkende und arbeitende Lehrer (und in den Modellversuchen gibt es davon sehr viele) wollen Unterstützung für sich, damit sie mit allen Kindern besser arbeiten können. Andere Lehrer wollen die Verantwortung und die Zuständigkeit an die Sonderschullehrer abtreten, wollen Unterstützung in der Form, dass die Sonderpädagogen die Kinder unterrichtsfähig machen oder partiell aus ihrem Unterricht nehmen.
An diesem Kriterium ist leicht zu erkennen, ob es um Inklusion geht oder um modernisierte Exklusion.

5 Strategische Fehler der Sonderpädagogik in der Integrationsentwicklung

Ein neuer Abschnitt, der mit der Übernahme des Begriffs Inklusion beginnen soll, kann dazu dienen, selbstkritisch darauf zu schauen, wie der Teil der Sonderpädagogen und der Sonderpädagogik, der sich dem Ziel eines integrativen Schulsystems verpflichtet fühlt, in diesem komplexen Bedingungsgefüge reagiert und agiert hat. War unsere Strategie zweckmäßig? Ich spreche jetzt von „wir", wenn ich diesen Teil der Sonderpädagogen und der Sonderpädagogik meine.
Rückblickend kann ich einige strategische Ungeschicklichkeiten oder gar Irrtümer feststellen, jedenfalls Punkte, die geändert und verbessert werden sollten.

5.1 Die Beschränkung des Bedarfs an Unterstützung auf den Bedarf des Kindes

Für einen Behindertenpädagogen mag dieser Punkt – als „Ungeschicklichkeit oder Irrtum" aufgezählt – merkwürdig klingen. Müssen wir nicht im Einzelfall vom sonderpädagogischen Förderbedarf des Kindes ausgehen? Selbstverständlich bleibt die Orientierung am sonderpädagogischen Förderbedarf erhalten. Aber der Bedarf an Unterstützung ist nicht identisch mit der Abdeckung des sonderpädagogischen Förderbedarfs.
Der kindzentrierte sonderpädagogische Blick übersieht, dass es darüber hinaus um den Bedarf des Lehrers geht, die Förderung selbst zu leisten und die Zuständigkeit und die Verantwortung für das Kind zu behalten.
Es muss aufgefächert werden nach dem Bedarf unserer Ansprechpartner: Welchen Bedarf hat ein Lehrer, der ein Kind in der Klasse hat, mit dem er nicht alleine zurecht kommt?

Der Bedarf kann bei verschiedenen Lehrern und in verschiedenen Schulen sehr unterschiedlich sein, selbst bei ähnlicher Problemlage der Familie oder des Kindes. Unser Blick hat sich bislang mehr auf die Frage gerichtet: Wie kommt das Kind in der allgemeinen Schule zu seinem Recht? In der uns wohlvertrauten Pose des Anwalts des Kindes wurden wir oft als die Zuständigen für das Wohlergehen des Kindes identifiziert. Und darüber hinaus: Für das Wohlergehen der Lehrer in der Situation mit diesen Kindern. Stattdessen sollten wir fragen: Welche Form der Unterstützung ist notwendig, damit die Lehrer mit der unterrichtlichen und erzieherischen Situation zurecht kommen?

Auch hier ist die Übernahme der gesamten Verantwortung schädlich für die Entwicklung der Lehrer und der Schule. Ein Sonderpädagoge in der ambulanten Förderung meinte z. B.: „Wegen mir, weil ich an dieser Schule mitarbeite, ist dieses Kind doch hier und nicht in einer Sonderschule. Die Lehrer erwarten deshalb von mir, dass ich die Probleme mit diesem Kind löse." Mit dieser Position wird die Leistungs- und Begründungspflicht ungewollt verkehrt: Als normal gilt, dass dieses Kind nicht da ist, dass die „Belastung" nicht existiert. Der Sonderpädagoge sei dazu da, die Belastung trotz Anwesenheit des Kindes weg zu nehmen.

Umgekehrt wird ein Schuh daraus: Normal ist, dass dieses Kind existiert und dass es in der Schule seines Wohngebiets unterrichtet wird. Dafür gibt es keine Schuld, die der Sonderpädagoge abtragen müsste. Die Lehrer können jedoch spezifische Hilfen des Sonderpädagogen nachfragen.

5.2 Die Fixierung auf die Schule und die Unterschätzung der Lebenswelt der Kinder

Kinder leben in differenten kulturellen Kontexten und Erwachsene leben in gruppalen Strukturen, in denen sich die Gesellschaft ausdifferenziert.

Bei den ersten integrativen Klassen sind wir damals von den Wünschen der Familien ausgegangen, die ja ihren Kindern, so lange sie Kinder waren, eine bestimmte, meist mittelschichtorientierte Lebenswelt geboten haben und aus diesem Hintergrund heraus ihre Kinder in eine möglichst normale Lebenswelt der Schule hineingeben wollten. Der Gedanke, dass diese Kinder aber auch in das Zeitalter der Ablösung von ihren Eltern kommen und dann in Lebensformen kommen, in denen sie mit anderen Menschen zusammenwohnen, wo sie ohne elterliche Unterstützung langfristig leben können, nämlich z. B. geistig Behinderte in betreuten Wohnungen mit anderen geistig behinderten Menschen, oder Gehörlose in einer spezifischen Subkultur, die wir hoch achten, das hat damals heftigste Widerstände und Proteste ausgelöst.

Nach den ersten Auswirkungen der Verankerung des gemeinsamen Unterrichts im Hessischen Schulgesetz haben wir mit Unterstützung des hessischen Sozialministers untersucht, wie die Kinder mit sonderpädagogischen Förderbedarf in ihrer

Freizeit integriert sind[12]. Im Hinblick auf die Kinder mit Lernbeeinträchtigungen und mit Verhaltensbeeinträchtigungen war das Ergebnis nicht befriedigend und das Problem ist rasch wieder liegengelassen worden, weil dann die Zuschüsse an die Jugend-, Sport- und Kulturvereine zur Debatte gestanden hätten, mit denen sich aber jeder Politiker lieber gut stellt.

Beide Beobachtungen führen zu Überlegungen für die Organisation einer „Schule für alle Kinder". Die Überlegung, dass es notwendig ist, dass zum Beispiel geistig behinderte Jugendliche auch andere geistig behinderte Jugendliche treffen können oder gehörlose Kinder auch andere gehörlose Kinder führt zur Idee der Kontaktaufnahme zwischen bestimmten Klassen, zu Klassenkorrespondenzen und zu differenzierten Freizeitangeboten. Die Beobachtung, dass Kinder mit Beeinträchtigungen im Verhalten ganz andere Probleme haben, führt zu einer Intensivierung der Zusammenarbeit mit der Jugendhilfe und therapeutischen Angeboten. Für jedes Kind muss der Kontext, in den es einbezogen werden kann, anders definiert werden. Die Inklusion in die Klassengemeinschaft ist notwendig, aber nicht ausreichend.

Wir müssen zur Kenntnis nehmen, dass die Population, um die sich die Sonderpädagogik traditionell kümmert, außer der Tatsache, dass sie integrationsbehindert ist, nichts gemeinsam hat. Entsprechend gibt es für individuelle Integrationsbehinderungen unterschiedlichste individuelle Lösungen, nicht nur in der Schule. Entsprechend müssen die integrativen Unterstützungsangebote aufgefächert werden. Was für eine Personengruppe geht, mag für eine andere kontraindiziert sein. In der Integrationsbewegung wurde das Schlagwort: „Integration ist unteilbar" mitunter so verstanden, als wäre für alle Kinder dieselbe Form der Gemeinsamkeit gefordert. Dagegen ist eine Differenzierung der Unterstützungsangebote für die Lehrer an allgemeinen Schulen, für die Kinder und ihre Familien erforderlich.

5.3 Die Ablehnung der standardisierten Schulleistungsüberprüfungen

Da in Deutschland die Messung von Schulleistungen quasi automatisch verbunden ist mit der Zuordnung zu Lerngruppen, haben wir die vergleichende Messung kognitiver Leistungen weitgehend abgelehnt. (Eine Ausnahme bilden die ausführlichen Untersuchungen in den integrativen Regelklassen Hamburgs.) So haben auch Sonderpädagogen und Integrationspädagogen den nicht ausgesprochenen Grundsatz der Koppelung geringerer Leistungen mit sozialer Selektion im Grunde mitgemacht. Die Gegenrede war, es käme nicht auf die Schulleistungen an, diese Kinder bringen andere Leistungen. So hat man versucht, den Leistungsbegriff umzudeuten in andere Leistungsbereiche. Das ist wichtig und das ist richtig. Doch gesellschaftliche Bedarfe nach der selektiven Funktion des Schulsystems kann man nicht durch

12 Deppe-Wolfinger, Helga, Reiser, H., LOEKEN, Hiltrud: Zur sozialen Integration von GrundschülerInnen mit sonderpädagogischem Förderbedarf innerhalb und außerhalb der Schule. Wiesbaden 1993 (Hess. Sozialminister)

Umdeutungen beseitigen. Das Schulsystem ist dafür angelegt und hat die Aufgabe, Leistungsfähigkeit herzustellen, festzustellen und zu messen.
Es gibt zu denken, dass z. B. in Liverpool, wo die inklusive Erziehung sehr weit vorangeschritten ist, im Rahmen des englischen Evaluierungsmodells mit Testüberprüfungen der Schulleistungen gearbeitet wird, um feststellen können, welche Kindergruppen welche Schulleistungen bringen. Es wird langfristig beobachtet, wie sich die Schulleistungen der Kinder aus bestimmten Bevölkerungsgruppen entwickeln. Es wird auch ein Rankingverfahren für die Leistung der Schule eingesetzt. Diese Verfahren widersprechen nicht der inklusiven Schule. Voraussetzung ist, dass das Ergebnis der Leistungsmessungen nicht zur sozialen Selektion führt, sondern dazu führt, dass die Schulorganisation aufgefordert ist, die Leistungsförderung zu verbessern, oder sie zu modifizieren oder in ihren Anstrengungen bestätigt wird.
Unsere Aufgabe besteht darin, zu verhindern, dass die pädagogische Selektion als Ergebnis differenter Lernprozesse im Schulleben nicht zur sozialen Selektion führt.

5.4 Der letzte Punkt ist die ungenügende Öffnung und Ausdifferenzierung der sonderpädagogischen Unterstützungssysteme

Die Sonderpädagogik argumentiert immer noch als ein System, das sich als eine Einheit begreift, und das einen hohen Wert darin sieht, dass es als System in der theoretischen Auskleidung, in der personellen Besetzung, in der Zuständigkeit existiert und weiterexistiert. Es ist das Faszinierende am Landesverband Hessen, des vds, dass in ihm – organisationstheoretisch erwartungswidrig – eine Mehrheit seit vielen Jahren diesen Ausgangspunkt der Sonderpädagogik selbstkritisch betrachtet.
Doch im allgemeinen ist der archimedische Punkt sonderpädagogischer Konstruktionen nicht die „Schule für alle Kinder“, der wir uns verpflichtet fühlen, sondern die Sonderpädagogik, zu der wir uns zählen. Versuchen wir einmal die Legitimationsfigur zur Seite zu lassen, die heißt: „Die Sonderpädagogik muss es geben, damit diese Kinder eine gute Förderung haben.“ Versuchen wir einmal gedanklich von der Frage auszugehen: „Was muss denn an Fördermöglichkeiten, Unterstützungsmöglichkeiten vorhanden sein, um eine Schule für alle Kinder zu betreiben?“ Versuchen wir, einmal, von der Sonderpädagogik als Bezugsgröße abzusehen.
Das ist natürlich schwierig, denn es wird ja immer wieder versucht, Sonderpädagogik als eine Wissenschaft zu konstruieren. Inwiefern Sonderpädagogik eine eigene Wissenschaft sein könnte mit einer spezifischen Methodologie, ist mir allerdings ein Rätsel. Allenfalls könnte es ein Sachgebiet sein, mit dem sich Wissenschaft beschäftigt. Insofern sie eine Wissenschaft ist, ist sie Erziehungswissenschaft und die wiederum ist ein Teil der Sozialwissenschaft. Dann wird diskutiert, ob

die Sonderpädagogik eine eigene Profession sei. Aus machttheoretischer Perspektive kann man feststellen, wie die Sonderpädagogen versucht haben, sich als eine eigene Profession zu etablieren. Wenn man aber strukturtheoretisch untersucht, was denn der professionelle Kern der Sonderpädagogik ist, was das professionelle Handeln auszeichnet, stellt sich heraus, dass die sonderpädagogische Professionalität nichts anderes ist als die pädagogische Professionalität. Es gibt keine spezielle sonderpädagogische Professionalität, auch wenn es aufgabenbezogen einiges technisches Professionswissen gibt, was zur pädagogischen Professionalität hinzu kommt; aber dieses spezifisch sonderpädagogische Wissen ist strukturtheoretisch betrachtet nicht der Kern der Profession.

Den Gegenstandsbereich, der Sonderpädagogik genannt werden kann, haben die Sonderpädagogen konstruiert. Ist es derselbe Gegenstandsbereich, wenn ein Schüler von fünfzehn Jahren in Begriff ist drogenabhängig zu werden oder wenn ein Kind mit einer angeborenen körperlichen Behinderung eine technische Unterstützung für das Lernen benötig? Ist eine Förderung des Sprechens eines Kindes derselbe Gegenstandsbereich wie eine Beratung eines Lehrers, der in einen Konflikt mit einem Schüler verstrickt ist?

Wenn wir darauf verzichten, die Sonderpädagogik als einen eigenen Gegenstandsbereich, als eine eigene Wissenschaft, als eigene Profession zu konstruieren, dann wären wir auf dem Weg zu einer Schule für alle Kinder.

Was mit der Sonderpädagogik in der Allgemeine Pädagogik fokussiert wird, ist eine Perspektive. Die Perspektive, die wir in der Allgemeine Pädagogik betonen und die uns nicht abhebt von unseren Lehrerkollegen ist die Perspektive der Beachtung der Verschiedenheit, die Perspektive der Beachtung der Verschiedenheit und der Verschiedenheiten, die wir dann auch anwenden, müssen auf die Verschiedenheiten der Klientel, für das traditionell die Sonderpädagogik zuständig ist.

Es sollte unter Sonderpädagogen diskutiert werden, wie wir es schaffen, dass die Zuständigkeit für alle Kinder rückverlagert wird an die Lehrer in den allgemeinen Schulen; wie wir es schaffen, in unseren Unterstützungsleistungen keine Alleinzuständigkeit oder Monopolstellung für diese Kinder in Anspruch zu nehmen; wie wir es schaffen, die Lehrer darin zu unterstützen, die Zuständigkeit für diese Kinder zu behalten.

Wir sollten diskutieren, wie wir es schaffen, die Unterstützungsformen zu flexibilisieren und zwar nach dem jeweiligen Bedarf der allgemeinen Schule und der Lehrer. Wenn ich jetzt als Beispiel auf den Bereich der Erziehungshilfe komme, in dem ich mich ja zu Hause fühle, so sehe ich die Diskussion, ob es notwendig ist, fachbezogene Dienste von außerhalb hinzuzuziehen, wie z. B. das Zentrum für Erziehungshilfe, oder ob es besser sei, Präventivlehrer zu haben, die in den Schulen arbeiten, als eine typisch ideologische und überflüssige Diskussion. Das ist nicht die Frage, welcher Weg hier der richtige oder der falsche ist. Die Frage ist, welchen Bedarf äußern die allgemeinen Schulen und wie können wir ihn decken? Ich

komme wieder auf das Beispiel Liverpool zurück: Da ist es selbstverständlich, dass alle möglichen präventiven Unterstützungsformen im Schulkollegium angesiedelt werden, genauso selbstverständlich existieren besondere Unterstützungsformen für besondere Problemlagen, wo ambulante Hilfe von außen kommt, und zwar auch verschiedenartige. Dieses Suchen nach einer einzigen Struktur, nach einem Weg, dieses Bestehen auf einer einzigen richtigen Hilfeform kommt m. E. daher, dass nicht der Bedarf eruiert wird, also dass nicht versucht wird nach dem Bedarf der Schulen zu gehen, sondern eher in der Geste argumentiert wird: „Wir wissen, was der Bedarf der Kinder ist, den diagnostizieren wir." Es dreht sich aber um den Bedarf der Lehrer und dem Bedarf der Schulentwicklung. Wir müssen hier verschiedenste Unterstützungsformen entwickeln und anbieten, von der Ambulanz, der Prävention, bis zum gemeinsamen Unterricht, mit der wir den Schulen ermöglichen, als Zuständige und Verantwortliche diese Probleme zu lösen. Wenn man diesen Gedanken konsequent zu Ende denkt, dann fächern sich die Aufgaben auf, die Sonderpädagogen jetzt wahrnehmen. Zur Zeit haben wir sozusagen den Einheitssonderpädagogen, den Sonderschullehrer, der kann alles. Der kann in Sonderschulen unterrichten, der kann beraten, der kann Prävention, der kann Integration, der kann Ambulanz, der kann alles. Das ist natürlich eine Illusion.
Wir sollten den Mut haben, nicht von der Einheit der Sonderpädagogik her zu denken, sondern von dem Unterstützungsbedarf einer Schule für alle Kinder. Dann beginnt die Sonderpädagogik sich aufzufächern, indem sie einerseits als Perspektive der Verschiedenheit in die allgemeine Pädagogik eingeht und andererseits bestimmt professionelle Aufgaben ausdifferenziert.

6 Unterschiedliche sonderpädagogische Kompetenzbereiche

Wenn ich die sonderpädagogische Kompetenz für ein Szenario der Inklusion ausdifferenziere, sehe ich vier Bereiche.
Wir brauchen als erstes eine sonderpädagogische Kompetenz in allen Lehrämtern. Davon wird seit 25 Jahren gesprochen, doch meines Wissens ist dies kaum verwirklicht worden. Zu denken ist z. B. an die integrationspädagogischen Studien in der FU Berlin (Eberwein) und der Universität des Saarlandes (Sander).
Ich sehe nicht, dass Integrationspädagogik in der allgemeinen Lehrerbildung alle Problemlagen ausreichend abdeckt, aber sie wäre das Fundament.
Das zweite: Wir brauchen in den Schulen zur Unterstützung der Arbeit mit einzelnen Kindern oder mit Kleingruppen eine Form der sonderpädagogischen Kompetenz, die ich sonderpädagogische Assistenz nenne. Wir haben dies zur Zeit in Sonderschulen in der Form Pädagogischer Mitarbeiter, die direkt in der Klasse mitarbeiten, meist als Erzieher mit sonderpädagogischer Zusatzausbildung. Ich denke, dass bei einer integrationspädagogischen Grundkompetenz der Lehrer solche sonderpädagogischen Assistenzen es ermöglichen würden, Integrationskonzepte auszudehnen.

Im Zuge der Umstrukturierung der universitären Studiengänge auf konsekutive Curricula (Bachelor- und Masterstudium) wäre es denkbar, dass im Bachelor- Studiengang der Abschluss als sonderpädagogischer Assistent erworben werden kann, der breit eingesetzt werden kann, um direkte Unterstützungsleistungen zu bieten. Voraussetzung wäre, dass im Bachelorstudium Sonderpädagogik das wesentliche Fach wäre.

Als drittes bräuchten wir die höher qualifizierten Sonderpädagogen, die indirekte Unterstützung, Koordination und Beratung durchführen können, wie z. B. in England, der SENCO (Special Educational Needs Coordinator)[13] und Beratung bei spezifischen Bedarfen leisten können, auch differenziert nach Problemlagen.

Als viertes benötigen wir spezielle sonderpädagogische Kompetenz für die rehabilitativen Einrichtungen, die an die Stelle von Sonderschulen treten werden. Ich sage Rehabilitationseinrichtungen, nicht Sonderschulen, um dem Missverständnis vorzubeugen, ich würde dafür plädieren, dass die Sonderschulen weiterexistieren, so wie sie sind. Aber es muss sicher auch noch schulische Einrichtungen für spezielle Bedarfe, die deutlich unter 1% liegen, geben, so wie es sie de facto auch in allen Ländern gibt, die auf dem Weg zur Inklusion weiter vorangeschritten sind. Ich halte die Forderung nach einer Schule, die ausnahmslos alle Kinder aufnimmt, für eine Illusion. Ich glaube nicht, dass es sich jetzt in Deutschland bei einer Sonderschulbesuchsquote von 4,5 % lohnt, darüber zu diskutieren, ob eine Quote von Null % das einzig richtige Ziel ist.

Es wird Bedarf bei Eltern und Bedarf bei Kindern nach speziellen schulischen Einrichtungen geben, die dann natürlich eine veränderte Klientel haben und mit den gegenwärtigen Vorstellungen einer etwas reduzierten Normalschule als Sonderschule nicht gefahren werden können. Deswegen leiden die Kollegen auch, bei denen dieser Prozess der Veränderung der Sonderschule zu einer anderen Population schon eingesetzt hat.

Von den Sonderpädagogen, die ich unter drei und vier aufgezählt habe, bräuchten wir weniger als wir jetzt als Sonderschullehrer haben, aber erheblich besser ausgebildet. Das heißt wir brauchen verschiedene Ausbildungsangebote auf verschie-

13 Neben den SENCOS aus England *(siehe Gains, C. (eds.): The Special Educational Needs Coordinator. Tamworth 1996 (Nasen) und Dyson, Alan, Millward, Alan, Lin, M.: The Role of the Special Educational Needs Coordinators in Schools: Analytic Report. University of Newcastle up Tyne 1997)* sind z. B. die Methoden- und Ressourcen-Lehrer aus Kanada zu nennen, auf die Hinz (*Sonderpädagogik im Rahmen von Pädagogik der Vielfalt und Inclusive Education. Überlegungen zu neuen paradigmatischen Orientierungen. In: Albrecht, F., Moser, V. (Hrsg.): Perspektiven der Sonderpädagogik. Neuwied 2000(a), S. 124-140)* und *Sander (Von der integrativen zur inklusiven Bildung. Internationaler Stand und Konsequenzen für die sonderpädagogische Förderung in Deutschland 2001. Dokumentation herausgegeben von A. Hausotter, W. Boppel, H. Meschemoser 2002. In: www.european- agency.org)* hinweisen, aber auch die breite Palette entsprechender Tätigkeiten in Deutschland in der Prävention und in der ambulanten Unterstützung und Beratung *(siehe Reiser, H., Sander, N., Urban, M., Willmann, M.: Different Models of Social and Emotional Needs Consultation and Support in German Schools. In: European Journal of Special Needs Education. (Erscheint im Frühjahr 2003).*

denen Niveaus. Mit dieser Forderung löst sich der Sonderschullehrer als Prototyp auf. In der Perspektive von konsekutiven Ausbildungen und lebenslangen Fortbildungen werden die Kompetenzen, die zur Zeit einheitlich der Sonderpädagogik zugeschrieben werden, als Antwort auf verschiedenartige spezielle Aufgaben der Pädagogik ausdifferenziert.

Soweit das Szenario der Inklusion. Doch, was machen wir derzeit? Derzeit stehen wir in dem Dilemma, das ich auch zum Schluss meines Beitrags nicht auflösen kann. Die Dilemmasituation ist, dass wir das eingefahrene Sonderschulsystem haben mit 4,5% eines Jahrgangs und dass wir jetzt genötigt sind, es weiter zu fahren, solange die Politik keine entscheidende Wende setzt. Wir bieten eine Ausbildung für Sonderschullehrer, die darauf ausgerichtet ist dieses System zu perpetuieren. Wir können weder die Ausbildung umstellen, weil ja die Nachfrage nach der geänderten Ausbildung im System nicht da ist, und wir könnten – selbst wenn es politisch gewollt wäre – das System nicht umstellen, weil die Ausbildung dafür nicht da ist. Wir produzieren weiterhin den klassischen Sonderschullehrer und bilden uns aber noch ein, wir arbeiten auf die „Schule für alle Kinder" hin. Und das könnte eine Illusion sein.

So lange die Sonderpädagogik die Zuständigkeit für alle möglichen Beeinträchtigungen der schulischen Entwicklung für sich reklamiert und nicht zurück gibt an die allgemeine Schule, so lange sie sich als Einheit definiert – als Wissenschaft, als Gegenstandsbereich, als Profession – und sich nicht nach Kompetenzbereichen ausdifferenziert, leistet sie keinen Beitrag für die Entwicklung zu einer Schule für alle Kinder.

H. Reiser

(undatiert, verfasst ca. im Jahr 2000)

Sonderpädagogik auf dem Weg zur Sozialarbeit? Zum Profil der sonderpädagogischen Berufsrolle in der ambulanten interdisziplinären Erziehungshilfe

(Erstveröffentlichung)

*Über die Auseinandersetzung mit der gemeinsamen Bildung und Erziehung von Kindern mit und ohne Beeinträchtigung hinaus und in Fortführung des professionstheoretischen Diskurses zur sich wandelnden Rolle der Sonderpädagogik befasst sich Helmut Reiser mit einer praktischen schulischen Problematik – eine Problematik, die auch durch gängige Konstellationen von Lehrkräften und assistierenden Diensten in dem gemeinsamen Schulbesuch von Kindern nicht befriedigend aufzulösen ist. Es handelt sich um die Situation von Kindern und Jugendlichen mit Hindernissen in ihrer sozialen und emotionalen Entwicklung – im Extremfall mit Schulverweigerung – und um die Situation ihrer Lehrkräfte. Dazu wurde das Zentrum für Erziehungshilfe der Stadt Frankfurt am Main gegründet. Es geht auch hier um Integration und Inklusion insofern, als die betreffenden Kinder, Jugendlichen und Lehrkräfte intensive ambulante Unterstützung von Fachkräften des Zentrums erhalten, damit die Schüler*innen in der Klasse verbleiben können. Wenn dies unmöglich ist, gibt es aber auch eine zeitlich begrenzte Alternative in dem Zentrum selbst. Ein weiteres Novum ist die Kooperation von Sonderschullehrer*innen und Sozialarbeiter*innen bzw. Sozialpädagog*innen, die als Tandem aus dem Zentrum heraus arbeiten, was für beide Seiten eine Neudefinition beider Professionen, eine radikale Änderung des traditionellen professionellen Selbstverständnisses erfordert – Erziehungshilfe als strukturell verankerte interdisziplinäre Unterstützung für Inklusion. Der folgende Beitrag beleuchtet diesen zukunftsträchtigen Ansatz.*

Sonderpädagogik auf dem Weg zur Sozialarbeit? Zum Profil der sonderpädagogischen Berufsrolle in der ambulanten interdisziplinären Erziehungshilfe

1 Entwicklungen der sonderpädagogischen Berufsrolle im Zuge der integrativen Erziehung

In der deutschen sonderpädagogischen Tradition bestimmten seit 100 Jahren – und bestimmen weitgehend noch heute – vor allem zwei Tätigkeitsbereiche das Profil der sonderpädagogischen Berufsrolle: Der Unterricht in Sonderklassen und die Diagnostik. Der Unterricht in Sonderklassen wurde verstanden als Unterricht und Erziehung bei erschwerten Lernausgangslagen, denen durch kleinere Klassen, besondere Fördermethoden und intensivere persönliche Beziehungen begegnet werden sollte. Diagnostik lief vor allem auf die Erkennung der Defizite der Kinder und ihrer Ursachen hinaus, woraus die Entscheidung abgeleitet wurde, ob das Kind in einer Sonderschule unterrichtet werden sollte oder nicht.

Obwohl dieses hier grob umrissene Schema im Laufe der Geschichte immer wieder in Frage gestellt wurde, erfuhr es doch erst mit der Ausbreitung der Praxis der integrativen Erziehung in den letzten zwei Jahrzehnten entscheidende Korrekturen. Mit der Möglichkeit, Kinder mit sonderpädagogischen Hilfen zu unterstützen, ohne daß sie in Sonderschulen umgeschult werden mußten, entstand das Verständnis für eine Veränderung der Diagnostik von einer Selektionsdiagnostik zu einer Förderdiagnostik (Kornmann/Meister/Schlee 1983, Bundschuh 1985, Eggert 1997). Mit dem gemeinsamen Unterricht, bei dem Regelschullehrer und Sonderschullehrer gemeinsam in einer integrativen Klasse unterrichten, trat das Ziel der Kooperation zwischen Lehrern mit unterschiedlichen Spezialisierungen in den Mittelpunkt der Aufmerksamkeit (Kreie 1985, Haeberlin/Jenny-Fuchs/Moser Opitz 1992, Deppe-Wolfinger/Prengel/Reiser 1990).

Lernprozessorientierte begleitende Diagnostik und Kooperation verschoben zwar die Berufsrolle des Sonderschullehrers von festgelegteren Tätigkeitsformen zu flexibleren, betonten jedoch auch die traditionelle Spezialisierung des Sonderpädagogen auf besondere Methoden der Arbeit mit dem Kind. Der Verlust der Expertenrolle für den Klassenunterricht durch die gleichverantwortete gemeinsame Unterrichtsarbeit mit Regelschullehrern wurde durch den Status des Experten, der besondere Förderbedürfnisse erkennt und dafür geeignete besondere Fördermethoden einbringt, aufgewogen.

Zwei weitere Schritte in der Entwicklung brachten jedoch eine weitere Diffusion der traditionellen Berufsrolle mit sich: Die Schwerpunktverschiebung auf Beratungsaufgaben und in letzter Zeit auf die Teamarbeit mit außerschulischen Fachkräften.

Während zu Beginn der Integrationsbewegung in deutschen Schulen der gemeinsame Unterricht mit zwei Lehrern in einer Klasse, in der vor allem Kinder mit Körper- und Sinnesbeeinträchtigungen und mit geistiger Behinderung integriert waren, dominierte, wuchs ein neues Klientel zu, nämlich Kinder mit Lern-, Sprach- und Verhaltensschwierigkeiten, die nicht in speziellen integrativen Klassen mit einem 2-Lehrer-System unterrichtet wurden, sondern in normalen Klassen mit nur stundenweisem zusätzlichem Einsatz von Sonderpädagogen. Dieser Ansatz ist in den Ländern der Bundesrepublik Deutschland in sehr unterschiedlichen Ausprägungen verbreitet. Das Spektrum reicht von ambulanter Förderung, die von fachrichtungsspezifischen oder fachrichtungsübergreifenden sonderpädagogischen Beratungs- und Förderzentren geleistet wird, bis zu schulintegrierten Fördermaßnahmen, bei denen Sonderpädagogen Mitglieder des Kollegiums einer Regelschule sind. ‚Ambulant' heißt in diesem Zusammenhang, daß die Sonderpädagogen die Regelschulen aufsuchen, in denen sie arbeiten. Diese Sonderpädagogen sahen sich vor eine Aufgabe gestellt, die zu einem radikalen Wechsel in der Berufsrolle zwingt. Blieben sie bei dem Ansatz der sonderpädagogischen Arbeit mit dem Kind selbst, so blieben sie aufgrund der Art der Beeinträchtigungen, die nur im Kontext des Klassenverbandes anzugehen sind, und aufgrund des geringen Zeitaufwands, der für ihre Arbeit vorgesehen wurde, ohne Erfolgserlebnisse. Die Arbeit mit dem Kind mußten sie den Klassenlehrern überlassen, was ganz im Sinne des Ansatzes war, die Zuständigkeit für die Kinder in der Hand der Regelschullehrer zu belassen. Den Sonderpädagogen wuchs die Aufgabe der Arbeit für das Kind in der Rolle als Unterstützer und Berater der Lehrer und der Eltern zu (Reiser 1996 a).

Damit betraten die Sonderpädagogen jedoch Neuland. Für Beratungsaufgaben waren sie in ihrem Studium und in ihrer Tätigkeit in Sonderschulen in der Regel nicht ausgebildet worden. Der diffizile Zusammenhang von Kooperation und Beratung, wie er in der angelsächsischen Literatur diskutiert wird (siehe Reiser u.a. 1999, Erchul/Martens 1997, Sandoval 1996), gehörte bis dahin nicht zum Wissensbereich der deutschen Sonderpädagogik. Zwar lag bald eine Konzeptualisierung der Kooperativen Beratung von Mutzeck (1997) vor, die in etwa dem Konzept der collaborative consultation entspricht, aber es gab und gibt keine empirisch gestützten Reflexionen und zu wenige Fortbildungsmöglichkeiten.

Im Bereich der Erziehungshilfe, also bei der Förderung von Kindern mit ‚Gefühls- und Verhaltensstörungen‘ wurde die Kooperation mit außerschulischen Fachkräften, vor allem Sozialarbeitern des Jugendamtes, Sozialpädagogen, Erziehern immer bedeutsamer. Das 1990 neu gefaßte Kinder- und Jugendhilfegesetz eröffnete für die Jugendhilfe eine Palette von unterstützenden Maßnahmen, die in Kooperation mit der Schule eingeleitet und durchgeführt werden können (Baur 1997, Reiser/Loeken 1993, Reiser 2000). Die Debatte um zunehmende Gewaltbereitschaft auch in deutschen Schulen führte zu Modellen der Zusammenarbeit zwischen Schulen und Jugendämtern, Polizeidienststellen, sozialpädagogischen Einrichtungen.

Sonderpädagogen für Erziehungshilfe, die in interdisziplinären Teams arbeiten, sind am weitesten vom traditionellen Rollenbild des Sonderschullehrers entfernt. Weder der Unterricht in speziellen Sonderklassen noch die Selektionsdiagnostik ist für sie von Belang. Stattdessen nehmen sie eine lebensweltlich orientierte Förderdiagnostik, Aufgaben der Kooperation mit außerschulischen Stellen, der Moderierung von Kooperation in der Schule und zwischen Eltern und Schule, der Beratung in vielfältigen Formen wahr, für die sie ihre professionelle Kompetenz meist durch „on-job-training“ erwerben. Sie stellen eine Extremvariante möglicher neuer Ausformungen der sonderpädagogischen Berufsrolle dar, die deshalb für eine Untersuchung besonders interessant ist.

Parallel zu der Diskussion der sonderpädagogischen Berufsrolle, die durch Entwicklungen in der Praxis ausgelöst worden war, lief in der deutschen Erziehungswissenschaft eine Diskussion zur Professionalisierung der Lehrer (Combe/Helsper 1996). Hier werden Professionalisierungsaufgaben für Pädagogen im allgemeinen diskutiert, die sich auch speziell auf die Situation der Sonderpädagogen beziehen lassen wie Öffnung für Ungewißheiten (Wimmer 1996), Rollenflexibilität und Reflexivität (Loeken 1999c). Einerseits wurde Vermutungen geäußert, daß der Professionalisierungsgrad in der Sonderpädagogik höher sein könnte als bei anderen Lehrergruppen (Oevermann 1996), andererseits entstanden Befürchtungen der Deprofessionalisierung der Sonderschullehrerrolle (Opp 1998). Auch aus diesem Blickwinkel erweist sich die Berufsrolle von Sonderpädagogen in interdisziplinären Teams der ambulanten Erziehungshilfe als ein interessanter Untersuchungsgegenstand.

2 Das Zentrum für Erziehungshilfe der Stadt Frankfurt am Main

In solchen interdisziplinären Teams arbeitet das Zentrum für Erziehungshilfe der Stadt Frankfurt am Main. Das Zentrum ist eine gemeinsame Organisation des Jugendamtes der Stadt Frankfurt am Main und des Schulwesens. In ihm ist ein Sachgebiet des Jugendamtes verbunden mit einer Sonderschule für Erziehungshilfe. Das Zentrum arbeitet mit Kindern und Jugendlichen nur ambulant. Nur für sogenannte ‚schulmüde' Jugendliche ab dem 8. Schulbesuchsjahr gibt es eine halbstationäre Abteilung, eine sogenannte Lernwerkstatt, die ganztags mit kleinen Gruppen von Jugendlichen unter der Regie eines Jugendzentrums polytechnisch, sozialpädagogisch und schulpädagogisch arbeitet.

Das Zentrum wurde 1990/19991 konzipiert und arbeitet seit 1991 (Reiser/Loeken 1993). Seitdem wurden in zwei Organisationsentwicklungsmaßnahmen die Konzeption und die praktische Arbeit überprüft und verbessert (Evolog 1999). „Es ist der Auftrag des Zentrums Kinder und Jugendliche mit Förderbedarf im Bereich der Erziehungshilfe so zu unterstützen, daß sie im Regelschulsystem entweder gehalten werden können oder befähigt werden, sich in dieses Schulsystem zu reintegrieren. Dazu bietet das Zentrum die entsprechende Diagnostik und Hilfestellung an. Zielgruppe sind Kinder und Jugendliche im Alter von sechs bis ca. fünfzehn Jahren. … Dieser Auftrag wird von der Regelschule und den Eltern definiert" (Evolog, 10) und richtet sich an das Zentrum als Kooperationsverbund von Jugendhilfe und Sonderpädagogik.

Da die schulische Bildung auch von den Eltern als notwendig und erstrebenswert angesehen wird, ist der Ansatzpunkt der Förderung die Störung der Teilnahme des Kindes oder Jugendlichen am Schulunterricht. „Eine Grundlinie der methodischen Orientierung des Zentrums lautet …, daß Störungen auf das beteiligte System zu beziehen sind. Störungen werden damit als Leistungen und Antworten des Kindes/Jugendlichen auf ein bestimmtes Problem interpretiert" (Evolog, 18).

Das Zentrum arbeitet konsequent in ‚Tandems', das heißt in Kooperationseinheiten von einer Sozialarbeiterin und einem Sonderpädagogen. Die Tandems werden für jede Fallbearbeitung neu zusammengesetzt. Auch die Leitung des Zentrums besteht aus einem Tandem: einem leitenden Sozialarbeiter und einem Sonderschulrektor. Im Vorstand des Zentrums, der die Arbeit unmittelbar begleitet, sind die mittleren Leitungsebenen aller beteiligten Ämter vertreten. Das Zentrum arbeitet in kleinen Teams mehrerer Sozialarbeiter und Sonderpädagogen, die jeweils für einen Stadtteil zuständig sind.

Durch diese Konstruktion werden die zahlreichen Hindernisse und Differenzen der Zusammenarbeit zwischen Jugendhilfe und Schule, die sich in Deutschland entwickelt haben, offensiv angegangen und zunehmend gelöst. Die Differenzen reichen von datenschutzrechtlichen Hindernissen über status- und arbeitsrechtliche Differenzen bis zu mentalen Traditionen und Arbeitsgewohnheiten (Reiser 2000). In diesem Prozeß gleichen sich die zeitlichen und inhaltlichen Rahmenbedingungen der Sonderpädagogenarbeit denen der Sozialarbeit an und verlassen der Rahmen der ‚Lehrerarbeit', beginnend mit der Zeiteinteilung und der Ferienordnung bis zu Teamstrukturen, Leitungsstilen und Tätigkeitsformen.

Deutlich wird dies am Arbeitsplan mit standardisierten Abläufen und Verfahren, den das Zentrum für sich entwickelt hat.

Wenn Zentrumsleistungen von einer Schule nachgefragt werden, wird zunächst ein ‚Orientierungsgespräch' geführt, in dem die Bedingungen und Möglichkeiten der Mitarbeit des Zentrums sowie mögliche Alternativen besprochen werden. Wenn es daraufhin zu einem Auftrag an das Zentrum kommt, erfolgt zunächst die Phase der Klärung des Auftrags, in der ein Gespräch mit der Familie und ein Gespräch mit der Schule geführt wird und der Auftrag von Schule und Eltern erteilt und vom Zentrum schriftlich bestätigt wird. Die nun folgende Diagnosephase soll „die Beteiligten in einem dialogorientierten und kommunikativen Prozeß zu einem Austausch über die Problemlage und die Aufgabenstellung führen. Am Ende der Diagnosephase soll ein gemeinsames Verständnis erreicht und ein gemeinsames Votum für ein bestimmtes Vorgehen entstanden sein, welches von allen Beteiligten getragen wird. Diese gemeinsame Problemauffassung und auch die gemeinsame Planung schlagen sich in dem Bericht zur Hilfe- und Förderplanung nieder. Dieser Bericht wird von allen akzeptiert. Erst dann besitzt er Gültigkeit"(Evolog 26). „In der Vorgehensplanung sind Ziele, Maßnahmen, Beteiligungen und Aktivitäten dokumentiert. So sind zum Beispiel alle Verabredungen, zu z. B. Unterrichtszeit, Frequenz und Art der Elternbeteiligung etc., festgelegt …"(Evolog 27).

Alle Schritte der Diagnosephase werden vom Tandem gemeinsam durchgeführt, wobei jeweils ein Tandemspartner die Steuerung übernimmt und regelmäßige Berichte und Fallbesprechungen mit dem Team und mit der Leitung die Qualität sichern. Obligatorische Instrumente sind: Elterngespräche, Lehrergespräche, Gespräche mit dem Kind/Jugendlichen, Studium der Schulakte, Hospitationen

im Unterricht, ‚Runder Tisch' mit allen Beteiligten. Je nach Bedarf können hinzutreten: Einzelkontakte im Unterricht und/oder im sozialen Feld, Hausbesuche, Lernstandsermittlung, biografische Erhebungen, Informationsgespräche mit Sozialdiensten und anderen Beteiligten.
Während der Förderphase, die maximal zwei Jahre betragen kann, sind immer wieder Überprüfungen des Hilfe- und Förderplans im Sinne einer fortlaufenden Diagnose und neue Absprachen mit den Beteiligten nötig. Die Mitarbeiter des Zentrums übernehmen: Unterstützung der Lehrer im Unterricht; Beratung des Kindes, der Lehrer, der Eltern; Aufbau von Freizeitkontakten des Kindes, vorübergehende schulische oder außerschulische Einzelbetreuung oder Betreuung in kleinen Gruppen. Dabei steht für das Zentrum die Vermittlung von Hilfen vor dem Selbermachen. Das Tandem arbeitet auch in Förderphase zusammen und begleitet das Kind/den Jugendlichen, um eine Beziehungskontinuität sicherzustellen. Welche Anteile dabei die Sozialarbeiter und welche die Sonderpädagogen wahrnehmen, ist noch nicht abschließend geklärt. Die Mitarbeiter des Zentrums gehen von der ‚Praxiserfahrung' aus, „daß schulische Förderung wie auch Einzelbeschulung außerhalb der Schule durch Lehrer wie auch durch Sozialarbeiter erfolgt. Das Tätigkeitsprofil und das fachliche Profil unterscheiden sich in der Praxis nicht sehr stark. Es gibt einige wenige schulische Aufgaben, die ausschließlich durch (Sonderschul-) Lehrer wahrgenommen werden" (Evolog 43).
Wie sich diese radikalen Veränderungen der Rahmenbedingungen der Sonderschullehrerarbeit in der Selbstdarstellung der Sonderpädagogen niederschlagen, konnte an zwei verschiedenen Zeitpunkten empirisch untersucht werden.

3 Aspekte der beruflichen Identität der Sonderpädagogen im Anfangsteam

Die erste Untersuchung begann im März 1992, also nach etwas über einem halben Jahr nach Start der Zentrumsarbeit. Bis Juli 1993 wurden mit dem Anfangsteam insgesamt vier Themenzentrierte Teamgespräche (Reiser/Loeken 1995) von Reiser und Loeken durchgeführt und von Loeken ausgewertet (Loeken 1999b). Jedes Teamgespräch enthielt zwei Gesprächsabschnitte von je 45 Minuten. Die Themenzentrierten Teamgespräche sind als eine Form der Gruppendiskussion konzipiert, die unter Bezugnahme auf das System der Themenzentrierten Interaktion (nach Ruth C. Cohn) weiterentwickelt wurde. Im Rahmen der wissenschaftlichen Begleitung war ihre Funktion sowohl eine ermittelnde, einem Forschungszweck dienende, als auch eine vermittelnde, die der Selbstreflexion und Konstruktion des Teams diente.
In dieser Zeit arbeiteten im Anfangsteam sechs Sonderschullehrer und entgegen der Konzeption aufgrund von Finanzierungsproblemen zunächst nur ein, dann zwei Sozialarbeiter. Diese Phase ist gekennzeichnet von einer gruppalen Struktur des Teams, das sich eher als eine Pioniergemeinschaft bildete als eine Organisa-

tion, und das Binnendifferenzierungen der Rollen und Leitungsstrukturen nur zögerlich zuließ.

„Die Auswertung der Themenzentrierten Teamgespräche lenkt den Blick auf zwei Leitthemen, die sich als durchgängig relevant erweisen: die Auseinandersetzung der beteiligten Pädagoginnen mit der Berufsidentität und den Prozeß der multiprofessionellen Teambildung. Die Frage der Berufsidentität tritt angesichts der geforderten Kooperation mit einer anderen Berufsgruppe besonders hervor. Beide Berufsgruppen zeigen hier Verunsicherungen und kreisen in ihren Auseinandersetzungen um die Frage nach dem Spezifischen ihrer beruflichen Tätigkeit und Identität, und dem, was in der Kooperation beizubehalten ist und was eingeschmolzen werden soll.“ (Loeken 1999a)

Es werden Fragen nach der Verortung im beruflichen Herkunftssystem, nach Struktur Inhalt, Zielen und Grenzen der pädagogischen Arbeit, nach der eigenen Qualifikation und nach Kooperations- und Organisationsformen verhandelt. „Bei all dem scheinen Gepflogenheiten und Orientierungen aus dem bisherigen beruflichen und institutionellen Kontext durch“ (Loeken 1999a).

Die Lehrer erlebten die Herauslösung aus dem Arbeitsrahmen der (Sonder-)Schule sehr stark. Sie diskutierten, ob sie denn noch ‚richtige Lehrer‘ seien oder schon ‚halbe Sozialarbeiter‘. Dies geschah auf dem Hintergrund, daß sie sich für die Tätigkeit im Zentrum freiwillig gemeldet hatten und in ihr die Erfüllung von Gestaltungswünschen ihres Berufs fanden, die ihnen in der Schule nicht möglich schienen. So hatten sie auch keine Probleme mit der anderen Arbeitszeit, die nicht nach Schulstunden sondern nach Zeitstunden berechnet wird und über den ganzen Tag verteilt ist und genossen die Möglichkeit, sich ganz auf die Lösung eines Falles mit seinen gesamten Hintergründen konzentrieren zu können, während sie in der Schule nur immer einen Ausschnitt sahen und bearbeiten konnten. Sie konstatierten jedoch, daß sie manchmal den kontinuierlichen Umgang mit einer Kindergruppe, die auf sie bezogen ist, vermissen. Die Fallarbeit bedeutet nicht nur Konzentration auf ein Kind, sondern zugleich eine distanziertere und intervallartigere Interventionstechnik, die die Bezugspersonen mit einschließt. Das sonderpädagogische Bewußtsein, als ‚Anwalt des Kindes‘ aufzutreten, ist so nicht haltbar und muß einer beraterischen Grundhaltung Platz machen, die nach Allparteilichkeit verlangt. Ihre beraterische Qualifikation erlebten sie als ungenügend und äußern Wünsche nach Fortbildung. Es macht ihnen manchmal Schwierigkeiten, gegenüber den Sonderpädagogen, die in den Sonderschulen arbeiten, eine Sonderstellung einzunehmen, da gefühlsmäßig die Loyalität des Berufsstandes verlassen werden könnte. Die Hinweise der Projektleitung auf die Notwendigkeit, eine neue professionelle Identität zu entwickeln, nämlich die als Mitarbeiter des Zentrums, wirkten manchmal irritierend.

Am stärksten zeigt sich die Prägung durch das Herkunftssystem Schule in den Vorstellungen von Leitung und Kooperation. Leitung wird anfangs verstanden als das

dienstgemäße Ausführen von Beschlüssen von Mitarbeiterkonferenzen, in denen die Entscheidungen gefällt werden, und unter Kooperation wird nicht nur das konkrete verbindliche Zusammenarbeiten verstanden, sondern auch der gelegentliche Austausch unter selbständig arbeitenden Kollegen. Die Sozialarbeiter verstehen unter Leitung jedoch auch die konkrete Überprüfung und Steuerung der praktischen Arbeit und unter Kooperation die gemeinsame Fallbearbeitung mit verbindlichen Vereinbarungen. Hier zeigte sich anfangs die Tradition der deutschen Schulstruktur unter der Herrschaft von Beamtenrecht, Dienstverordnung und Personalvertretungsrecht, die in Widerspruch zu den neuen Anforderungen gerät.
Dennoch zeigt sich bei den Sonderschullehrern eine hohe Arbeitszufriedenheit und Begeisterung für die Arbeitsmöglichkeiten, die der neue Rahmen schafft. Die Prägungen aus der Struktur des Systems Schule werden umso bewußter, je mehr sie zum Gegenstand auch der diagnostischen, beraterischen und interventiven Tätigkeit im Feld werden. Da diese Sonderpädagogen eine kritische Einstellung zum Schulsystem haben, erleben sie sich eher als Wanderer zwischen zwei Welten, denn als Vertreter von Schule. Die sonderpädagogische Identität zeigt ebenso eine kritische Distanz zum Regelschulsystem wie auch eine Verankerung in diesem, da dieses nicht nur funktional, sondern auch strukturell das übergeordnete Bezugssystem darstellt. So können die Sonderpädagogen emotional und kognitiv die Position der Regelschullehrer einnehmen und kommunizieren mit diesen anders als die Sozialarbeiter.
Sonderschullehrer können nach ihrer Auffassung zwar sozialarbeiterische Tätigkeiten partiell ausführen, aber den Sozialarbeiter nicht ersetzen und umgekehrt: Sozialarbeiter können partiell schulische Aufgaben übernehmen, aber den Sonderschullehrer nicht ersetzen. Die Differenz zwischen beiden Berufsgruppen im Zentrum wird als notwendig erachtet, um beiden Bezugssystemen – Jugendhilfe und Schule – gerecht werden zu können. Die Frage nach dem Spezifischen beider Berufsgruppen, dem unverwechselbaren Kern ihrer Identität, bleibt jedoch noch unscharf.

4 Aspekte der beruflichen Identität der Sonderpädagogen sechs Jahre später

Sechs Jahre später – im Jahre 1999 – ist das Zentrum weiter ausgebaut. Es hat zwei Organisationsentwicklungsmaßnahmen durchgemacht und verfügt nun über eine etablierte Leitung und im ambulanten Bereich über circa 5 Planstellen für Sozialarbeiter, 10 Planstellen für Sonderschullehrer und eine Verwaltungskraft. Das Zentrum arbeitet in zwei stadtteilbezogenen Stationen, die Einrichtung einer dritten Station steht bevor. Der geplante Aufbau ist noch nicht vollendet, es kann noch nicht das ganze Stadtgebiet bedient werden, aber das Gerüst der Institution steht. Es wird seit kurzem nach dem oben beschriebenen Ablaufkonzept bearbeitet.

Im Mai/Juni 1999 wurden durch eine Forschungsgruppe der Universität Hannover unter meiner Leitung[1] sechs Tandem-Interviews durchgeführt: Ein Interview mit dem Leitungs-Tandem und fünf Interviews mit Tandems aus Sonderschullehrern und Sozialarbeitern.
Die Untersuchungen wurden nach der Grounded Theory in Anlehnung an Strauss und Corbin (Strauss/Corbin 1994) konzipiert, durchgeführt und ausgewertet.
Aus der Auswertung werden hier die Ergebnisse herausgegriffen, die die Tätigkeiten der Sonderschullehrer, ihre Rollenausfüllung und ihr Selbstverständnis betreffen.
Aus den Interviews ist ersichtlich, daß die Tandems nach dem im Konzept beschriebenen Ablaufplan arbeiten und diese Strukturierung als Hilfe empfinden, die es ihnen auch ermöglicht, ihre unterschiedlichen professionellen Kompetenzen zusammenzuführen. Auch die Instrumente zur Qualitätssicherung: der kontinuierliche Austausch im Tandem, die Fallbesprechung im Team, die Fallbesprechung mit der Leitung und die Supervision durch einen externen Supervisor werden als gute Voraussetzungen akzeptiert.
Das offizielle Ziel, bei allen Beteiligten eine vertrauensvolle Basis zu schaffen, einen Dialog zwischen den Beteiligten zu ermöglichen und einen Hilfe- und Förderprozeß zu installieren, an dem Eltern und Schule und eventuelle weitere Erziehungspersonen beteiligt sind, wird durch die Erzählungen der Tandems über ihr Vorgehen bestätigt.
Folgende Strategien, um dieses Ziel zu erreichen, auch wenn es Widerstände durch Eltern oder Lehrer gibt, lassen sich aus den Aussagen identifizieren:

1. Die anfängliche und im Prozess öfters wiederholte Präzisierung des Auftrags der Eltern, der Lehrer und wenn möglich des Kindes/des Jugendlichen wird als sehr wichtig eingeschätzt. Wenn Aufträge vorliegen, die lediglich auf eine Reparatur oder Entfernung des Kindes gerichtet sind und die Eigenbeteiligung des Auftraggebers ausschließen, muß zuerst eine Auftragsumwandlung stattfinden, die klarstellt, daß nicht die Mitarbeiter des Zentrums die Veränderungen im Alltag tragen können, sondern nur die Beteiligten selbst. Die Aufgaben der Zentrumsmitarbeiter sind Diagnose, Vermittlung zwischen den Beteiligten, Moderation des Austauschs, Anregung neuer Aspekte und Handlungsmöglichkeiten und die Steuerung des Förderprozesses.
2. Dabei geht die Vermittlung von Hilfe- und Fördermaßnahmen, z. B. durch sozialpädagogische Familienhilfen oder Lernhelfer oder durch unterrichtliche Arrangements durch die Regelschullehrer vor dem Selbermachen durch die Zentrumsmitarbeiter.
3. Sämtliche Schritte werden konsequent von beiden Tandemspartnern gemeinsam unternommen und verantwortet. Statt einer globalen Federführung für eine gesamte Fallbearbeitung durch einen der Tandemspartner hat sich eine

1 Die Auswertung besorgte Michael Urban und Marc Willmann

rotierende Aufgabenverteilung je nach Fall und Stand der Entwicklung eingestellt. Die Gespräche mit den Eltern und den Lehrern werden stets gemeinsam geführt, zumeist auch die Anfangshospitationen im Klassenzimmer, während weitere Schritte arbeitsteilig übernommen werden. Bei der Moderation von Helfergesprächen und Runden Tischen hat sich die Aufgabenverteilung mit fliegendem Wechsel bewährt: Einer leitet, der andere protokolliert.

4. Die profesionelle Aufgabenverteilung läuft nicht mehr entlang der Trennungslinie des Förderorts, also nicht mehr zwischen schulisch und außerschulisch, sondern entlang der Funktionen: Schulische Aufgaben werden mehr vom Sonderschullehrer wahrgenommen, auch wenn sie das Elternhaus oder den Nachmittag des Kindes betreffen, sozialpädagogische mehr von den Sozialarbeitern, auch wenn sie in der Schule und im Gespräch mit den Lehrern stattfinden. Es wird von einer Gleichgewichtigkeit beider Funktionen ausgegangen.
5. Bei Schwierigkeiten mit der Mitarbeit von Eltern oder Lehrern wird nach den Aussagen der Interviews eine Mischung von Hartnäckigkeit und Entgegenkommen gezeigt. Das Tandem läßt sich den Auftrag, der ein multilateraler Vertrag ist, durch Blockade oder Widerstand nicht einfach entziehen, sondern bietet immer wieder neue Möglichkeiten an, gemeinsam Lösungen zu suchen. Ein Kipppunkt der Strategie scheint zu sein, wieweit sich das Tandem in solchen Fällen dazu verleiten läßt, selbst ohne spezielle Beauftragung Lösungsversuche durchzuführen oder anzuleiten und nicht auf der gemeinsamen Lösungssuche und der Aktivität der Beteiligten beharrt.
6. Die Lösungen, auf die das Tandem in den Besprechungen hin arbeitet und deren Verwirklichung es steuert, betreffen kleine Schritte; es sind Minimal-Interventionen, bei denen angesetzt wird, zum Beispiel die Verfügbarkeit der Arbeitsmaterialien im Unterricht bei einem Kind mit ‚chaotischem' Störverhalten oder die Verbesserung der Absprache über die Erledigung der Hausaufgaben zwischen Eltern und Lehrer. Durch solche Minimal-Interventionen soll eine sichtbare Veränderung erreicht werden, die Vertrauen in die Entwicklungsmöglichkeiten und die Möglichkeiten der Zusammenarbeit fördert.
7. Bei mehreren Interviews taucht der Gedanke auf, daß die Kontraktbildung mit dem Zentrum in den Schulen, in denen mehrmals einzelne Lehrer mit dem Zentrum zusammen gearbeitet haben, sich ausweitet von den einzelnen Lehrern über die Schulleitungen bis zu einem ganzen Kollegium, das sich an diese Zusammenarbeit mit dem Zentrum gewöhnt.

Neben den gemeinsamen Tätigkeiten wird in den Interviews von einer breiten Palette von Tätigkeiten berichtet, die die schulische Förderung betreffen und von den Sonderschullehrern wahrgenommen werden.
In der Diagnose-Phase beginnt dies mit der Ermittlung der Lernausgangslage und des Lernstandes, gegebenenfalls auch durch Tests. Damit wird ein klassisches

Merkmal der sonderpädagogischen Berufsrolle erhalten. Der Sonderschullehrer beachtet den Zusammenhang zwischen dem Leistungsbereich und dem Verhalten: So können Entmutigung und Mißerfolgserwartungen zu Unterrichtsstörungen führen. Leistungsförderung kann angezeigt sein, um das Selbstwertgefühl zu stärken und Lernwillen neu aufzubauen. In den Interviews wird jedoch darauf hingewiesen, daß Nachhilfe nicht intendiert ist, und daß bei komplexeren Problemen im Leistungsbereich die Förderung an eine sozialpädagogische Lernhilfe (nach KJHG) delegiert werden soll, die intensiver mit dem Kind arbeiten kann. Der Kontakt zum Lernhelfer ist dann die Aufgabe des Tandems. Förderung im schulischen Bereich kann geschehen durch Einzelstunden und durch Förderung im Klassenzimmer. Ein Sonderschullehrer nennt dies: „In die Klasse gehen und Regelungen mit dem Kind treffen“ und bezeichnet diese Regelungen als Verhaltensmodifikation im Klassenzimmer. Beispiele finden sich in verschiedenen Interviews; sie betreffen: Die Ordnung der Arbeitsmaterialien, Arbeitsverhalten, Konzentrationsvermögen. Ein Sonderschullehrer spricht von einem Umfang von sechs Förderstunden in der Woche durch den Sonderschullehrer im Klassenzimmer, in einem anderen Interview wird von sechs Wochenstunden über den Zeitraum von 9 Monaten berichtet. Aus der Reaktion der Gesprächspartner ist zu vermuten, daß dieser Umfang die Obergrenze darstellt.

Weitere Beispiele betreffen die Kommunikation zwischen Eltern und Lehrer, zum Beispiel durch ein Mitteilungsheft, das täglich geführt wird.

Im Hinblick auf methodische Ansatzpunkte in der Unterrichtsführung kann der Sonderschullehrer Rückmeldungen an den Regelschullehrer geben, soweit dieser dies wünscht oder dazu bereit ist. Als Beispiele tauchen auf: Die Sitzposition des Kindes, häufigeres Lob, wenn dies angebracht ist. Die positiven Beispiele in den Interviews sind im Vergleich zur Realität etwas schmal, weil in den Interviews die vergleichsweise seltenere Problematik, wenn Lehrer unwillig oder ungeschickt sind und Rückmeldungen schwierig sind, eine größere Rolle spielt.

Die besonderen Aufgaben der Sozialarbeiter liegen im Familienbereich, im Freizeitbereich und im Kontakt zu den sozialpädagogischen Einrichtungen und Diensten, die sich mit dem Kind beschäftigen. Aber auch Hinweise zum Sozialverhalten des Kindes in der Schule, zur Gruppenstruktur in der Schule und Klasse, zu Verhaltensmustern im Unterricht können aus der Position der Sozialarbeiter manchmal unverfänglicher und wirkungsvoller an die Regelschullehrer gegeben werden, wie einige Sozialarbeiter berichten.

Das Spezifische der sonderpädagogischen versus der sozialpädagogischen Profession wird von beiden Seiten mit der Methapher des spezifischen Blicks, oder der spezifischen Brille erklärt, der für die jeweils andere Seite wichtig wäre, um die eigene Sichtweise zu relativieren und zu erweitern.

Aus differenten Aussagen zwischen den einzelnen Tandems und Widersprüchen innerhalb der Aussagen lassen sich vier ungeklärte Bereiche im Selbstverständnis analysieren, die beide Berufsgruppen, Sozialarbeiter wie Sonderpädagogen, betreffen. Die Aussagen der einzelnen Personen scheinen weniger von ihrem Grundberuf, als von ihren beruflichen Biografien und ihren Orientierungen, die sie teilweise in Weiterbildungen erweitert haben, abzuhängen. In diesen unklaren Bereichen werden Antinomien des spezifischen Arbeitsfeldes deutlich, die zumeist nicht bewußt sind, was sich mitunter in einer Differenz zwischen den mitgeteilten theoretischen Begründungen und den erzählten Beispielen niederschlägt.

1. Auf der einen Seite wird in einem Tandem davon gesprochen, daß die Mitarbeiter des Zentrums selbst nichts zu verändern haben. Veränderung wäre nur Sache der Beteiligten; die Zentrumsmitarbeiter würden nur beobachten, denken, reden, Hypothesen bilden. Auf der anderen Seite wird von langandauernden und hochfrequenten (sechs Stunden wöchentlich) Förderungen des Kindes berichtet, bei der eine Beziehungskontinuität entsteht und bestimmte Fähigkeiten trainiert werden. Hier taucht ein Widerspruch zu den Aussagen auf, daß Vermitteln von Hilfeleistungen Priorität habe gegenüber selbst durchgeführten Fördermaßnahmen. Das Verhältnis des Stützlehrer-Konzepts mit dem Modus der Arbeit mit dem Kind zum Beratungs- oder Moderations-Konzept mit dem Modus der Arbeit für das Kind ist in den Aussagen der Tandems nicht reflektiert.
2. In der Arbeit mit den Eltern wird einerseits von einem Tandem betont, daß es sich nicht in das Familiensystem einmischt, sondern sich beschränkt auf die schulischen Verhaltensprobleme des Kindes und auf weitere Beratungsdienst verweist. Andererseits wird in anderen Interviews von massiven Interventionen in das Problemsystem Familie gesprochen und von Interventionen berichtet, die beispielsweise die Abschaffung eines Hundes bewirken, der als chaotisierend beschrieben wird. Die Grenze oder Nicht-Grenze zur Familientherapie ist konzeptionell nicht beschrieben.
3. Beim Umgang mit den Lehrern wird auf einer Ebene der Mitteilungen durchgängig auf ‚Kollegialen Austausch' gesetzt und direkte Anleitung als hierarchisch abgelehnt. Andererseits werden beraterische Verhältnisse beschrieben, die verschiedene komplementäre Beziehungsformen enthalten: In einem Fall gehen Rückmeldungen an die Lehrer, falls sie dies wünschen, bis in deren Persönlichkeitsbereich; in einem anderen Fall nimmt das Tandem die Nöte der Lehrer in einer geradezu seelsorgerischen Haltung an und gibt Entlastungen; in anderen Fällen erfolgen direktive Interventionen. Wenn in Extremfällen eine „gestörte Lehrerpersönlichkeit" oder ein „langweiliger Unterricht" oder „handwerkliche Fehler" als eine Ursache der Probleme entdeckt werden, kann das Modell des Kollegialen Austausches nicht ohne weitere Differenzierungen aufrecht erhalten werden. Diese Differenzierungen sind noch nicht im Bewußtsein des Teams. Dies ist allerdings nicht verwunderlich, da auch in der internationalen Literatur hierzu noch erheblicher Diskussionsbedarf besteht (vgl. Reiser u. a. 1999, Sandoval 1996).

4. Die professionsspezifische Aufgabenverteilung ist durch die Ablösung vom Förderort (beide Professionen arbeiten sowohl in der Schule wie außerhalb) und die Bestimmung durch die Funktion (unterrichtsbezogen versus sozialpädagogisch) nicht hinreichend geklärt. Pragmatisch mag dies damit zusammenhängen, daß das Vorgehen in der Förderphase noch nicht so systematisch bearbeitet worden ist, wie das in der Diagnostikphase. Es scheint jedoch ein strukturelles Problem zugrunde zu liegen. Die Mitarbeiter des Zentrums sind vor die Aufgabe gestellt, einerseits die Systeme Schule und Jugendhilfe in einer kooperativen Verbindung zusammenzuhalten. Hieraus ergibt sich die Antinomie, sich einerseits als Mitglied des jeweiligen Herkunftssystems zu definieren, um eine Brücke für die Mitglieder des eigenen und des fremden Systems anzubieten, und andererseits eine neue gemeinsame Identität als Mitarbeiter/in des Zentrums zu entwickeln. In den Interviews finden sich viele Hinweise auf daraus erwachsende Spannungen und Konkurrenzverhältnisse, die jedoch nie direkt angesprochen werden. Es scheint in der gegenwärtigen Phase der Entwicklung notwendig zu sein, das Thema der Konkurrenz zwischen den Professionen – jedenfalls in Äußerungen nach außen – auszuklammern.

In zwei der sechs Tandeminterviews zeigen sich während des Gesprächs deutliche Verwirrungen in der Kommunikation zwischen den Tandemspartnern. Angesichts der Schwierigkeiten der Kooperation in solch komplexen Situationen und bei immer wieder wechselnden Tandemspartnern ist dies nicht verwunderlich; dennoch scheint nach ihren Aussagen die Kooperation zu gelingen. Die Schilderungen in den Interviews legen die Vermutung nahe, daß die starke Strukturierung durch das Ablaufkonzept eine Hilfe ist, Kommunikationsschwierigkeiten zu kanalisieren.
Auch die interne Beratung durch die Fallbesprechung im Team, durch die Beratung mit der Leitung und durch die Supervision wird als hilfreich für die Zusammenarbeit im Tandem angegeben.

5 Bedingungen der professionellen Erweiterung der Sonderpädagogenrolle

Anhand der Entwicklung der Tätigkeiten, der Rollenausübung und des Selbstverständnisses der Sonderpädagogen in der hochspezialiserten Einrichtung ‚Zentrum für Erziehungshilfe‘, die über sechs Jahre hinweg verfolgt werden konnte, läßt sich schließen, daß Sonderpädagogen eine produktive Mittlerstelle zwischen der Schulpädagogik und der Sozialpädagogik einnehmen können. Aufgrund ihrer kritischen Distanz zum Schulsystem, dem sie für die Entstehung von Lern- und Verhaltensproblemen eine erhebliche Mitbeteiligung zusprechen, können sie sich in einem durch Supervision und Fortbildung begleiteten Prozeß aus den Gewohnheiten, die durch die Mitgliedschaft im Schulsystem geprägt worden sind, lösen, ohne das Verständnis für die Regeln des Schulsystems und die Anschlußmöglichkeiten an die schulinterne Kommunikation zu verlieren. Dieser Prozeß wird durch die enge Zusammenarbeit mit Sozialarbeitern angestoßen, bei der sich der ‚Lehrerblick aufweicht', schulische Gewohnheiten bewußt werden und Handlungsmöglichkeiten erweitert werden. Professsionstheoretisch ist dazu allerdings die Voraussetzung die Etablierung einer Organisation mit stabilen Kommunikationsstrukturen und festgelegten operativen Regeln, die den professionellen Habitus, der von der Institution Schule geprägt wurde, umformt.

Falls dieser Prozeß gelingt, scheint der Einsatz der Berufsgruppe von Sonderpädagogen für Lern- und Erziehungshilfe für die Aufgabe der ambulanten Beratung und Förderung in Zusammenarbeit mit Sozialarbeitern viele Vorteile zu bieten im Vergleich zum Einsatz anderer Berufsgruppen, wie etwa der schulinternen Beratungslehrer. Allerdings ist es hierfür auch eine Voraussetzung, daß der schulpsychologische Dienst nicht in konkurrierender Aktivität steht, sondern die Verschiebung der professionellen Schwerpunkte unterstützt, da er sich auf andere Tätigkeitsbereiche – wie zum Beispiel die Systemberatung – konzentriert. Dennoch muß selbst in diesem Fall einer gelingenden professionellen Neubestimmung konstatiert werden, daß die Sonderpädagogen, die in diesen neuen Tätigkeitsformen eingesetzt werden, Antinomien zu bewältigen haben, auf die sie weder von ihrer Ausbildung noch von ihrer Berufserfahrung her vorbereitet sind. Dies hat einerseits mit einem Mangel an konkreter Forschung und gegenstandsbegründeter Theoriebildung zu tun. Wissenschaftliche Begleitungen dieser neuen Tätigkeitsform im Bereich Erziehungshilfe sind ausgesprochen selten und ungenügend ausgestattet. Andererseits verweist dieser Befund auf den dringenden Bedarf sowohl von tätigkeitsbegleitender Fortbildung wie von Supervision für das Personal und Organisationsentwicklung für die Einrichtungen.

Daß die professionelle Erweiterung im Team des Zentrums für Erziehungshilfe der Stadt Frankfurt am Main offensichtlich gelingt, ist vermutlich mit darauf zurückzuführen, daß in der Vergangenheit in diese beide Bereiche investiert wurde. Supervision, Beratung für die Entwicklung von Arbeitsformen, schulinterne Fortbildung und Zeit für die Qualitätssicherung durch die interne Beratung mit dem Team und der Leitung sind kontinuierlicher Bedarf für Einrichtungen, die mit der Komplexität des Feldes in der Erziehungshilfe arbeiten.

Die Eingangsfrage, ob sich die Sonderpädagogik in diesem neuen Aufgabenfeld auf dem Weg befindet, zur Sozialarbeit zu mutieren, läßt sich nach diesen Befunden so beantworten, daß die Zusammenarbeit mit der Sozialarbeit, die ihren Platz behauptet, eine völlige Verschiebung der professionellen Identität verhindert. Wenn Sonderschullehrer diese Aufgaben alleine, ohne die formalisierte und obligate Zusammenarbeit mit Sozialarbeitern wahrnehmen würden, würde vermutlich eine weitergehende Verschiebung des Berufsbildes einsetzen. Andererseits ist eine Neukonturierung des Berufsbildes und der professionellen Identität der Sonderpädagogen noch nicht abgeschlossen.

Literatur

Baur, Jörg (1997): Kooperation Jugendhilfe und Schule. Heidelberg. Univ.-Verlag C. Winter

Bundschuh, Konrad (1985): Dimensionen der Förderdiagnostik bei Kindern mit Lern-, Verhaltens - und Entwicklungsproblemen. München/Basel, Ernst Reinhardt

Combe, Arno/Helsper, Werner (Hrsg.) (1996): Pädagogische Professionalität. Untersuchungen zum Typus pädagogischen Handelns. Frankfurt/Main, Suhrkamp

Deppe-Wolfinger, Helga/Prengel, Annedore/Reiser, Helmut (1990): Integrative Pädagogik in der Grundschule. München, Juventa

Eggert, Dietrich (1997): Von den Stärken ausgehen. Individuelle Entwicklungspläne in der Lernförderungsdiagnostik. Dortmund, Borgmann

Erchul, William P./Martens, Brian K. (1997): School Consultation: Conceptual and Empirical Bases of Practice. New York (u. a.), Plenum Press

Evolog (1999): Interner Ergebnisbericht des Projekts: Methodische Optimierung. Unveröffentlicht

Haeberlin, Urs/Jenny-Fuchs, Elisabeth/Moser Opitz, Elisabeth (1992): Zusammenarbeit. Bern, Haupt

Kornmann, Reimer/Meister, Hans/Schlee, J. (Hrsg.) (1983): Förderungsdiagnostik. Konzepte und Realisierungsmöglichkeiten. Heidelberg, Schindele

Kreie, Gisela (1985): Integrative Kooperation. Über die Zusammenarbeit von Sonderschullehreren und Grundschullehrern. Weinheim/Basel (Beltz)

Loeken, Hiltrud (1999a): Unveröffentlichtes Thesenpapier zur Dissertation

Loeken, Hiltrud1999b): Berufsidentität und Teamarbeit. Einzelfallstudie zum Aufbau einer innovativen Organisation der Schulischen Erziehungshilfe im Verbund mit der Jugendhilfe. Dissertation Frankfurt am Main (J.-W.-Goethe Universität)

Loeken, Hiltrud (1999c): Paradigmenwechsel in der Sonderpädagogik. In: Grubmüiller, J./Hinz, A./ Loeken, H./Moser, V. In: Schmetz, D./Wachtel, P. (Hrsg.): Entwicklungen – Standorte, – Perspektiven. Materialband zum sonderpädagogischen Kongreß des vds 1998. Würzburg, vda, ww.vds-bundesverband.de

Mutzeck, Wolfgang (1997): Koopoerative Beratung. 2. Auflage. Weinheim, Deutscher Studien Verlag

Oevermann, Ulrich (1996): Theoretische Skizze einer revidierten Theorie professionalisierten Handelns. In: Combe, A/Helsper, W., a. a. O., 183-275

Opp, Günther (1998): Reflexive Professionalität. In: Zeitschrift für Heilpädagogik 49. Jg, Heft 4, 148-158

Reiser, Helmut (1996a): Arbeitsplatzbeschreibungen – Veränderungen der sonderpädagogischen Berufsrolle. In: Zeitschrift für Heilpädagogik 47 Jg., Heft 5, 178-186

Reiser, Helmut (1996b): Ambulante Sonderpädagogik und Jugendhilfe in der Zusammenarbeit. Ein Werkstattbericht. In: Opp, G./Peterander, F.(Hrsg.): Focus Heilpädagogik. Projekt Zukunft. München/Basel, Ernst Reinhardt

Reiser, Helmut (1998): Sonderpädagogik als Service-Leistung In: Zeitschrift für Heilpädagogik. 49. Jg. Heft 2, 46-54

Reiser, Helmut (2000): Jugendhilfe und Schule – Chancen und Probleme einer schwierigen Partnerschaft. In: System Schule (in Vorbereitung)

Reiser, Helmut/Loeken, Hiltrud (1993): Das Zentrum für Erziehungshilfe der Stadt Frankfurt am Main. Kooperation von Schule und Jugendhilfe. Oberbiel, Jarick

Reiser, Helmut/Loeken Hiltrud (1995): Die Themenzentierte Interaktion in der pädagogischen Begleitforschung. In: Portele, G./Heger, M.: Hochschule und Lebendiges Lernen. Weinheim, Deutscher Studienverlag

Reiser, Helmut/Hüper, Lars/Urban, Michael/Willmann, Marc (2000): Vorüberlegungen zu einer gegenstandsbegründeten Theorie der sonderpädagogischen Beratung von Lehrkräften zu Erziehungsproblemen in der Schule. In: Albrecht, F./Hinz, A./Moser, Vera (Hrsg.): Perspektiven der Sonderpädagogik. Disziplin- und professionsbezogene Standortbestimmungen. Neuwied, Luchterhand, 211-226

Sandoval, Jonathan (1996): Constructivism, Consultee-centered Consultation and Conceptual Change. In: Journal of Educational and Psychological Consultation, 7 (1),89 -97

Strauss, Anselm L./Corbin, Juliet (1994): Basics of Qualitative Research: Grounded Theory Procedures and Techniques. Sage Publ.

Wimmer, Michael (1996): Zerfall des Allgemeinen – Wiederkehr des Singulären. Pädagogische Professionalität und der Wert des Wissens. In: Combe, A./Helsper, W., a. a. O., 404-447

Helmut Reiser

Zum Fortschritt einer Diskussion um Theorie und Praxis – ein kurzer Blick auf den alten aktuellen Fachdiskurs um Integration und Inklusion

H. Reiser
(2003)

Vom Begriff Integration zum Begriff Inklusion. Was kann mit dem Begriffswechsel angestoßen werden?

Sonderpädagogische Förderung, 48(4), 305-312

Ist in dem vorhergehenden Beitrag der Begriff der Integration in seiner Gegenüberstellung zu dem der Inklusion „nur" der Ausgangspunkt zum Nachdenken über die (Fehl-)Entwicklungen integrativer Praxis, so wird in diesem folgenden Beitrag das Thema auf theoretischer Ebene bearbeitet. Es geht um das Verständnis von Integration, um den Integrationsbegriff und den ihm gegenübergestellten Begriff der Inklusion. Dieser wird in Opposition zur Integrationspraxis gestellt, die sich allzu oft als „integrierte Selektion" erweist (HR in diesem Beitrag). Helmut Reiser trägt zur Begriffsklärung bei und schlägt eine professionstheoretische Auseinandersetzung vor, in der die Funktionen der Sonderpädagogik und der allgemeinen Pädagogik/Regelpädagogik neu bestimmt werden.

Vom Begriff Integration zum Begriff Inklusion. Was kann mit dem Begriffswechsel angestoßen werden? (2003)

Zusammenfassung: Der Wechsel des Begriffs löst verschiedene Assoziationen aus, die von der stärkeren Akzentuierung der sozialen Integration mit dem Begriff Inklusion über die bloße Übernahme einer angelsächsischen Vokabel bis zum systemtheoretischen Begriffspaar Exklusion/Inklusion reichen. Realer Hintergrund ist die Unzufriedenheit mit dem quantitativen und qualitativen Stagnieren der schulischen Integration in Deutschland. Der neue Begriff bringt keine theoretische Vertiefung oder Erweiterung mit sich, sondern eine Perspektivenverschiebung auf gesellschaftlich bedingte Strukturen des Bildungssystems. Es wird vorgeschlagen, die Rolle der Sonderpädagogik in den Exklusions- und Inklusionsprozessen professionstheoretisch zu diskutieren.

1. Semantische Konnotationen

Der Austausch eines bekannten Begriffs mit einem unvertrauten, der auf den ersten Blick das gleiche Bedeutungsfeld bezeichnet, hat auf Anhieb einen – gewollten – Effekt: Er löst Irritation aus. Man fragt sich: Was ist daran anders, was ist neu? Was ist gemeint? Stimmt etwas nicht mit dem alten Begriff oder gar mit der Sache, die er bezeichnet?
Auf den ersten Blick scheint in der Alltagsbedeutung kein Unterschied beider Begriffe zu bestehen. Geht man auf den lateinischen Ursprung der Begriffe zurück,

stößt man auf eine minimale Differenz: Integratio bedeutet Wiederherstellung, integrare bedeutet wiederherstellen oder erneuern. Inclusio bedeutet Einschluss, includere einschließen, einengen oder hineinbringen. Im Zielpunkt sind beide Bedeutungsvarianten gleich, es geht um die Herstellung einer Einheit. In der Ausgangslage dieses Prozesses schwingt bei integratio eine vorherige Trennung oder Versehrung mit, bei inclusio die Ausübung eines Zwanges. Beide Assoziationen könnten im heutigen Sprachgebrauch als unbewusste Konnotationen noch eine Rolle spielen; Integration mit dem Ausgangspunkt einer Beeinträchtigung oder Benachteiligung und der Wiederherstellung der Unversehrtheit, Inklusion mit dem Ausgangspunkt einer strukturell determinierten sozialen Einbeziehung. Diese Konnotationen verweisen im pädagogischen Sprachgebrauch bei Inklusion mehr auf soziale und gesellschaftliche Prozesse, bei Integration mehr auf interaktive Prozesse. Der Terminus soziale Integration, wie er in der pädagogischen Diskussion benutzt wird (z. B. Deppe-Wolfinger/Reiser/Loeken 1994; Klicpera/Gasteiger-Klicpera 2003), bezieht sich auf die interaktionelle Aufnahme von Kindern in Freizeitangebote, Schulklassen, Kommunikations- und Bildungsprozesse. In diesem Sinne wurde geschrieben von „Integrativer Pädagogik" (Deppe-Wolfinger/Prengel/Reiser 1990), „Integrativem Unterricht" (Feuser/Meyer 1987), „Integrativer Erziehung im Kindergarten" usf.

Ein Gegenbegriff zu Integration ist Segregation (lateinisch: segregatio, Absonderung), der Gegenbegriff zu Inklusion ist Exklusion, was auf den Ausschluss aus einem sozialen System verweist, womit die Differenz zwischen beiden Begriffen wieder aufgehoben wäre. Ein weiterer Gegenbegriff zu Integration könnte Desintegration sein, wobei die Konnotation eines ungeordneten, dysfunktionalen Zustands innerhalb eines Systems mitschwingt.

Exklusion bezeichnet eindeutiger den sozialen Ausschluss. In diesem Sinne werden mit dem Begriffspaar Exklusion/Inklusion Systemeigenschaften benannt: „Gliederung des deutschen Schulsystems und pädagogische Praxis lassen sich mit Recht als Ausdruck einer exklusiven (aussondernden) nicht einer inklusiven (fördernden) Pädagogik bezeichnen." (Lange 2003, 36)

Eine Zuspitzung erhält diese mögliche Differenz, wenn das Begriffspaar Inklusion/Exklusion im Kontext der Luhmannschen Systemtheorie verwendet wird (siehe unten).

Eine andere Vermutung könnte sein, dass es sich bei dem Terminus Inklusion um die Übernahme des angloamerikanischen Begriffs „inclusion" durch seine Übersetzung handelt. Sander (2002, 152 f.) weist darauf hin, dass beispielsweise in der Charta von Luxemburg nur in der englischen Fassung die „Schule für alle" durch den Terminus „inclusive education" erläutert wird und in allen anderen europäischen Sprachen Termini mit dem Wortstamm integrare verwendet werden. Er führt aus (2002, 151 f.), dass auch in der amerikanischen Literatur eine synonyme Verwendung von integration und inclusion vorzufinden ist.

Möglicherweise klingt die Bezeichnung „inclusive education" prägnanter und interessanter als die Bezeichnung „integrative Erziehung", und die Forderung nach „full inclusion" eindrucksvoller als der in Ideologieverdacht geratene Ruf nach „völliger" – oder gar „totaler" – „Integration". Hier mag derselbe Effekt nach einer Imageveränderung eine Rolle spielen, der die Deutsche Bahn veranlasst, statt der antiquierten „Schalter" neuerdings „Counter" anzubieten.

2 Kritik an der Praxis der Integration

Der Begriffswechsel vollzieht sich auf dem Hintergrund einer massiven Kritik daran, welche praktische Verwendung der Begriff Integration derzeit in Deutschland findet, und was alles als Integration firmiert (Hinz 2000). Auf breiter Front haben sich unter dem Druck der selektiven Tendenzen des deutschen Bildungssystems Deformationsprozesse des Reformansatzes, der „Integration" auf seine Fahne geschrieben hatte, durchgesetzt. Integration als Schulreformansatz ist in Deutschland nicht nur quantitativ (Reiser 2002a), sondern auch qualitativ (Reiser 2002b) stecken geblieben. Hier interessiert vor allem die qualitative Deformierung: Sonderpädagogen arbeiten z. B. in Grundschulen mit etikettierten Kindern in besonderen Gruppen, das heißt äußere Differenzierung als versteckte Selektion unter der Firmierung Integration. Sonderpädagogen akquirieren neues sonderpädagogisches Klientel in Regelschulen, ohne dass sich ihr Klientel in Sonderschulen verringert und ohne dass sich – und das ist entscheidend – die Regelschule selbst befähigt, für diese Kinder Verantwortung zu übernehmen und sie einzubeziehen. Die sonderpädagogische Fokussierung auf die „Förderung" der Kinder und der Mythos, die Sonderpädagogik verfüge auf Grund ihrer Erfahrungen in den segregierten Förderinstitutionen über die besten Instrumente der Förderung, führt zu einem unheilvollen Kreislauf der Abgabe der Zuständigkeit für Kinder mit Lern- und Entwicklungsproblemen an die Sonderpädagogik und der Annahme der Zuständigkeit durch die Sonderpädagogik. Es lässt sich derzeit nicht feststellen, in welchem Umfang Integrationspraktiken im Sinne der integrationspädagogischen Theorie arbeiten und in welchem Umfang Umformungen aufgetreten sind. Eine Verallgemeinerung wäre sicher unzulässig. Dennoch scheint insgesamt – aus den Zahlen der sonderpädagogischen Förderung zu schließen (Reiser 2002a) – die Entwicklung mehr in die Richtung der Erweiterung sonderpädagogischer Dienste zu gehen, als in die Richtung der Verlagerung sonderpädagogischer Ressourcen in die allgemeinen Schulen.

Die sonderpädagogische Serviceleistung mündet allzu oft in die „integrierte Selektion", wie ich die heimliche und unheimliche Übernahme der Verantwortung für etikettierte Kinder durch Sonderpädagogen bezeichnen möchte, statt in die Unterstützung der regelpädagogischen Lehrkräfte bei der Einbeziehung der Kinder. Der Begriff „Inklusion" mit der starken Konnotation der sozialen Einbeziehung markiert einen Zielpunkt möglicher sonderpädagogischer Serviceleistungen, an

dem die Zuständigkeit für die Kinder und die Federführung pädagogischer Prozesse in der Hand der regelpädagogischen Lehrkräfte verbleiben.
Die Faktoren der Stagnation der Integration in Deutschland sind vielfältig (Reiser 2002b, 406 ff.). Ohne in die ahistorische und undifferenzierte Polemik gegen die Sonderpädagogik oder gar die Sonderpädagogen verfallen zu wollen, wie sie Hänsel (2003) vorträgt, bleibt doch festzuhalten, dass die sonderpädagogischen Bemühungen, die Integration „ihrer" Klientel in die Regelschulen zu betreiben, auch von „strategischen Fehlern" (Reiser 2002b, 410) gekennzeichnet waren. Der Kern der strategischen Fehler bestand und besteht darin, bestimmte Kinder als „ihre Klientel" zu betrachten. In der gewohnten Stellvertreter-Haltung wurde und wird es als die Aufgabe der Sonderpädagogen betrachtet, die optimale „Förderung" sicher zu stellen, anstatt sich an dem Bedarf der Schule und der Lehrer nach Unterstützung zu orientieren.
Der Wechsel des Zielbegriffs (Inklusion statt Integration) hat den Hintergrund, dass die mit dem alten Begriff verbundene Praxis defizitär geworden ist. Die visionäre Kraft des Begriffs Integration scheint abgenutzt.

3 Vertiefung und Erweiterung oder Perspektivenverschiebung

Sander versteht unter „Inklusion" unter Verweis auf Hinz eine „optimierte und erweiterte" Integration (2002, 149 f.) Er zitiert Bintinger und Wilhelm, die von einer Vertiefung des Integrationskonzepts durch das Inklusionskonzept sprechen. Hinz merkt an, dass „Inclusive Education als theoretischer Reflex eines geschärften Fokus angesichts einer konzeptionell verflachten und zunehmend problematischen Praxisentwicklung verstanden werden kann – wenngleich der inflationäre Gebrauch des Inclusion-Begriffs ebenfalls bereits voranschreitet" (Hinz 2000b, 230; zum inflationärem Gebrauch siehe Boban 2000, 238 ff.). Auch wenn ich der Diagnose der Praxisentwicklung zustimme, bezweifle ich die Aussage, es handle sich um einen theoretischen Reflex. Die in der deutschen Integrationsforschung erarbeiteten Konzepte (z. B. die Konzeptualisierung integrativer Bildung und Kooperation durch Feuser, das Konzept integrativer Prozesse nach Reiser, die Pädagogik der Vielfalt nach Prengel) erfahren nach meinem Urteil durch ein Konzept der „Inklusion" keine wesentliche theoretische Vertiefung oder Erweiterung. Umformungsprozesse, die das Integrationskonzept in der Praxis deformieren, sind mit Hilfe dieser Konzepte beschreibbar, abgrenzbar und keineswegs überraschend und betreffen die Praxisebene, nicht die Theorie- oder Konzeptebene. Die theoretischen Integrationskonzepte beziehen sich nicht nur auf interaktionelle, sondern auch auf gesellschaftliche Bezüge. Deppe-Wolfinger (2002, 42 ff.) reflektiert die Entwicklung des Integrationsbegriffs in der deutschen Integrationspädagogik und setzt sie in Beziehung zum Begriff der Solidarität. Sie kommt zu dem Ergebnis, dass sich Integration als Kategorie befasst „mit den pädagogischen, institutionellen und gesellschaftlichen Bedingungen, unter denen Kinder lernen oder am

Lernen gehindert werden“ (ebd., 45). So unterschiedlich die Zugänge der Integrationspädagogik sind, „ihnen ist gemeinsam die Abkehr von personenbezogenen, defektologischen Begründungszusammenhängen für oder gegen Integration oder Separation“ (ebd.).

Theoretisch scheint es mir fragwürdig, die Begriffe Integration und Inklusion als Leitbegriffe unterscheidbarer Konzepte gegeneinander zu setzen, wie dies Hinz (2002, 359) versucht. Systemtheoretisch lässt sich Integration einsetzen als Begriff für einen Prozess, in dem ein soziales System solche operativen Regeln entwickelt, mit denen die Grenzziehung zwischen exkludierten und inkludierten Elementen (Personen oder Kommunikationen) so verändert wird, dass zuvor exkludierte oder von Exklusion bedrohte Elemente inkludiert werden. Einen neuen theoretischen Ansatz könnte man m. E. von einer systemtheoretischen Neuformulierung der durch Integration gestellten Aufgabe erwarten, nicht aber durch einen programmatischen Begriffswechsel, der einen Reflex auf eine unbefriedigende Praxis darstellt. Es wäre doch naiv zu glauben, dass sich die unerwünschten Entwicklungen der Praxis, die ja ihre strukturellen Verankerungen haben, unter einem neuen Begriff nicht fortsetzten.

Ich würde eher davon sprechen, dass die Forderung nach Inklusion ein Ergebnis der integrationspädagogischen Diskussion pointiert formuliert und mit einer programmatischen Verschiebung der Perspektive beantwortet.

Die „neue“ Perspektive, die m. E. das Ergebnis der „alten“ Integrationsdiskussion ist, geht nicht mehr aus von einer Parteinahme ausschließlich für Behinderte und Benachteiligte, sondern von einer Parteinahme für ein inklusives System, das heißt nicht mehr von einem partikulären und parteilichen Standpunkt, sondern von einem allgemeinen und für alle Personen anzuwendenden. Diese Perspektive ist deshalb interessant, weil sie geeignet ist, die sonderpädagogische Profession im Kern in Frage zu stellen. In der wissenschaftlichen integrationspädagogischen Diskussion hat sich dieser Gedanke immer mehr verfestigt, aber in der Integrationspraxis ist dieser Gedanke nicht genügend durchgedrungen: die professionsspezifischen Interessen haben ihn zumeist verdrängt. Die Rede von Inklusion an Stelle von Integration scheint mir geeignet, hier einen neuen Impuls zu setzen.

4 Inklusion, sonderpädagogisches Handeln und pädagogische Professionalität

Die Integrationsbewegung ging aus von zwei Interessen: Vom Interesse der Eltern behinderter Kinder an sozialer Integration ihrer Kinder und vom Interesse der Sonderpädagogen an den – von ihnen angenommenen – Bedürfnissen dieser Kinder auf besondere Förderung. In der Entwicklung der Praxis hat sich der erste Ausgangspunkt mit der Hereinnahme der „Kellerkinder“ verändert. Die soziale Integration von Kindern mit Lern- und Verhaltensschwierigkeiten wurde und wird im Allgemeinen nicht von deren Eltern vertreten, sondern muss zum Interesse der Pädagogen werden. Der zweite Ausgangspunkt ist nur in der theoretischen Konzeptentwicklung durch Gedanken der Kooperation zwischen den Pädagogen verschiedener Spezialisierungen modifiziert worden, in der Praxis ist er als Bollwerk der sonderpädagogischen Selbstbestätigung unerschüttert geblieben – unterstützt durch die Fremdeinschätzungen derjenigen Pädagogen, die durch die Zuständigkeit der Sonderpädagogen für schwierige Lern- und Erziehungssituationen entlastet werden.

Obwohl Teile der Sonderpädagogik in heftigen Auseinandersetzungen mit den konservativen Strömungen innerhalb und außerhalb der Sonderpädagogik für Integrationskonzepte eingetreten sind, und obwohl sich in vielfältiger Weise Ausdifferenzierungen der sonderpädagogischen Unterstützungsangebote entwickeln, gilt doch nach wie vor die Erkennung und die Befriedigung besonderer Förderbedürfnisse von Kindern als Kern sonderpädagogischen Handelns – auch in Integrationsmodellen.

Dies hat zur Folge, dass nicht die Unterstützung der Lehrkräfte und der Schule im Mittelpunkt der sonderpädagogischen Arbeit steht, sondern die direkte Arbeit mit Kindern, und dass die regelpädagogischen Lehrkräfte und Institutionen mehr als Anspruchsadressaten statt als Ansprechpartner wahrgenommen werden. Ein interessantes Gedankenspiel ist, sich ein Szenario der Inklusion ohne das Bestehen einer sonderpädagogischen Profession auszumalen. Die Funktionen, die zurzeit von Sonderpädagogen ausgeübt werden, würden auch in einem solchen Szenario notwendig erscheinen, aber sie würden differenzierter, auf verschiedenen Niveaustufen und in verschiedenen Arbeitsbereichen beschrieben werden können: Es könnte gedacht werden an Integrationsassistenten, die Erziehung und Unterricht unterstützen; an Ko-Lehrer, die in Doppelbesetzung unterrichten; an sonderpädagogische Berater, die nicht mit dem Kind, sondern nur noch für das Kind mit den erwachsenen Bezugspersonen arbeiten; an schulintegrierte Präventionslehrer; an integrationspädagogische Koordinatoren (in England: Special Education Needs Coordinators) und anderes mehr, was sich in der Praxis in Deutschland bereits bewährt hat. Wenn man Erfahrungen aus dem Ausland hinzu nimmt, zeigt sich, dass diese unterschiedlichen Funktionen nicht nur von Sonderpädagogen ausgeübt werden können, sondern auch von Sozialarbeitern, Regellehrkräften mit speziellen Weiterbildungen, Psychologen, Therapeuten, ja von nicht akademisch geschultem besonderem Personal wie den Lern-Mentoren (learning mentors).

Sicher werden auch Ausbildungen nötig sein, die zu sonderpädagogischem Handeln, auch in der Rolle als Lehrer, in rehabilitativen sonderpädagogischen Einrichtungen qualifizieren. Denn die Fixierung auf „full inclusion“ hat sich m. E. auch durch die Praxis, die sich in den Ländern entwickelt hat, in denen die Inklusion am weitesten vorangeschritten ist, als nicht realistisch erwiesen. Gemessen an den deutschen Quoten der Etikettierung mit sonderpädagogischem Förderbedarf könnte es sich hierbei jedoch nur um weniger als ein Viertel der heute in Deutsch-

land etikettierten Kinder handeln, die in rehabilitativen Einrichtungen beschult werden müssten. Der Standard dieser Einrichtungen ebenso wie der Standard der Ausbildung für die Arbeit in ihnen wäre wesentlich anspruchsvoller als der Standard der heutigen Sonderschulen und der Tätigkeit in ihnen.
Ich glaube nicht, dass der Verzicht auf sonderpädagogische Ausbildungen hilfreich wäre. Ich denke jedoch, dass für differenzierte Unterstützungsfunktionen auch die sonderpädagogischen Ausbildungen diversifiziert werden müssten und der Sonderschullehrer als Prototyp des Sonderpädagogen abgelöst werden müsste (Reiser 2002b, 415 f.). Das Gedankenspiel ist hilfreich, um den Standort und damit die Perspektive zu verändern: Es geht nicht um die sonderpädagogische Förderung, sondern um Inklusion.
Der Begriff Inklusion taucht aus einem anderen Zusammenhang mit der Rezeption systemtheoretischer Annahmen in der Debatte über pädagogische Professionalität auf, die in letzter Zeit auch in der Sonderpädagogik geführt wird (siehe Dlugosch 2003; Moser 2003).
Sasse und Moser (2003, 341) führen den Begriff Soziale Inklusion als Aspekt eines funktionalen Bildungsbegriffs für die Sonderpädagogik und die Sozialpädagogik ein. Sie diskutieren den Ansatz, dass nicht mehr die Gegenstandsbestimmung über die Begriffe Behinderung (Sonderpädagogik) und Benachteiligung (Sozialpädagogik) disziplinkonstituierend sei, sondern die Funktionsbestimmung, und kommen zum Ergebnis, dass „beide Disziplinen … zu klären (haben), wie Bildungsprozesse bestimmter Qualitäten, die bislang als Behinderung/Benachteiligung bezeichnet werden, zu sozialer Inklusion beitragen können" (ebd. 346). Nach Moser (2003) „kann ein neuer Bildungsbegriff die soziale Problembeschreibung „Exklusion" in den Blick nehmen … Sonderpädagogisches Handeln wäre von hier aus zu beschreiben als subsidiär eingebunden in die allgemeinen Organisationsformen des Erziehungssystems zur Bearbeitung tendenzieller Exklusion" (ebd. 160). Das Modell von Dlugosch (2003), das die Sonderpädagogik am Beispiel der ambulanten sonderpädagogischen Erziehungshilfe in einer Meta-Position bei der Fallbearbeitung sieht, beschreibt die Verortung im Erziehungssystem in einer spezifischen Funktion der Unterstützung von Inklusion.
Die Diskussion zu diesen Fragen ist gerade erst eröffnet. Auf der einen Seite muss gefragt werden, ob die rehabilitativen Funktionen der Sonderpädagogik mit dieser Verortung hinreichend erfasst sind, auf der anderen Seite – sozusagen in die Gegenrichtung – ist es fragwürdig, ob Sonderpädagogik noch als eine Teildisziplin oder gar als eine Profession verstanden werden kann, da die Funktion der Bearbeitung von Exklusion und Inklusion keine spezielle und abtrennbare ist. Radikaler kann die Antwort ausfallen, wenn zunächst auf die Vorstellung der Sonderpädagogik als Teildisziplin verzichtet wird, und die Funktion der sozialen Inklusion als eine allgemeinpädagogische verstanden wird, die in diversen professionellen Ausprägungen ihren Niederschlag findet.

Sonst besteht die Gefahr, dass diese Funktion nach wie vor exklusiv der Sonderpädagogik zugewiesen wird. Die Exklusivität der Disziplin Sonderpädagogik verhindert die Inklusion der Personen, die sie als ihr Klientel betrachtet.

Literatur

Boban, Ines: It's not Inclusion – Der Traum von einer Schule für alle Kinder. In: Hans, Maren/Ginnold, Antje (Hrsg.): Integration von Menschen mit Behinderung – Entwicklungen in Europa. Neuwied/Berlin 2000, 238-247

Deppe-Wolfinger, Helga: Integration und Solidarität. In: Warzecha, Birgit (Hrsg.): Zur Relevanz des Dialogs in Erziehungswissenschaft, Behindertenpädagogik, Beratung und Therapie. Münster/Hamburg/London 2002, 39-57

Deppe-Wolfinger, Helga/Prengel, Annedore/Reiser, Helmut: Integrative Pädagogik in der Grundschule. München 1990

Deppe-Wolfinger, Helga/Reiser Helmut/Loeken, Hiltrud: Soziale Integration von SchülerInnen mit sonderpädagogischem Förderbedarf. In: Behindertenpädagogik 33 (1994) 3, 289-312

Dlugosch, Andrea: Professionelle Entwicklung und Biografie. Impulse für universitäre Bildungsprozesse im Kontext schulischer Erziehungshilfe. Bad Heilbrunn 2003

Feuser, Georg/Meyer, Heike: Integrativer Unterricht in der Grundschule. Oberbiel 1987

Hänsel, Dagmar: Die Sonderschule – ein blinder Fleck in der Schulsystemforschung. In: Zeitschrift für Pädagogik 48 (2003) 4, 591-609

Hinz, Andreas: Sonderpädagogik im Rahmen von Pädagogik der Vielfalt und Inclusive Education. In: Albrecht, Friedrich/Hinz, Andreas/Moser, Vera (Hrsg.): Perspektiven der Sonderpädagogik. Neuwied/Berlin 2000a, 124-140

Hinz, Andreas: Vom halbvollen und halbleeren Glas der Integration – Gemeinsame Erziehung in der Bundesrepublik Deutschland. In: Hans, Maren/Ginnold, Antje: Integration von Menschen mit Behinderungen – Entwicklungen in Europa. Neuwied/Berlin 2000, 230-237

Hinz, Andreas: Von der Integration zur Inklusion – terminologisches Spiel oder konzeptionelle Weiterentwicklung? In: Zeitschrift für Heilpädagogik 53 (2002) 9, 354-361

Klicpera, Christian/Gasteiger-Klicpera, Barbara: Förderung der sozialen Integration von Schülern mit Behinderungen. In: Zeitschrift für Heilpädagogik 54 (2003) 7, 278-285

Lange, Hermann 2003: Wie heterogen sind deutsche Schulen und was folgt daraus? Befunde und Konsequenzen aus Pisa und IGLU. In: Pädagogik 55 (2003) 9, 32-37

Moser, Vera: Konstruktion und Kritik. Sonderpädagogik als Disziplin. Opladen 2003

Prengel, Annedore: Pädagogik der Vielfalt. Verschiedenheit und Gleichberechtigung in interkultureller, feministischer und integrativer Pädagogik. Opladen 1993

Reiser, Helmut: Kernthemen zur zukünftigen sonderpädagogischen Entwicklung in Deutschland. In: Hausotter, Anette/Boppel, Werner/Meschenmoser, Helmut (Hrsg.): Sonderpädagogische Förderung in Deutschland. (European Agency for Development in Special Needs Education) www.european-agency.org 2002a, 127-142

Reiser, Helmut: Der Beitrag der Sonderpädagogik zu einer Schule für alle Kinder. In: Behindertenpädagogik 41 (2002b) 4, 402-417

Sander, Alfred: Von der integrativen zur inklusiven Bildung. Internationaler Stand und Konsequenzen für die sonderpädagogische Förderung in Deutschland. In: Hausotter, Anette/Boppel, Werner/Meschenmoser, Helmut (Hrsg.): Sonderpädagogische Förderung in Deutschland (European Agency for Development in Special Needs Education) www.european-agency.org 2002, 143-164

Sasse, Ada/Moser, Vera: Welche Bildung? – Disziplinäre Neuorientierungen in Sonder- und Sozialpädagogik. In: Gogolin, Ingrid/Tipppelt, Rudolf (Hrsg.): Innovation durch Bildung. Opladen 2003, 339-348

Birgit Papke und Maria Kron

Schlussbemerkungen

In der (erneuten) Auseinandersetzung mit den Arbeiten Helmut Reisers fanden wir Etliches bemerkenswert. Sie als Leser*innen werden selbst beurteilen, wo Sie Anschlussstellen und wichtige Gedanken (wieder-)entdeckt haben, wo Sie Brüche sehen, wo Sie widersprechen und wo Sie aktuellen Handlungsbedarf in Wissenschaft und Praxis wieder neu erkennen. Wir als Herausgeberinnen möchten hier zum Schluss lediglich einige unserer Gedanken mit Ihnen teilen:
Grundlegend für die gesamte Arbeit Helmut Reisers erscheint uns sein Verständnis der Verwobenheit von individueller Entwicklung in sozialen Bezügen und (gemeinsamer) thematischer Auseinandersetzung. Was er früh praktizierte, dann in der Themenzentrierten Interaktion (TZI) fand und später selbst weiter ausformulierte, ging weit über abgegrenzte Funktionen pädagogischen Praktizierens hinaus (wie die des Lehrens, des Förderns, des Korrigierens oder Therapierens). Die Erfahrung des Arbeitens mit der TZI und der Entwicklung der Theorie Integrativer Prozesse zeigen wichtige Kontinuitäten (vgl. Kron in diesem Band, S. 23-33). Helmut Reiser klammert in seinem Verständnis von Entwicklung und Bildung individuumsbezogene oder gruppenbezogene Aspekte nie zugunsten des Themas aus – und er vergisst umgekehrt auch thematische Anforderungen nicht vor dem Hintergrund sozialer oder individueller Herausforderungen. Es scheint, als läge hier ein Schlüssel zu einem Verständnis von Integration (heute Inklusion) aus einer pädagogischen und erziehungswissenschaftlichen Perspektive: Es geht für alle Kinder und für alle Menschen lebenslang um das Gleiche: Um das Verstehen der Welt und der eigenen Person in dieser Welt, als Handelnde, als Teilhabende, als Zugehörige. Dies impliziert das Recht, als Individuum in der regulären Gruppe oder Schulklasse gemeinsam mit relevanten Themen konfrontiert zu werden und in der eigenen Zugehörigkeit Themen zu setzen und zu gestalten. Welt- und Selbstzugänge und Welt- und Selbstverhältnisse sind immer individuell, aber nie verinselt. Menschen nach vorlaufenden Prognosen danach zu sortieren, was ihnen wie angeboten werden soll und wovor sie beschützt werden sollen, erscheint in

dieser Perspektive als zu stark normativ aufgeladen, als zu störanfällig für hegemoniale Einflüsse. Entwicklung, Bildung und Erziehung, konsequent verstanden als dialogisches Projekt ins Offene kann solche Vorhersagen seriöserweise nicht intendieren. Neuere Überlegungen zu transformatorischen Bildungsverständnissen sind hier anschlussfähig, und es erscheint lohnend, Reisers Überlegungen im Kontext der Theorie Integrativer Prozesse hier einzubringen (vgl. Papke in diesem Band, S. 13-22).

Und doch ist jedes pädagogische Handeln, ist jede erziehungswissenschaftliche Forschung immer im sozialen und gesellschaftlichen Kontext verortet. Derzeitige soziale Realitäten und pädagogische Formate spiegeln die oben genannte Erkenntnis nicht wider; Versprechen von Teilhabe durch und mittels Bildung werden ungleich eingelöst, sind zu sehr mit weiteren Merkmalen und Zuschreibungen verknüpft. Helmut Reisers Texte zeigen, wie klar er das sieht. Ein Schlüsselmoment seiner Arbeiten zur gemeinsamen Erziehung von Kindern mit Behinderung und Kindern ohne diese Zuschreibung liegt in der Wahl des Ausgangspunktes aller weiteren Überlegungen: Es geht ihm und seinen Kolleg*innen in seinen Teams nie um die Frage, *ob* gemeinsame Erziehung und Bildung aller Kinder möglich ist – vielmehr geht es konsequent darum, *wie* sie verwirklicht werden kann. Diese normative Basis wird aus dem bürgerrechtlichen Anspruch der Nichtdiskriminierung abgleitet und fußt damit auf der Überzeugung, dass auch jede Separation eine normative Entscheidung ist, die ihre Effekte zeigt. Die deutliche normative Positionierung für gemeinsame Erziehung ist bei Helmut Reiser weit mehr als ein Statement. Sie ist der Ausgangspunkt und die Basis vertiefter wissenschaftlicher Auseinandersetzung auf empirischer und theoretischer Ebene. Das übergeordnete Forschungsinteresse darf man vielleicht tatsächlich formulieren als: *Wie kann Inklusion gelingen?* Dazu sind Detailfragen wichtig, die wohl immer neu gestellt werden müssen: Was erleben Akteur*innen (Pädagog*innen, Eltern, Kinder) in der Praxis? Wann gelingen Momente, die für alle Kinder weiterführend sind und woran scheitern sie? Welches Wissen, welche Fähigkeiten, welche Rahmenbedingungen braucht eine inklusive Pädagogik – eine Pädagogik, die sich gleichermaßen für alle Kinder und Jugendlichen zuständig erklärt? Diese Fragen hat Helmut Reiser deutlich formuliert, er hat Ansätze und Lösungswege angedacht und aufgezeigt – immer als Beitrag zum Diskurs, nie als Wahrheitsanspruch.

Helmut Reiser hat in der Theorie Integrativer Prozesse Inklusion vom Allgemeinen her gedacht und gruppenbezogene Zuweisungen zu unterschiedlichen Bindestrichpädagogiken, die in scheinbar unterschiedlichen Entwicklungsmerkmalen ihrer Adressat*innen gründen, deutlich hinterfragt. Neuere Diskursbeiträge untermauern diesen Weg nun wieder (Budde, Hackbarth & Tervooren 2023). In der aktuellen Debatte fehlt diese klare Positionierung noch oft. Die Teilhabe aller Menschen an dieser Gesellschaft ist ein Menschenrecht und ein Bürgerrecht in demokratisch verfassten Gesellschaften. Erziehungswissenschaft sollte sich kritisch

positionieren und hinterfragen, ob und inwiefern dieser Anspruch eingelöst wird. Es ist ihre Aufgabe, Widersprüche und Barrieren aufzuzeigen und die Mittel und Bedingungen zu benennen, die nötig erscheinen, um eine solche pädagogische Arbeit zu leisten. Helmut Reiser und seine Teams können hier Beispiel sein.
Dieses Buch abschließend, erscheint es uns jedenfalls bemerkenswert, wie aktuell die Arbeiten, die Theoreme und die Themen Helmut Reisers noch immer sind – trotz veränderter gesellschaftlicher und politischer Rahmenbedingungen und in einem breiten und komplexen Diskurs um Inklusion im Bildungsbereich.

Literatur

Budde, J., Hackbarth, A. & Tervooren, A. (2023). Inklusion als unverzichtbarer Bestandteil erziehungswissenschaftlicher Lehre. Diskussionspapier der Arbeitsgruppe Inklusionsforschung. *Eziehungswissenschaft 34 (66),* https://doi.org/103224/ezw.v34il.12

Quellenverzeichnis der in diesem Buch publizierten Beiträge

Deppe-Wolfinger, H., Prengel, A. & Reiser, H. (1990). *Integrative Pädagogik in der Grundschule. Bilanz und Perspektiven der Integration behinderter Kinder in der Bundesrepublik Deutschland 1976-1988.* Juventa; DJI Materialien. Auszug S. 31-34.

Klein, G., Kreie, G., Kron, M. & Reiser, H. (1987). *Integrative Prozesse in Kindergartengruppen.* Über die gemeinsame Erziehung von behinderten und nichtbehinderten Kindern. Juventa; DJI Materialien. Auszug S. 34-42.

Reiser, H & Trescher, H.-G. (1992). Beziehung und Technik in der psychoanalytisch orientierten themenzentrierten Gruppenarbeit. In: H. Reiser & H._G. Trescher (Hrsg.). *Wer braucht Erziehung? Impulse der psychoanalytischen Pädagogik* (S. 181-196). Grünewald.

Reiser, H. (1977). Integration psychoanalytischer Konzepte in die Arbeit mit Sonderschülern. *Behindertenpädagogik, 16*(3-5), 23-35.

Reiser, H. (1987, 23. November). *Wechselwirkungen der Öffnung im Verhältnis der Sonderkindertagesstätte nach außen.* Referat anlässlich der zentralen Arbeitstagung des Paritätischen Bildungswerk Bundesverband e. V. zum Thema: „Gemeinsame Erziehung und Förderung behinderter und nichtbehinderter Kinder – eine Aufgabe für Einrichtungen behinderter Kinder im Vorschulbereich". Nohfelden, 23.-25. 11.1987.

Reiser, H. (1990, 12. November). *Integration – ein Weg zu einer pädagogischen Reform?* Überarbeitete Fassung eines Vortrags anlässlich der Abschlusstagung des Projekts „Integration im Primarbereich". München. Deutsches Jugendinstitut.

Reiser, H. (1995). Ein Modell zur Reflexion von Unterricht nach der Themenzentrierten Interaktion. In: H. Reiser & W. Lotz (Hrsg.), *Themenzentrierte Interaktion als Pädagogik* (S. 125-141). Grünewald.

Reiser, H. (2001). Die pädagogische Beziehung in den alten und in den neuen Arbeitsformen der Sonderpädagogik. *Sonderpädagogik in Schleswig-Holstein, 30*(1) 19-29.

Reiser, H. (2002). Der Beitrag der Sonderpädagogik zu einer Schule für alle Kinder. *Vierteljahresschrift für Behindertenpädagogik 41* (4), 402-417.

Reiser, H. (2003). Vom Begriff Integration zum Begriff Inklusion. Was kann mit dem Begriffswechsel angestoßen werden? *Sonderpädagogische Förderung, 48* (4), 305-312.

Reiser, H. (2004): Gruppe und Gruppenleitung aus der Sicht der Themenzentrierten Interaktion und des systemisch-konstruktivistischen Ansatzes. *Themenzentrierte Interaktion, 18* (1), 44-63.

Reiser, H. (undatiert). *Thesen zur bildungspolitischen Bedeutung der Integrationsbewegung.* (Erstveröffentlichung. Verfasst Anfang der 1990er Jahre).

Reiser, H. (undatiert). *Zur Balance von Gleichheit und Differenz im Integrativen Unterricht.* (Erstveröffentlichung. Verfasst Anfang der 1990er Jahre).

Reiser, H. (undatiert): Sonderpädagogik auf dem Weg zur Sozialarbeit? Zum Profil der sonderpädagogischen Berufsrolle in der ambulanten interdisziplinären Erziehungshilfe. (Erstveröffentlichung. Verfasst ca. im Jahr 2000).

Reiser, H. unter Mitarbeit von Dlugosch, A. (1998). *Einführung in die Themenzentrierte Interaktion.* Studienbrief der Fernuniversität Hagen (Ausschnitte).